M. Scott Peck

•

LA NEGACIÓN
DEL ALMA

Traducción de Elizabeth Casals

M. SCOTT PECK

·

LA NEGACIÓN
DEL ALMA

El problema de la eutanasia

EMECÉ EDITORES

159.98   Scott Peck, M.
SCO   La negación del alma. - 1a ed. - Buenos Aires : Emecé, 1999.
         288 p. ; 22x14 cm. - (Divulgación)

         Traducción: Elizabeth Casals

         ISBN 950-04-2043-0

            I. Título - 1. Autoayuda

Los nombres y algunas circunstancias irrelevantes de todos mis
pacientes, así como aquellos de otros pacientes y sus médicos,
han sido alterados para resguardar la confidencialidad.

Emecé Editores S.A.
Alsina 2062 - Buenos Aires, Argentina
E-mail: editorial@emece.com.ar
http: // www.emece.com.ar
Título original: *Denial of the Soul*
Copyright © 1977 by M. Scott Peck, M.D.
© *Emecé Editores S.A., 1999*

Diseño de tapa: *Eduardo Ruiz*
Foto de tapa: *Superstock*
Fotocromía de tapa: *Moon Patrol S.R.L.*
Primera edición: 5.000 ejemplares
Impreso en Printing Books,
Gral. Díaz 1344, Avellaneda, septiembre de 1999

IMPRESO EN LA ARGENTINA / PRINTED IN ARGENTINA
Queda hecho el depósito que previene la ley 11.723
I.S.B.N.: 950-04-2043-0
23.560

A los empleados
y voluntarios
del Hospicio

AGRADECIMIENTOS

Este libro no habría podido existir sin la ayuda de una gran cantidad de personas. Lamento no poder agradecerles a todas, pero algunas merecen una mención especial. En primer lugar, a mi equipo, que no deja de impulsarme a seguir adelante: a nuestra gerente, Susan Poitras, que mecanografió los borradores del libro; a la directora del programa, Gail Puterbaugh, que nos organiza la vida; a nuestra asistente Valerie Duffy, quien hace de todo un poco, y a mi amada esposa, Lily, la gerente general de todos.

A continuación, a los editores, que convirtieron el libro en una realidad pública: Jonathan Dolger, mi agente y campeón de siempre; Leslie Meredith, que es al mismo tiempo editora de adquisiciones, de borradores y de líneas, y a su talentoso editor asistente, Andrew Stuart.

Más que cualquiera de mis otros libros, éste requirió la asistencia de colegas médicos. Deseo agradecer a Lucy Waletzky, M.D., que con su preocupación desde el principio en el tema central de este libro me inspiró a encararlo y siguió alentándome después de leer el primer borrador; Morris Clark, M.D., el generoso y sabio médico de la familia por más de dos décadas, que me ofreció sus perspectivas sobre medicina interna; y John Battista, M.D., que me actualizó en algunos aspectos psiquiátricos.

Andrew Solomon no sólo me facilitó con gran valentía

los casos más importantes de este libro, sino que también se tomó tiempo para discutir personalmente los detalles esenciales que al principio no estaban muy claros.

Me gustaría aprovechar esta oportunidad para agradecer tardíamente y por escrito a una persona que ha rondado entre bambalinas todos los libros que escribí: la hermana Ellen Stephen, O.S.H. Monja, maestra, líder comunitaria y poeta de antología, la hermana Stephen ha sido mi principal guía espiritual en los últimos veinte años. A su sólida amistad y a su guía, por momentos benévola, por momentos más estricta, debo gran parte de la sabiduría y cordura que yo pueda llegar a tener.

Todas estas personas son responsables de que este libro sea mejor de lo que hubiera sido de otro modo. Pero no son responsables de ninguna de sus deficiencias. Esa responsabilidad me corresponde por completo.

Finalmente, quiero expresar mi gratitud a alguien a quien ya mencioné: a Gail Puterbaugh. Más allá de sus responsabilidades laborales y familiares, durante muchos años ha sido una dedicada voluntaria en el hospicio. Desde el principio, demostró ser una fuente, no sólo de información, sino de un entusiasmo inagotable por este trabajo en cada etapa de su evolución. Es una representante ejemplar de todos aquellos a quienes está dedicado este libro. Gracias.

Aunque en esta era nuestro deber esencial no consiste en sufrir físicamente hasta el extremo de no poder soportarlo, sí lo es la obligación de sufrir emocionalmente. La negación de este hecho de la vida constituye el defecto principal de esta era.

Introducción

En la era en que vivimos, cualquier tema posible sale a la superficie, lo cual, sospecho, es por lo general para bien. Uno de esos temas es el de la eutanasia. No deseo en absoluto que vuelva a ser enterrado. Lo considero un tema válido de debate público. Sin embargo, en la actualidad dicho debate se me antoja extrañamente tergiversado, incompleto y, en algunos sectores, desapasionado. Este libro intenta rectificar dicha situación, no para apagar el debate sino para reavivarlo y enriquecerlo.

Mi motivación es una sensación alarmante de que el tema de la eutanasia no recibe la importancia que merece, como si se perdiera entre los millones de temas que han salido a la superficie o que han estado en discusión durante algún tiempo. Quizás el tema de la eutanasia sea el más crítico. De hecho, es posible que sea necesario llegar a un consenso nacional al respecto *antes* que los otros temas puedan resolverse a satisfacción.

Por supuesto que siempre hemos sabido que existe la eutanasia. Que estuviera escondida no significa que no seamos conscientes de ella; no teníamos interés en discutir ese tema seriamente.

En 1950, cuando tenía catorce años, comencé a pensar

13

seriamente en la muerte. Se me ocurrió que tal vez lo más importante de mi existencia era el hecho de ser limitada. Al igual que todos los demás, iba a morir. Al pensar en mí mismo y en los demás, me parecía que, si era evidente que alguien se moría, no había razón para que esa persona no apresurara el proceso, si ella o él así lo deseaban, a fin de evitar las desagradables consecuencias. Conocía perfectamente bien el significado de la palabra "eutanasia", y creía en ella. En esa época era muy racional.

Una generación después, en 1975, un teólogo norteamericano muy prominente, el doctor Henry Van Dusen, y su esposa cumplieron un pacto suicida en su departamento de Nueva York, y dejaron una carta muy racional y pública en la que explicaban que habían sido motivados por el deseo de evitar los inconvenientes de la ancianidad y la muerte natural. Ese episodio me perturbó profundamente. De haber sido una pareja de ancianos menos conocida la que hacía el pacto suicida por las mismas razones, no me habría sorprendido en absoluto. Pero como el doctor Van Dusen había sido un famoso líder religioso, quedé perturbado. De algún modo parecía que la religión o la espiritualidad eran un aspecto del tema de la eutanasia, aunque en esa época no tenía idea de la naturaleza de ese aspecto.

Desde entonces, no obstante, he tenido suficiente experiencia de vida, inclusive experiencia profesional en medicina, psiquiatría y teología, para creer que puedo comprender la complejidad de la eutanasia lo suficiente para contribuir con un poco de claridad en este debate.

El debate actual sobre la eutanasia suele ser simplista. No es de sorprenderse, pues el proceso de debate por lo general parece un partido, en el cual un equipo resultará "ganador" y el otro "perdedor". Tampoco es sorprendente, dado que hasta la gente más educada suele tener una opinión simplista sobre cualquier tema, desde el aborto y la homosexualidad hasta la guerra y la dieta "correcta". Pero no vivimos en un mundo blanco o negro, y desde hace unos cuantos años estoy luchando contra el pensamiento simplista, de una sola dimensión.

El tema de la eutanasia es complejo. Ni siquiera contamos con una definición unánime de la palabra. ¿La eutanasia es solamente un acto que alguien comete —un médico o un miembro de la familia— con una persona enferma o moribunda? ¿O puede también utilizarse la palabra para definir a alguien que está enfermo o moribundo y se suicida sin la ayuda de otra persona? ¿La eutanasia requiere el consentimiento del paciente? ¿De la familia? ¿Es diferente a otras formas de suicidio y homicidio? ¿En qué se diferencia del simple hecho de tirar del enchufe? Si un tipo de eutanasia consiste en evitar el uso de recursos heroicos para prolongar la vida, ¿cómo se distinguen los recursos heroicos y aquellos que forman parte del tratamiento? ¿Puede establecerse una diferencia entre el dolor físico y el dolor emocional? Y por encima de todo, ¿por qué hay involucradas cuestiones éticas, y cuáles pueden ser?

La primera parte de este libro se refiere a cuestiones de dolor y de muerte, de naturaleza médica principalmente. Aunque a veces complejas, dichas cuestiones pueden ser comprendidas por cualquier persona. La discusión de estas cuestiones proporcionará información no sólo necesaria para el público en general, sino que dicha información es fundamental para poder arribar a una definición de eutanasia que se adecue a los últimos años de este siglo y a las décadas por venir. La primera parte concluirá con dicha definición.

La segunda parte trata sobre todo de temas espirituales referidos al secularismo, al alma y al significado de la vida y de la muerte. Aquí se entenderá con claridad por qué este libro se titula *Negación del alma*. Más que cualquier otra cosa, son las distintas creencias sobre la existencia o la no

15

existencia del alma humana las que convierten la eutanasia en tema de apasionado debate ético y moral.*

En la tercera parte trato los aspectos principalmente legales y sociales de la eutanasia. Hacia el final señalo de qué manera el debate sobre la eutanasia puede —bien manejado— ser de gran beneficio para nuestra civilización.

Aunque puede ser considerada mala literatura, creo que es de buen gusto, en este caso en particular, adelantar el final. La posición a la que llegaré al final del libro es en contra de la actitud indiferente hacia la eutanasia, o lo que podría denominarse "eutanasia a pedido".

Aunque soy un apasionado de esta posición, lograda a raíz de su complejidad, también soy profundamente consciente que no soy el dueño de la verdad. He experimentado varias vicisitudes de la vejez, pero tampoco todas. Es evidente que estoy muriendo —hasta puedo sentirlo— pero no conozco en lo personal la sensación de estar total y permanentemente incapacitado o de vivir con una sentencia de muerte como resultado de una enfermedad muy específica de rápido deterioro. En otras palabras, nunca estuve en una posición extrema. Puede ser que cambie de opinión. Por lo tanto, todo lo escrito en este libro debe tomarse con prudencia.

Finalmente, aunque mi conclusión pueda sugerir que algunos que han practicado la eutanasia, como el doctor Van Dusen y su esposa, no debieron haberlo hecho, no los condeno. En mis años de vejez, mi deseo más profundo es alabar al Dios que está más allá de mi definición. Alabar a Dios es algo cualitativamente muy diferente de condenar a alguien.

* Es la primera vez que escribo sobre el tema de la eutanasia. Por eso, la mayor parte del material es nuevo. No obstante, hacia el final de la primera parte y en los primeros capítulos de la segunda, donde hablo de temas psico-espirituales, a veces debo cubrir temas sobre los que ya escribí en uno o varios de mis libros anteriores. De modo que quienes hayan leído esos libros quizás encuentren repetitivo lo aquí escrito. En ese caso, por favor, siéntanse en libertad de leer por encima o de saltear esas partes, con mis disculpas por no saber hacer las cosas de otra manera.

PARTE I

DE LA CONFUSIÓN A LA DEFINICIÓN

Perspectivas médicas y psiquiátricas

Capítulo 1

TIRAR DEL ENCHUFE

A los setenta y nueve años, mi abuela paterna, Juliet, una pequeña señora de lengua afilada, se volvió quejosa, exigente, temblorosa, malhumorada y egocéntrica por completo "Bueno, ésta será mi última Navidad", decía todos los años. O Pascua. O Día de Acción de Gracias. "Ustedes, chicos, no tendrán a su anciana abuela por mucho tiempo más", añadía para beneficio de mi hermano y de mí. Aunque tal vez no se la pudiera considerar senil, no era una presencia que infundiera ánimo.

Poco después de cumplir ochenta y cuatro, cierta noche sufrió una obstrucción intestinal y fue llevada con urgencia al hospital. Una intervención quirúrgica bastante sencilla la curó de su problema pero le provocó otro peor: una septicemia estafilocócica. Era una de las primeras víctimas de una nueva clase de bacteria resistente a la penicilina, que había empezado a proliferar en los hospitales y que se conocía como estafilococo 80/81, o estafilococo hospitalario. Fue una enfermedad devastadora. Durante más de dos semanas mi abuela figuró en la lista de pacientes graves, más o menos en estado de coma, mientras se la alimentaba por vía intravenosa con dosis masiva de todo antibiótico disponible. Todos los días le informaban a mi abuelo: "Es probable que su esposa no pase de esta noche".

En ese entonces yo era estudiante universitario y cuan-

19

do mi abuela estaba en el hospital la visité una vez. Como estaba en coma, la visita consistió en sentarme junto a ella durante cinco minutos. Mi abuela había quedado reducida a un cuerpo tullido. En esa época, cuando los médicos se quedaban sin venas superficiales donde insertar agujas, realizaban incisiones por medio de cirugía menor, a fin de exponer las venas profundas de los tobillos y las axilas.* Los dos tobillos y axilas de mi abuela habían sido usados o estaban siendo usados para ese propósito. Poniéndome en el papel de médico residente a cargo de ese caso, sólo podía preguntarme: "¿Para qué voy a molestarme en tratar de meter una aguja en otra vena más de esta pobre anciana de ochenta y cuatro años, que parece estar senil, que de todos modos es muy probable que no sobreviva, y si por milagro sobreviviera, no servirá para nada?". En el momento de mi visita me pareció que debieron haber tirado del enchufe.

Sin embargo, resultó que mi abuela sobrevivió... físicamente. Después de dos semanas y media la temperatura descendió, la bacteria desapareció de su sangre y reaccionó lo suficiente para recibir alimentos por boca. Sólo había un problema: estaba completamente loca; tenía alucinaciones día y noche, y no decía dos palabras coherentes. Los médicos dijeron a mis padres y a mi abuelo que no se alarmaran. "Es bastante común —explicaron— que alguien después de una infección masiva sufra lo que llamamos síndrome orgánico cerebral. Por lo general es temporario y desaparece en una o dos semanas."

Pero no desapareció. Pasó una semana, dos semanas, tres semanas, y mi abuela seguía alucinando día y noche. Los médicos opinaron que su síndrome cerebral se había vuelto crónico y que probablemente no se recuperaría. Mis padres empezaron a buscar el mejor hogar de ancianos para internarla.

---

*En la actualidad, el uso de sondas profundas intravenosas reemplazó la práctica de incisiones.

A esa altura volví a visitar a mi abuela en el hospital. Ahora era un poco más que sólo un cuerpo. Pero no pareció reconocerme y no me dirigió la palabra. Se limitó a hablar de cuadros inexistentes que había sobre la pared. A pesar de que no tenía práctica médica y mucho menos psiquiátrica, cuando volví a casa les dije a mis padres:

—No estoy seguro de que esté tan loca como parece. No es tanto que no pudiera hablarme sino que no quiso. Pareciera que se negó a reconocerme. Por algún motivo me pareció que está muy enojada.

No obstante, a mi abuela se la siguió considerando mentalmente incapacitada, y continuaron los planes para buscar un hogar de ancianos. Cinco semanas después de su recuperación de la infección, se arregló que un lunes a la mañana la anciana iba a ser transferida desde el hospital hasta el hogar de ancianos.

El sábado por la mañana, dos días antes de la tan bien planeada transferencia, en medio de una visita de mis padres y mi abuelo, mi abuela se sentó en su cama del hospital y anunció:

—Hoy me voy a casa.

Me contaron que el diálogo siguió más o menos como sigue:

—Pero querida, has estado muy, pero muy enferma durante mucho tiempo.

—Ya sé que estuve enferma —respondió mi abuela—, pero ya no lo estoy.

—Aun así, sería mejor que fueras a un sitio que te proporcionara menos cuidados intensivos. Hemos elegido ese lugar; es muy cómodo y te ofrecerá la oportunidad de hacer la transición.

Mi abuela respondió:

—Sé muy bien que ya eligieron un hogar de ancianos para mí. Quieren enviarme allí el lunes, pero no voy a ir. Me voy a mi casa.

—¿Te das cuenta de que estuviste mentalmente incapacitada durante semanas?

21

—Por supuesto que sí. Estuve muy loca. Sin embargo, ahora no estoy loca, y me voy a mi casa. *Hoy.*

Esa misma tarde se fue a su casa.

En los cinco años que siguieron mi abuela nunca tembló, gimió ni se quejó. Parecía incesantemente feliz. Su inteligencia y sentido del humor eran más agudos que nunca. Entonces, hacia el final de los ochenta y nueve años, empezó a volverse trémula e irritable otra vez. Poco a poco se apagó, y falleció en paz, en su hogar, a los noventa y un años. Había sobrevivido para conocer a cuatro de sus seis bisnietos.

Por eso me alegro de que los médicos hayan hecho todas esas incisiones y tomado lo que en ese momento me parecieron medidas heroicas para mantenerla viva.

Pero no me alegro porque sí. Tengo una razón muy personal. Durante sus cinco años de felicidad lúcida, Lily y yo nos comprometimos en matrimonio. Mis padres casi enloquecieron porque mi novia era china. Durante el Día de Acción de Gracias de 1959, un mes antes de nuestro casamiento, Lily y yo fuimos a visitar a mis abuelos. En esa visita mi abuela opinó lo siguiente de nuestro matrimonio:

—No puedo decir que lo apruebo porque no es cierto. Pero tampoco es asunto mío, y es lo último que van a oírme opinar sobre este tema.

Dicha afirmación a duras penas puede ser considerada una bendición. No obstante, dado que fue la única respuesta sensata que recibí de mi familia, casi lo fue.

Tony y yo nos conocimos a principios del verano de 1965, hacia el final de mi primer año de residente en psiquiatría en el Hospital General Letterman, en ese entonces un enorme centro médico militar en el Presidio de San Francisco. Tony tenía treinta y dos años y era sargento de la Fuerza Aérea. De origen italiano, siempre había sido un profesional alerta y competente, pero desde hacía un tiempo estaba cometiendo numerosos errores pequeños en su trabajo y parecía algo confundido. Me fue derivado de la clínica de salud mental de su base aérea para someterlo a una evaluación psiquiátrica.

Desde mi punto de vista fue una evaluación simple. Aunque parecía físicamente robusto, saludable y apuesto, era evidente que mentalmente no estaba muy bien. En realidad, no estaba para nada bien. Ni siquiera sabía dónde se encontraba. Se dormía a cada rato durante la entrevista. Cuando lo desperté fue incapaz de responder a la mayor parte de mis preguntas. Aunque no pude descubrir nada claramente anormal en el examen neurológico tradicional (los brazos, las piernas, los ojos y la lengua parecían funcionar a la perfección), su estado no se asemejaba a ninguna alteración psiquiátrica típica. En mi opinión había algo terriblemente mal en su cerebro. Más específicamente, sospechaba que tenía un tumor cerebral. Solicité una interconsulta urgente con el servicio de neurología.

Tony fue revisado por los neurólogos a la mañana siguiente. Ellos también sospecharon un tumor cerebral, y accedieron a que se lo transfiriera a la guardia de neurología para un estudio más completo: rayos equis de cabeza, electroencefalograma, arteriograma, etcétera. Le informé a Tony lo que le estaba sucediendo, pero parecía estar más allá de toda comprensión, e inconsciente de su relación conmigo. Supuse que nunca nos volveríamos a encontrar. Ya no estaba bajo mi cargo. Caso cerrado en lo que a mí concernía... o eso pensé.

Aproximadamente diez semanas después finalicé el primero de tres años de residencia en psiquiatría, y de inmediato fui transferido a una tarea obligatoria de dos meses en el servicio de neurología. En ese servicio volví a heredar a Tony como paciente. Mientras tanto le habían ocurrido muchas cosas... o muy pocas, según cómo se lo considerara. De hecho, los exámenes habían demostrado la presencia de un enorme tumor cerebral en uno de sus lóbulos frontales. Tony fue transferido al servicio de neurocirugía. Allí, el tumor resultó ser inoperable. Las biopsias dieron como resultado que se trataba de un astrocitoma altamente maligno. Después de la inmediata recuperación de la cirugía, Tony fue transferido de vuelta al servicio de neurología para ser tratado con terapia de radiación. Pero ésta resultó ser inútil. El estado de Tony se deterioró rápidamente. Una semana antes de mi llegada al servicio de neurología, había caído en coma. Pocos días después, como tenía mucha dificultad para respirar, alguien decidió hacerle una traqueotomía y conectarlo a un respirador. Su familia había sido notificada de que su estado era terminal, y en todo momento lo acompañaba uno u otro de sus miembros.

Fue en ese punto cuando Tony reingresó en mi vida. Al principio mi única tarea consistía en controlar sus fluidos intravenosos y su equilibrio electrolítico. No se suponía que tuviera ninguna responsabilidad con su familia. Sólo les hablaba de vez en cuando. Me parecía que todos ellos estaban pasando por un momento difícil. Parecían querer saber casi con desesperación la hora o el día de su muerte, información que, por supuesto, yo no podía proporcionarles. A pesar de que la experiencia de mi abuela me había enseñado cierto respeto por las medidas heroicas, me preguntaba cómo y por qué se había decidido conectarlo a un respirador. Pero ya estaba hecho, y no tenía por qué cuestionar tal decisión.

Cuatro días después de asumir el cuidado de Tony, la presión sanguínea de éste bajó a niveles peligrosamente bajos. Estaba en estado de shock, pero no por alguna infección sino probablemente debido a que su cáncer ahora estaba afectando directa o indirectamente la parte profunda del cerebro, relacionada con el control de la presión sanguínea. Ordené que se agregaran al suero pequeñas cantidades de levophed, la forma más fuerte de adrenalina. La presión sanguínea de Tony volvió a la normalidad. Llamé al jefe de neurología para informarle lo que había hecho. Me felicitó.

—Pero, coronel. Lo hice simplemente para evitar que

muriera. Aunque, con franqueza, no estoy seguro de que sea lo correcto. No podemos evitar lo inevitable. Va a morirse, y me parece que su familia no ve la hora de que todo termine. —El jefe me aseguró que había hecho lo correcto y necesario.

Todos los días tenía que duplicar la dosis de levophed a fin de mantener la presión sanguínea de Tony. El quinto día la dosis era la más alta que se hubiera utilizado. Sus pupilas dilatadas no reaccionaban a la luz. Había empezado a desarrollar enormes escaras pese a que se lo movía con frecuencia. Pero lo que más me preocupaba era la copiosa cantidad de líquido marrón claro que había empezado a brotar de los bordes de la traqueotomía. Parecía que el cuerpo de Tony hubiera entrado en proceso de descomposición. Volví a llamar a mi jefe para contarle mi impresión, y le informé mi opinión de que debíamos cesar el levophed.

—Le diré qué haremos —dijo mi jefe—. Mañana por la mañana volveré con la máquina de electroencefalogramas portátil, y veremos si tiene alguna actividad cerebral. He leído algunos artículos donde se muestran a favor de detener los sistemas sustentadores de vida cuando un paciente evidencia muerte cerebral.

Cuando llegué a la mañana siguiente la presión sanguínea de Tony había vuelto a descender, y volví a duplicar la dosis de levophed, que ya había llegado a niveles astronómicos y entraba a torrentes en el organismo de mi paciente. Aguardé ansioso la llegada de mi jefe con la máquina. Éste llegó a horario. Al cabo del control, la máquina indicó en Tony una onda cerebral distorsionada.

—Todavía hay actividad eléctrica —anunció mi jefe—. No mucha, pero sí un poco —agregó, y empezó a guardar la máquina.

Le mostré los signos de descomposición en el cuerpo de Tony.

—Sí —reconoció—. Sin embargo, el hecho está en que no puede certificarse que haya muerte cerebral.

Después que mi jefe se fue con la máquina me senté a mirar a Tony durante un cuarto de hora quizá. Después me levanté y retorcí la abrazadera de control del caudal intravenoso hasta que sólo fue un rápido goteo. Luego me dirigí a la sala de los médicos, donde fumé un solo cigarrillo. En apenas diez minutos regresé y encontré a Tony muerto. Informé a las enfermeras y fui a la sala de espera para comunicar a la familia que Tony había fallecido. Lloraron y hablaron entre ellos en italiano. No supe si lloraban de pena o de alivio. Probablemente por ambas cosas.

Por supuesto, tuve la delicadeza de no contarle a nadie lo que había hecho. Al recordar el incidente, me sorprende que nunca haya considerado en forma consciente que, por encima de todo, estaba desobedeciendo la orden de un superior y oficial militar de rango mucho más alto. Lo único que recuerdo es que sentí que estaba deteniendo una abominación.

La mayoría de los médicos podrían mencionar dos casos similarmente opuestos, extraídos de su experiencia. Hace no mucho tiempo otro médico, Francis D. Moore, publicó un par de estos ejemplos en un artículo en *Harvard Magazine* titulado "Prolongando la vida, permitiendo finalizar la vida". *

El primero de los casos es el de una mujer de sesenta y cinco años que sufría parálisis total como consecuencia de fractura de cadera y durante varias semanas estuvo conectada a todos los sistemas modernos de supervivencia imaginables. En cierto momento la familia de la paciente le pidió al doctor Moore que terminara con las medidas heroicas. Éste les respondió, en síntesis, que no *sabía* por qué la paciente se encontraba en una condición tan drásti-

*Julio-agosto 1995, págs. 46-51. Extraído de "Ethics at Both Ends of Life", por Francis D. Moore, en *A Miracle and a Privilege: Recounting a Half Century of Surgical Advances*. Washington, D.C.: Joseph Henry Press, 1995.

ca, y por lo tanto no *estaba seguro* de que no podía recuperarse. Les pidió que esperaran un par de días. De hecho, la paciente se recuperó y a las dos semanas volvió a ser un ser humano particularmente vibrante. Seis meses después, la familia volvió para agradecerle al doctor Moore, con lágrimas en los ojos, que se hubiera negado a tirar del enchufe.

Su otro caso fue el de una anciana de ochenta y cinco años que había sufrido quemaduras graves en una parte pequeña pero vulnerable del cuerpo: la nariz, la boca y las vías respiratorias. No había ningún pariente disponible. Según la inmensa experiencia del doctor Moore, tales quemaduras en los ancianos eran invariablemente fatales.

—Cuando ella se quejaba de dolor, le administrábamos mucha morfina —escribió—. Muchísima. Puntualmente. Pronto falleció en silencio y sin dolor.

Aunque los casos del doctor Moore y los míos difieren en detalles fundamentales —incluyendo el factor de la edad— ambos pares tienen una característica esencial en común. En el caso de mi abuela y de la paciente más joven del doctor Moore, nadie sabía cuál iba a ser el resultado del tratamiento heroico. En cambio, en el caso de mi paciente más joven con cáncer cerebral y la paciente más anciana del doctor Moore, que sufría de quemaduras, no había duda de que nos enfrentábamos a un desenlace fatal, inevitable y rápido, sin importar el tratamiento.

La moraleja pareciera ser que la cesación o terminación de sistemas de supervivencia artificiales o de medidas heroicas no sólo se justifica sino que también es respetable y positiva cuando ya no existe duda de que la condición del paciente es fatal. No tiene sentido intentar prolongar la vida de una persona agonizante, y sí lo tiene minimizar semejante agonía.

¿Sin ninguna duda?

¿Cómo puedo asegurar que Tony habría expirado rápidamente aunque no hubiera reducido la cantidad de droga para mantener su presión sanguínea? ¿Acaso no existen remisiones espontáneas del cáncer? ¿Curas milagrosas? ¿La cura inexplicable de todo tipo de enfermedades?

Sí, tales cosas existen. Pero tienden a ocurrir en una etapa temprana de la enfermedad. Nunca oí que una enfermedad se curara en una etapa tan avanzada como el cáncer de Tony.

No obstante, he aprendido a desconfiar de la capacidad humana para predecir casi cualquier cosa *con certeza*. Creo que siempre existe duda. Por esa razón esa mañana, hace más de treinta años, cuando retorcí delicadamente la abrazadera del suero de Tony lo hice temblando de miedo. Deseé con desesperación haber podido compartir esa decisión. No creo que una decisión semejante deba ser tomada por un médico solo, a menos que no exista otra opción.

Me alegra asegurar que el clima para esa clase de decisiones ha mejorado drásticamente en los últimos treinta años. En la actualidad constituye un procedimiento de rutina cuestionar el uso de medidas heroicas en casos como el de Tony, y hacer partícipe a la familia en la decisión de utilizarlas. En 1965 no era lo común. En ese entonces, la rutina consistía en utilizar la tecnología médica hasta sus últimas consecuencias, luchar con la muerte hasta el fin, y nunca considerar siquiera la posibilidad de que la familia emitiera opinión al respecto. Hoy día, es algo natural conversar sobre estos temas con las familias. En ese entonces, si hubiera informado a la familia de Tony de la existencia de esa posibilidad, me habría expuesto a un consejo de guerra por conducta médica inaceptable.

Más aún, muchos hospitales hoy cuentan con comités de ética, cuyo objetivo es compartir la responsabilidad de las decisiones difíciles. Ahora es muy diferente y mucho mejor. En la actualidad mi jefe estaría más dispuesto a tirar del enchufe en un caso como el de Tony. Esperaría que yo hiciera partícipe a la familia de éste en la decisión, a menos que existiera alguna razón muy evidente para no hacerlo. Y si, aun así, la situación continuara siendo difícil, habría otros profesionales con quienes discutir el caso. No tendría que actuar solo.

No existen fórmulas

Mi jefe habría estado dispuesto a terminar con la subsistencia mecánica de Tony si éste hubiera tenido muerte cerebral, según la fórmula de esa época. En realidad, el desarrollo de esa fórmula fue uno de los primeros pasos hacia la liberalización del clima para que tirar del enchufe se convirtiera en tema de legítimo debate.

Resulta una fórmula útil por lo menos en una circunstancia: es un procedimiento aceptado para los donantes de órganos que han sufrido graves lesiones en la cabeza y a los que se mantiene vivos para que los órganos puedan ser entregados a receptores de trasplantes, si es que ya no existe actividad eléctrica en el cerebro del donante.

Pero nótese que yo tiré del enchufe en el caso de Tony a pesar de que había actividad cerebral. Lo hice porque me pareció que, aunque no tenía muerte cerebral, en esencia tenía "muerte corpórea". En otras palabras, creí que la fórmula de muerte cerebral no era adecuada en su caso. Sospecho que hoy la gran mayoría de las autoridades estarían de acuerdo conmigo.

¿Entonces cuál es la fórmula adecuada? En la mayor parte de los casos no existe.

Es posible que esta respuesta vaya en contra de la corriente. En casi todos los aspectos de la existencia, el pedido más frecuente que recibo es el de una fórmula.

—Dígame, doctor Peck, ¿cuándo sé que estoy siendo cariñoso y cuándo que soy un felpudo? ¿Cómo sé cuándo intervenir en la vida de mi hijo y cuándo dejarlo tranquilo?

29

¡Por favor, déme una fórmula para que sepa que estoy haciendo lo correcto!

Parece ser casi una cuestión de instinto en el ser humano desear fórmulas que nos liberen totalmente de la incertidumbre y de la necesidad de sufrir una agonía por decisiones importantes.

Sin embargo, rara vez existen dichas fórmulas, y el complejo razonamiento de cuándo es apropiado aplicar medidas heroicas y cuándo resulta excesivo por lo general no es la excepción. Es necesario tomar en cuenta demasiados factores: no sólo la naturaleza de la enfermedad y su diagnóstico, sino también los sentimientos de la familia y los propios deseos del paciente, si es que se conocen. No hay una fórmula matemática que alivie a los médicos de la responsabilidad de la decisión. Creo que por lo general subyace cierta falta de ética en la renuncia a hacerlo. Es muy posible que una computadora pueda tomar la decisión de cuándo se debe tirar del enchufe, pero permitir que una máquina lo haga me parece intrínsecamente inhumano.

Calidad de vida: ¡cuidado!

Con la sabiduría que tenía a los veinte años, creía que los médicos estaban empleando medidas heroicas excesivas para salvarle la vida a mi abuela. Esta opinión se basaba no sólo en su edad sino también en su aparente infelicidad y senilidad. En otras palabras, la había descartado pues su calidad de vida me parecía pobre.

Más adelante hablaré con más profundidad sobre los peligros de evaluar la calidad de la propia vida. Pero emitir juicios de vida o muerte sobre la calidad de vida de otras personas es aún más peligroso.

Los seres humanos, incluyendo a médicos y psiquiatras, tenemos una gran tendencia a descartar a muchísima gente de diferentes maneras por una gran variedad de razones: sexo, edad, color, religión, retardo mental, enfermedad psiquiátrica, etcétera, etcétera. Permítanme hablar brevemente de sólo una de estas razones: la senilidad.

Debido a que era anciana, la primera vez que mi abuela se volvió quejosa y egocéntrica, mi familia y yo supusimos que estaba senil. A nadie se le ocurrió pensar que podía estar deprimida. Cuando tenía alucinaciones después de su recuperación de la infección, los médicos dieron por sentado que tenía daño cerebral. En retrospectiva, y con bastante experiencia psiquiátrica en mi haber, estoy seguro de que mi abuela nunca estuvo senil ni sufrió ningún daño cerebral. Y no fue un caso aislado. A un gran número de ancianos se los diagnostica erróneamente como padeciendo de una senilidad incurable, cuando en realidad su condición resulta ser una depresión potencialmente tratable.

Aunque probablemente la depresión es la causa más común de diagnóstico erróneo de la senilidad, no es la única. En cierta oportunidad traté a una anciana que había fingido estar senil porque quería estar en un hogar de ancianos, y durante muchos años logró su objetivo. Aunque rara vez es tan flagrante, existe un elemento de elección en la mayor parte de los casos de senilidad. Cualquiera que haya trabajado en hogares para ancianos puede contar lo bien que se recuperan pacientes aparentemente dementes "cuando quieren", cuando tienen alguna motivación fuerte. En realidad, no sabemos en sentido científico qué es la senilidad.*

No obstante, suponemos que la calidad de vida de cualquier persona que esté senil tiene que ser mala. Entre otras razones para esta suposición, creemos que cualquier persona cuyo intelecto parece estar deteriorado también tiene una vida espiritual decadente. Pero así se confunde el intelecto con el alma.

*Me gustaría remitir a aquellos lectores interesados en las ambigüedades de la senilidad a mi libro: *A Bed by the Window: A Novel of Mystery and Redemption* Nueva York: Bantam Books, 1990, (*Una cama junto a la ventana*, Buenos Aires, Emecé, 1993) que tiene lugar en un hogar para ancianos.

Mi suegra pasó los últimos siete años de su vida en un hogar para ancianos por padecer de senilidad, diagnosticada con la mayor precisión posible por otros psiquiatras además de mí. Mi suegra parecía por lo menos tan feliz durante ese período como lo había sido durante las dos décadas anteriores en que no estaba senil. La mayor parte del tiempo en el hogar para ancianos no quería hablar. Lily habla de esos años como los "años silenciosos" de su madre. No era que su madre no pudiera hablar, sino que había elegido no hacerlo. Como no quiso hablar sobre por qué había elegido permanecer en silencio, no tenemos idea de la razón. Pero sí sabemos que ciertos grupos de personas han elegido el silencio en el transcurso de los siglos: ciertos monjes y monjas se han retirado voluntariamente del mundo a fin de facilitar su crecimiento espiritual.

El punto es que nunca deberíamos juzgar la calidad de vida de nadie. Tenemos conocimiento sobre todo lo que sea físico. Con frecuencia podemos evaluar cómo, por qué y cuándo el cuerpo puede morir. De ese modo, estamos en condiciones de emitir juicios precisos sobre si se debe o no tomar medidas heroicas. Pero si dichos juicios son emitidos sobre la base de la calidad de vida, lo que los convierte en suposiciones, nos encontraremos en terreno poco firme.

En este aspecto, quizá sea de ayuda recordar que el Holocausto no empezó en 1941, sino en 1939, cuando los nazis silenciosamente empezaron a matar a los retardados mentales de las instituciones. Después siguieron exterminando a los esquizofrénicos alemanes. Después a los seniles. Sólo después de tomar estas medidas dirigieron su tecnología de muerte a los gitanos y a los judíos.

Al exterminar a sus esquizofrénicos, retardados y seniles, a los nazis los motivaba, según creo, un excesivo sentido de eficiencia y economía. No obstante, me imagino que para justificar tanta crueldad se convencieron de que la calidad de vida de las víctimas era tan pobre que matarlas era un acto de piedad. De hecho, ese proyecto fue denominado el Programa Eutanasia.

Por lo general estoy en contra de aplicar medidas heroicas para prolongar la vida de una persona que se encuentra en la etapa terminal de una enfermedad claramente fatal. Estoy en contra de iniciar tales medidas desde el principio. Una vez iniciadas, estoy a favor de detenerlas de a poco. En otras palabras, soy bastante liberal en lo que se refiere a tirar del enchufe por razones médicas. Pero sólo por razones médicas. Las suposiciones sobre la calidad de vida de un paciente no constituyen razones médicas. Tirar del enchufe con sólo esa débil suposición es asesinato en potencia, y perpetrarlo en forma rutinaria no sólo es peligroso para el alma de los médicos sino gravemente peligroso para toda la sociedad de la que forman parte.

¿Qué son las medidas heroicas?

Algunos tratamientos médicos son medidas heroicas evidentes, y en mi opinión, en pacientes terminales como Tony, tales tratamientos son innecesaria e inhumanamente heroicos. Conectarlo a un respirador fue una de esas medidas. En la situación de Tony, mantenerle la presión sanguínea fue otra. Pudo haber otras medidas parecidas. Alimentarlo a través de una sonda nasogástrica hubiera sido una. Someterlo a diálisis si sus riñones empezaran a fallar habría constituido otra abominación. Podría continuar, pero no es mi objetivo detallar todos los recursos médicos de que disponemos.

Otros tratamientos heroicos son más ambiguos. La quimioterapia y la radioterapia para el tratamiento del cáncer son ejemplos. Estos tratamientos casi siempre tienen efectos colaterales, que con frecuencia resultan muy desagradables o debilitantes. Si esos tratamientos producen una cura o una remisión considerable, por lo general no se los considera heroicos. Pero si su resultado es sólo una breve remisión, caen en la categoría de heroicos.

En estos casos, por lo general —aunque no siempre—

se trata de pacientes que no sólo son conscientes sino también competentes para tomar decisiones propias. Cuando se le suministró radioterapia por el tumor cerebral maligno, Tony todavía estaba consciente, pero yo no lo habría considerado competente para decidir al respecto. Tampoco habría considerado que la radioterapia era una medida excesivamente heroica. Aunque terminó siendo inútil, sus médicos no pudieron haberlo previsto; en esa época dicha terapia no se conocía y podría haber resultado altamente eficaz.

Al rehusarse a la radioterapia o a la quimioterapia, puede decirse que los pacientes de cáncer mentalmente competentes están tirando de su propio enchufe. Si un tratamiento no va a ser efectivo, apoyo de todo corazón la decisión del paciente que se rehúsa a someterse a él. Pero si aquél puede ser significativamente efectivo, trato de persuadirlo de que reconsidere su decisión. Sin embargo, siempre respeto la decisión del paciente, aunque de manera ambivalente. El cáncer no es una enfermedad menor, y las terapias para tratarlo no son inocuas. Las personas tienen *derecho a morir* en estas circunstancias.

Pero existen otros tratamientos que salvan o prolongan la vida, relativamente inocuos. Los antibióticos son un buen ejemplo. ¿Tiene derecho un paciente a rehusarse a tomar antibióticos? En mi opinión, a veces sí, y a veces no. Permítanme usar dos casos hipotéticos: dos hombres de treinta años, James y Ted, para ilustrar la ambigüedad.

James, a los treinta años, se está muriendo de sida. Desde hace casi cinco años tiene síntomas. Su cuerpo está devastado. Ingresa en el hospital con su quinto episodio de neumonía en los últimos treinta meses. Como se rehúsa a tomar antibióticos, su médico me pide una consulta psiquiátrica. James me cuenta que está infinitamente cansado y que está preparado para morir. Después de hacerle algunas preguntas, entiendo que ha hecho las paces con su familia. Hablamos de la vida después de la muerte. Acepta mi sugerencia de que vea al capellán del hospital para confesarse y realizar los últimos ritos, pero persiste en su negativa de tomar antibióticos. Llamo al capellán y prometo visitar a James todos los días. Por escrito sugiero enfáticamente que el médico respete totalmente la decisión de su paciente de no tomar antibióticos.

Ted, por otra parte, es admitido inconsciente en terapia intensiva luego de una sobredosis de píldoras para dormir que robó del botiquín de su madre. Después de recuperar el sentido, es transferido al departamento de psiquiatría. Aunque no sufre de ninguna enfermedad crónica física, lo encuentro gravemente deprimido y todavía con tendencias suicidas. Un día después de su transferencia a mi cuidado, de repente manifiesta tos y alta fiebre. El internista a quien llamo para consultar diagnostica neumonía aguda, como probable resultado de aspiración durante el estado de inconsciencia, y recomienda antibióticos por vía intravenosa. Ted los rechaza. Con la ayuda del internista y dos asistentes, bajo mis órdenes, atamos a Ted a la cama y empezamos a suministrarle los antibióticos contra su voluntad. Lo dejo bajo la vigilancia constante de un ayudante y voy a la sala de enfermeras donde, después de documentar mi decisión por una cuestión de emergencia, lleno unos formularios que certifican que Ted representa un grave peligro para sí mismo y que necesita cuidados contra su voluntad. Llamo al hospital psiquiátrico estatal y dispongo su transferencia al departamento de cuidados contra la voluntad del paciente. Dicha transferencia es hecha en ambulancia, con el paciente atado y el suero con el antibiótico en su sitio.

Muy pocas cosas en este mundo son absolutas.

No es mi objetivo agotar el tema de las medidas heroicas, sino dejar en claro dos puntos. El primero es que suele existir —como en casi cualquier asunto de suma importancia— un enorme terreno intermedio donde las situaciones pueden tornarse ambiguas al determinar cuándo un tratamiento médico es común, heroico o excesivamente heroico.

Por otra parte, dentro de este grupo intermedio de ambigüedades, por lo general creo que debe respetarse la voluntad del paciente, cuando es conocida. Así opina también mi esposa, Lily. Por esta razón ambos tenemos un testamento en vida: dar a conocer nuestros deseos en la medida de lo posible, aunque estemos inconscientes o no podamos hablar. No somos tan ingenuos como para creer que tal documento va a eliminar la ambigüedad y que nuestros deseos van a ser inevitablemente respetados. Un testamento en vida puede ser roto o violado, adecuada o inadecuadamente, por médicos, miembros de la familia o ambos. No obstante, hemos expresado en un documento legal nuestro deseo de que la tecnología médica moderna, que hasta el momento ha prolongado nuestras vidas, en el futuro no sea utilizada para hacerlo a costa de nuestra humanidad, manteniéndonos como "vegetales".

Ayudando a un paciente a tomar la decisión de morir

Malcolm Morrison no fue un caso hipotético.

Me pidieron una consulta en el caso a principios de 1980, cuando finalizaba mi práctica psiquiátrica. El pedido formal vino del oncólogo del hospital donde Malcolm estaba internado, pero me informaron que en realidad el pedido había sido hecho por la esposa de Malcolm, Betty.

A Malcolm se le había diagnosticado un cáncer inoperable de pulmón dos años antes, cuando tenía sesenta y cinco años. En el momento en que se me pidió verlo, estaba siendo sometido al tercer tratamiento de radioterapia, y el radiólogo me informó que el enorme tumor posiblemente había empezado a disminuir en respuesta. El único problema era que Malcolm casi había dejado de comer. El oncólogo le explicó a Betty que, a pesar del informe radiológico positivo, Malcolm podía morir si no se alimentaba mejor. Betty pidió la consulta de un psiquiatra para descubrir por qué no comía.

Existe un término médico para definir el desgaste del

cuerpo que con tanta frecuencia es consecuencia del cáncer y de algunas otras enfermedades: caquexia. Literalmente significa "enfermedad mala". Es como si el cáncer se hubiera vuelto loco; consume todas las reservas nutritivas del paciente y también afecta los tejidos sanos. La caquexia puede ser leve o grave. Cuando es leve, el paciente parece perfectamente alimentado, pero se advierte un ligero hundimiento de mejillas y una sutil sombra que desciende sobre el cuerpo. Cuando es grave, el paciente se consume hasta parecer poco más que un esqueleto. Empecé mi consulta con sólo mirar a Malcolm, tendido en la cama, desde la puerta del cuarto de hospital en que se encontraba. Nunca había visto un ser humano tan caquéctico. Tampoco sabía de ningún paciente de cáncer que hubiera sobrevivido en semejante estado de caquexia.

Dado que había sido ella quien solicitó mis servicios, fui a hablar con Betty, que aguardaba en la sala de espera, consciente de por lo menos tres posibles razones puramente físicas por las cuales Malcolm no comía, razones que nada tenían que ver con la psiquiatría. Betty era una mujer robusta y muy cariñosa, de unos sesenta años. Me cayó bien apenas la vi. Entre los comentarios que hizo sobre los detalles del caso, aseguró:

—Ha sido una larga batalla, pero todavía podemos ganarla. Sé que ahora todo tiene muy mal aspecto, pero Malcolm es un luchador. Juntos vamos a derrotar esa cosa. Ninguno de los dos se dará por vencido. —Las analogías militares se sucedían a cada rato.

Por fin dije, algo perturbado:

—Betty, para mí es muy claro que su espíritu de lucha y el de Malcolm lo mantuvieron vivo tanto tiempo. Han hecho un trabajo maravilloso y heroico. Pero no estoy seguro de que ahora sea tiempo de luchar. Quizás el mayor acto de amor que usted puede hacer por Malcolm en este momento sería darle permiso para morir, si es lo que él quiere. ¿Estaría dispuesta a considerarlo?

Fue un golpe para Betty, pero me aseguró que sí, que lo

iba a pensar. En ese momento era lunes al mediodía; quedé en volver a verla en el hospital el miércoles por la mañana temprano.

A continuación fui a hablar con Malcolm. Era penoso mirar esos ojos tan hundidos, y difícil de entender una voz tan débil. Pero estaba bastante lúcido. En realidad no sabía por qué no comía, me explicó. No sentía ninguna obstrucción; simplemente no tenía apetito. No, era peor todavía; eso podía superarlo. Pero cada vez que se obligaba a probar un bocado, sentía una absoluta repugnancia ante la sola idea de comer otro.

—Debe de estar cansado —comenté.

Aceptó que sí, lo estaba.

—¿Le gustaría morir? —le pregunté—. ¿Tiene ganas de rendirse?

Un espasmo de miedo, casi de pánico, cruzó el rostro de Malcolm.

—¡No! —exclamó—. ¡No quiero morir! Comeré. Me obligaré a comer. No soy un desertor.

—Habla como si rendirse fuera malo —observé.

Los ojos hundidos me miraron con tal sorpresa que fue como un destello de luz.

—¿Y no lo es? —preguntó.

—¿No está mal rendirse? —repetí.

—Sí. ¿O no?

—A veces sí, a veces no —le respondí—. Cuando tenía quince años abandoné una escuela donde había sido muy infeliz durante más de dos años. En ese momento me sentí mal por no luchar, pero ahora, cuando lo recuerdo, creo que fue la mejor decisión que tomé en mi vida. Además, hoy estoy aquí, hablando con usted como psiquiatra sólo porque hace diez años renuncié a un empleo en el gobierno, en Washington. Aunque estaba exhausto, otra vez me sentí culpable, esta vez por decepcionar al gobierno. Pero el gobierno pudo continuar sin mí, y ahora me alegro de haber renunciado, y me alegro de estar ahora aquí, con usted.

"No estoy diciendo que renunciar sea bueno, Malcolm

—continué—. Podría ser el paso equivocado. Y no puedo decirle qué debe hacer en su caso. Es una decisión terriblemente difícil, y sólo usted puede tomarla. Lo único que puedo decirle es que no está necesariamente mal renunciar. Con estas palabras me fui.

Cuando volví a verla el miércoles por la mañana, Betty me dijo:

—Malcolm y yo estuvimos rezando y llorando mucho en estas últimas treinta y seis horas. Hemos decidido volver a casa hoy. De hecho, ya están preparando a Malcolm.

—Le dije que me parecía una decisión muy valiente.

Ese mismo viernes a la tarde Betty me llamó para informarme que Malcolm había muerto en paz, esa mañana en su casa. Le escribí una nota de pésame. Dos semanas después recibí una nota de respuesta, en la que Betty me agradecía por mis servicios. Me sentí tan orgulloso de esa breve intervención como de cualquier otra de mi carrera como psiquiatra y médico.

Un punto destacable

En este capítulo he definido la frase "tirar del enchufe" como el proceso a través del cual se permite que un paciente terminal tenga una muerte *natural* sin prolongar la agonía con tecnología médica. He dejado en claro que el tema está lleno de ambigüedades. Debe decidirse si un paciente es o no verdaderamente terminal. De hecho, debe resolverse cómo tomar tales decisiones. Lo que se denominan medidas heroicas médicas varían de un caso a otro. En realidad, aún no establecí la diferencia entre muerte natural y artificial... tarea que trataré de realizar dentro de algunos capítulos.

A pesar de que éste presenta sus ambigüedades, asimismo se ha dejado en claro, espero, que el tema no es del todo confuso. Las siguientes pautas firmes determinan cuándo es adecuado tirar del enchufe. La decisión:

1. Debe referirse sólo a aquellos casos de enfermedad claramente fatal, donde el paciente se encuentra en una fase terminal o final.
2. En definitiva se trata de una decisión médica, que involucra factores físicos y no la evaluación de la calidad de vida del paciente más allá de los factores físicos de la enfermedad terminal.
3. Al tratarse en definitiva de una enfermedad terminal, requiere que el médico desempeñe un papel fundamental, pero en la medida de lo posible tanto el paciente como su familia también deben ser protagonistas. Asimismo debe consultarse un comité de ética médica en aquellos casos de especial ambigüedad o conflicto entre las partes involucradas.
4. No debe tomarse según una fórmula, sin el beneficio de la opinión humana y humanitaria.

El significado literal de eutanasia es "buena muerte". En este sentido, tirar del enchufe es en gran medida un tema de eutanasia. Dentro de las pautas que acabo de delinear, estoy a favor de ella. Creo que Malcolm, que falleció en paz en su hogar, tuvo una buena muerte, tanto como creo que a Tony, con su cáncer cerebral, mientras era mantenido con vida a través de un respirador y enormes dosis de drogas para la presión sanguínea, no se le permitía tener una buena muerte con dignidad.

Según un estudio de veintiocho millones de dólares realizado en un lapso de diez años con más de 9.000 pacientes con enfermedades crónicas y graves, en cinco diferentes centros médicos de los Estados Unidos (patrocinado por la Fundación Robert Wood Johnson y publicado el 22 de noviembre de 1995 en el *Journal of the American Medical Association*), un número tristemente grande de pacientes bajo estudio soportó muertes innecesariamente prolongadas y con frecuencia dolorosas como resultado de medidas heroicas injustificadas. Por una parte, el estudio demuestra con claridad que queda mucho camino por recorrer en muchos ámbitos médicos. Por otra, la realización del estudio mismo y la atención que recibió de inmediato por parte de la Asociación Médica Norteamericana indica cuánto hemos adelantado.

He dicho que la decisión sobre cuándo se deben utilizar medidas médicas heroicas para prolongar la vida es, en el sentido estricto de la palabra, un tema de eutanasia; es decir, ayudar a alguien a tener una muerte tan buena como sea posible. No significa, sin embargo, que tales decisiones deban ser consideradas *siempre* como parte del debate sobre la eutanasia. Hace treinta años sí, cuando tirar del enchufe era un acto incalificable y tabú. En ese entonces era una acción muy discutible. Hoy en día, no. Tal como lo refleja el estudio de Johnson, en algunos ámbitos es necesario que los profesionales médicos se sientan más cómodos con las ambigüedades que presenta el tema. Se requiere una mayor capacitación de las enfermeras y de los médicos. No obstante, creo que hemos llegado a un consenso nacional sobre este tema. Hoy no es tabú discontinuar las medidas heroicas o no utilizarlas en absoluto. Las ambigüedades tienen solución, y son resueltas caso por caso, no según una fórmula, por las personas involucradas más directamente. Si tirar del enchufe es o no permisible ya no necesita ser tema de debate público. El veredicto ya está dado. Se permite dentro de las pautas que acabo de ofrecer. De hecho, no sólo es permisible sino que con frecuencia constituye una obligación ética. Es simplemente una cuestión de práctica de buena medicina.

Cuando empecé a escribir este libro sobre este tema, lo hice con el propósito de aclarar las cosas. En la mente de gran parte del público el tema de tirar del enchufe sigue formando parte del debate sobre la eutanasia, aunque todo el clima haya cambiado. Hacer que siga formando parte del debate sólo sirve para confundir todo. Como tema de debate, se ha convertido, doy gracias, en un punto destacable. Puede dejarse a un lado. Tratemos ahora otros temas más profundos y verdaderamente dignos de debate.

Capítulo 2

DOLOR FÍSICO

El temor más grande de la mayoría de las personas no es a morir atados a máquinas de supervivencia, sino en una lenta agonía física, prolongada por estas máquinas o por alguna otra forma de mal manejo médico. Nada alienta más el debate sobre la eutanasia como este miedo al dolor físico intratable.

En la actualidad ese miedo puede ser real o irreal. Para comprender por qué constituye un momento de decisión, es necesario entender la naturaleza del dolor físico y los problemas asociados con su tratamiento.

Bendición y maldición

A través de gran parte de la historia, la lepra, que en la actualidad es una enfermedad tratable, fue la más temida de las aflicciones médicas. La razón de este temor no era el carácter de enfermedad rápidamente fatal de la lepra, ni siquiera el hecho de que fuera fatal, sino que inexorablemente provocaba desfiguraciones y deformidades terribles y crónicas.

El causante de la lepra, el bacilo de Hansen, es un tipo de bacteria que, cuando ataca a una persona, tiene cierta predilección por habitar a lo largo de las fibras nerviosas del paciente, específicamente por destruir las fibras microscópicas que producen la sensación de dolor. Un leproso puede romperse el tobillo y continuar caminando sobre él como si nada hubiera pasado, porque no es consciente de que algo le sucedió; la lepra destruyó la sensación de dolor en su tobillo. La señal de que algo está mal no llega a su cerebro, y el hecho de seguir caminando sobre el tobillo le provocará en breve una artritis grave y degenerativa, así como deformidad en la articulación. Asimismo, una leprosa puede apoyar la mano sobre una estufa caliente, y minutos después empezar a disfrutar del aroma de lo que ella cree es carne en el horno, cuando en realidad es su propia mano la que se está quemando y destruyendo.

Durante siglos se creyó que las terribles deformidades de la lepra eran el resultado directo de la infección. Cuando el ojo de un leproso empezaba a supurar y después de un tiempo el enfermo se volvía ciego, nadie se daba cuenta de que quizás esa persona tenía un trocito de carbonilla en el ojo y que había sido incapaz de percibirlo. Hace sólo algunas décadas el cirujano misionero norteamericano Paul Brand, mientras trabajaba en la India, descubrió que la mayor parte (no toda, pero sí la mayoría) de la destrucción causada por la lepra es provocada por la ausencia localizada de dolor.

Gracias a Dios por el dolor.

La mayor parte de las bendiciones de la vida, según mi experiencia, son las maldiciones potenciales. Y viceversa. Lo mismo sucede con el dolor físico.

El dolor físico corto y agudo, ya sea leve o grave, casi siempre resulta una bendición. Constituye una señal de que algo está mal en el cuerpo, algo que requiere atención. Sin esa señal nuestras vidas pronto serían devastadas.

Sin embargo, el dolor es útil *solamente* como señal de que algo está mal, ya sea un tobillo roto, una quemadura o una astilla en el ojo. Una vez que se diagnostica el problema y se trata de manera adecuada, no hay razón para que el dolor continúe. El dolor ha perdido su razón de ser. Si continúa, la bendición se ha convertido en maldición.

Por fortuna existe una planta, la adormidera, con la cual se fabrican medicinas para calmar el dolor. Todos los calmantes fuertes, como la morfina, son derivados del opio o similares sintéticos.

El dolor físico puede dividirse en cuatro categorías: leve, moderado, severo y extremo. Con el dolor leve puede vivirse y se calma con remedios que se venden sin receta médica, tales como aspirina, Tylenol o Motrin. El dolor moderado puede soportarse durante horas o días, pero por lo general no debe permitirse; debilita el cuerpo y la mente y debe tratarse con derivados menores del opio, apenas adictivos, como la codeína. Cuanto más fuerte sea el dolor, se necesitarán dosis más fuertes y mayores para calmarlo. El dolor verdaderamente severo o extremo por lo general logra calmarse sólo con morfina.

Asimismo, el dolor puede ser agudo o crónico. Conviene recordar que el dolor breve y agudo por lo general no debe ser tratado con calmantes hasta haber descubierto su causa y empezado un tratamiento adecuado. Un paciente con dolores abdominales repentinos y severos no necesita una inyección de morfina; lo que necesita es ver a un médico. La morfina sólo lograría tapar su enfermedad, y el resultado sería una muerte que puede prevenirse a raíz de una apendicitis o de otra condición similar.

El dolor crónico o agudo del cual se conoce la causa es por entero otro problema. No tratar adecuadamente el dolor moderado, severo o extremo con calmantes es considerado mala práctica médica.

El dolor leve y crónico, como lo he sugerido, es soportable. Al igual que otros enfermos de artritis, yo lo he soportado durante años, lo cual no implica que el dolor de la artritis sea siempre leve; puede llegar a ser moderado, a veces severo, y a veces puede llevar a condiciones secundarias de dolor extremo. Sin embargo, más allá del dolor leve, cuanto más dura el dolor peor es. La gente no se acostumbra a él. Creer que debería soportarlo es sadismo. El dolor severo o extremo representa una emergencia médica. No debe dejarse esperando a un paciente con semejante dolor. Deben iniciarse y completarse de inmediato los procedimientos de diagnóstico necesarios, tan rápido como sea humanamente posible. Y apenas conocido el diagnóstico, cuando ya pueden usarse calmantes con seguridad, éstos deben administrarse de inmediato en dosis adecuadas y con tanta frecuencia como sea necesario. Cuando el personal médico permite sin necesidad que el dolor severo o extremo de un paciente continúe, es culpable de tortura.

El crimen más común en el ejercicio de la medicina

¿Tortura? ¿Mala práctica? ¿Sadismo? Son palabras duras, y ahora deseo agregar otra: crimen.

Todos nos hemos horrorizado al oír relatos de hombres golpeados o mujeres violadas en la calle mientras otras personas se quedan mirando, sin intervenir. Por lo que sé, ningún espectador fue juzgado nunca por el delito de pasividad. Para cometer un delito, debe *hacerse* algo. Se juzga a las personas por instigar a un crimen, pero sólo debido a que participaron en mayor o menor medida. Los espectadores pasivos no son participantes. No obstante, en el fondo sentimos que esas personas también son culpables y que, por lo menos algunas de ellas, deberían ser castigadas.

Cuando se los interroga al respecto, los espectadores pasivos suelen ofrecer dos motivos para su inacción. La primera es el miedo a ser heridos o incluso asesinados si intentan intervenir. A veces este miedo es razonable, pues su vida puede correr peligro. Entonces ofrecen la segunda excusa: que simplemente no quisieron comprometerse.

Los profesionales médicos que en los hospitales observan cómo sus pacientes agonizan de dolor severo o extremo sin levantar un dedo para calmarlo, no tienen justificación. Pueden no querer comprometerse, pero la realidad es que *están* comprometidos. Como profesionales médicos es su *responsabilidad* estarlo. Más aún, al administrar calmantes para el dolor, no están de ningún modo poniéndose en peligro ni en riesgo. No obstante, en este mismo momento, en todo el país, cientos de miles de médicos y enfermeras dan la espalda a pacientes que agonizan de dolor, cuando la agonía podría ser calmada en forma rápida, fácil y segura.

El crimen más común de la actualidad en medicina es no administrar calmantes adecuados para el dolor. *

Al llamarlo crimen, cosa de la que estoy convencido, no es mi deseo ver policías ni abogados en los pasillos de nuestros hospitales. Mi único deseo es ver que ese crimen deje de cometerse, en forma pacífica, a raíz de un cambio de clima en lo que respecta al tema de los calmantes en nuestros hospitales, un cambio parecido al que tuvo lugar con respecto al tema de tirar del enchufe. No conozco ningún caso en el que un médico o enfermera haya sido juzgado por negar un calmante. Pese a que no me gustan los litigios, si el clima no se modifica, creo que tales juicios se justifican para ayudar a un cambio de situación. Pero tengo la esperanza de que este libro, junto con el trabajo de otras personas, sirva de ayuda para provocar el cambio necesario sin necesidad de recurrir al proceso legal.

Una de las razones por las cuales me siento optimista es que el ambiente ya se ha modificado en muchos pabellones y hospitales de numerosas comunidades. Sin embargo, todavía resta por lo menos una cantidad similar de pabellones y de hospitales enteros —que con frecuencia son hospitales-escuela de la más alta reputación— donde el ambiente no ha cambiado, y donde el tratamiento del

*Véase "Tragedy of Needless Pain", por Ronald Melzack, *Scientific American*, febrero de 1990, págs. 27-33.

dolor parece pertenecer a la Edad Media. Cuando escribo estas líneas es un día soleado de principios de otoño, y tengo la absoluta seguridad de que en la actualidad miles de salas de hospital funcionan en parte como cámaras de tortura.

¿Por qué? ¿Cómo es posible? Nosotros, los psiquiatras, decimos que este fenómeno, al igual que muchas enfermedades de nuestra sociedad, está "superdeterminado", es decir, que tiene múltiples causas. Ahora voy a analizar, de a una, las que a mi entender son las cinco causas principales de este crimen tan común en la medicina.

Concepto erróneo de la adicción

Todos los derivados del opio producen adicción, al igual que la mayor parte de los calmantes que pueden utilizarse para aumentar su eficacia. La farmacología moderna todavía no ha logrado desarrollar un calmante fuerte que no produzca adicción, aunque dicho fracaso no se debe a la falta de esfuerzo.

¿Qué significa adicción? Dos cosas. Una es que la administración prolongada de una droga adictiva, como la morfina, produce una condición tal en el cuerpo que se necesitan dosis cada vez más altas de la droga para obtener el mismo resultado. El otro significado es que cuando la droga deja de administrarse, aunque la causa del dolor haya sido eliminada, el paciente adicto experimenta una dolor temporario que se conoce como abstinencia.

Todas las drogas adictivas, así como muchas otras, producen hábito, especialmente los derivados del opio u opiatos, del cual la heroína es la droga más fuerte. Los opiatos no sólo calman el dolor físico, sino que producen en la mayoría de las personas una sensación de euforia, con la cual también se libran de cualquier malestar emocional. Producen un pico que suele ser muy agradable. Y cualquier cosa que sea agradable, ya sea morfina, golf o jardinería, potencialmente puede producir hábito. Debido a que estas drogas producen hábito y son adictivas, un pequeño porcentaje de personas que se encuentran físicamente bien (quizás apenas un dos por ciento) dependen de estos fuertes calmantes. Son adictos a ellos o los utilizan como "recreación". Estas personas pueden llegar a mentir, engañar, fingirse enfermas, robar y a veces hasta a matar para obtener la tan deseada droga. Por esta razón estas drogas tienen un estricto control de la ley. Son fabricadas y almacenadas bajo llave. Hasta los médicos deben tener una licencia especial para prescribirlas. Todos estos procedimientos son muy correctos; yo no cambiaría ni una sola de las leyes que regulan estas drogas peligrosas en potencia.

El problema estriba en que los peligros se exageran *mucho* en la imaginación del público en general y de la mayoría de los profesionales médicos, que deberían conocer mejor de qué están hablando.

Esta primera gran exageración se refiere al potencial adictivo de incluso el más fuerte de los calmantes. Tal como escribí en un capítulo sobre adicción en mi libro *In Search of Stones*:

"Las causas de las adicciones son múltiples. En 1970-1971, aproximadamente la mitad de las tropas norteamericanas en Vietnam probaron heroína por lo menos una vez. Dicha estadística se convirtió en tema político candente. Inexpertos en estos asuntos, los congresales y otros funcionarios del gobierno aseguraron que la mayoría de los soldados iban a regresar a los Estados Unidos convertidos en adictos confirmados a la heroína. Mi jefe y yo, que en esos años éramos psiquiatras militares en Washington, lo dudábamos. Teníamos razones para sospechar que se necesitaba mucho más que estar expuesto a la droga para crear un adicto. El tiempo nos dio la razón. Una minoría desarrolló una verdadera pasión por la droga. Pero la gran mayoría, apenas salieron de Vietnam, nunca volvió a probarla. Además de la droga en sí, están involucrados factores sociológicos, psi-cológicos, espirituales y biológicos. Las causas de las adicciones son múltiples."*

Con el objeto de ilustrar cómo muchas veces los médicos están tan mal informados como los congresales, voy a hablar de procedimientos de diagnóstico. Muchos de tales procedimientos pueden ser muy penosos y dolorosos para el paciente. De hecho, ni siquiera pueden llevarse a cabo sin utilizar una combinación de sedantes como el Valium y calmantes como el Demerol. Sin éstos, el o la paciente sería víctima de una agonía indecible, y sus órganos internos sufrirían un espasmo tal que el procedimiento se tornaría imposible de realizar. La cuestión en estos procedimientos no se refiere a si se debe o no utilizar estas drogas, sino a cuánto utilizar. Permítanme usar como ejemplo el procedimiento conocido como endoscopía, en el cual un tubo flexible es introducido ya sea por la boca, el esófago, el estómago, el duodeno (a veces también el conducto pancreático) o por el ano, en toda la extensión del colon. El médico puede mirar a través de este tubo en una pantalla aumentada y puede, de ser necesario, utilizarlo para realizar biopsias de tejido en áreas dudosas.

Para que la paciente esté cómoda durante la endoscopía, el médico puede administrarle suficientes sedantes y calmantes por vía intravenosa antes y durante el procedimiento, de modo tal que nunca experimente alguna incomodidad importante. En ningún momento estará inconsciente. Será capaz de responder preguntas sencillas durante el procedimiento, pero en su mayor parte dormitará. Una vez finalizada la endoscopía, será capaz de comprender instrucciones básicas antes de ser llevada a casa por un amigo o pariente. Durante el resto del día descansará y se

*In Search of Stones, Nueva York, Hyperion, 1995, pág. 43.

sentirá agradablemente relajada; por lo demás, no habrá ningún efecto secundario. Si tiene que volver a someterse a este procedimiento, como normalmente sucede, no tendrá en cuenta los inconvenientes, y no tendrá miedo de repetirlo.

El mismo procedimiento, realizado por otro médico, el doctor X, podría desarrollarse de manera muy diferente. El doctor X administra a su paciente exactamente la misma medicación, pero aproximadamente la mitad de la dosis que la utilizada en el caso anterior. La dosis es apenas suficiente para permitir el procedimiento, pero la paciente no se siente cómoda, y experimenta dolores de leves a moderados durante una hora, con espasmos ocasionales de dolor extremo. Si le preguntamos al doctor X por qué permite esta situación, dirá que sólo está practicando buena medicina. Además, explicará, no quiere tapar ninguno de los síntomas de su paciente si algo sale mal en el procedimiento. (Pronto hablaremos más sobre el fingimiento de síntomas.) Por otra parte, se basará en un principio general: "Cuanto menos drogas puedan utilizarse, mejor". En especial, pensará el doctor X, con estos narcóticos capaces de producir un estado de excitación. ¡Dios no permita que la paciente *disfrute* de un procedimiento médico! No va a ser responsable por volver adicta a una paciente, de ponerla en el camino del hábito y la adicción. Sin embargo, no se da cuenta de que probablemente su paciente va a pasarse el resto del día llorando porque se siente casi como si la hubieran violado. O que la próxima vez que necesite un procedimiento semejante no se someterá a él hasta que sea demasiado tarde y su enfermedad, tratable, se haya convertido en incurable. Aunque el doctor X lo sepa, dirá que es responsabilidad de la paciente, no de él.

Así como es raro que un soldado que ha tomado heroína y experimentado un estado de excitación mucho mayor se vuelva adicto, la posibilidad de que un paciente se vuelva adicto como resultado de la exposición a narcóticos mucho más suaves durante un procedimiento médico es de una en un millón. No digo que sea imposible. Lo que sí puedo asegurar es que, si ese paciente se vuelve adicto, es porque tiene predisposición a serlo, tanta que sin duda va a volverse adicto a los narcóticos tarde o temprano, sin ayuda médica.

Por desgracia, no son sólo las salas de procedimientos las que suelen servir de cámaras de tortura en los hospitales; con más frecuencia sucede en las salas comunes, y por las mismas razones. Allí también, como sienten tanto terror de volver adictos a los pacientes, los médicos prescriben dosis lo más bajas posible de opiatos y con la menor frecuencia posible. Estas prescripciones por lo general son recibidas por las enfermeras para ser seguidas en un horario establecido por escrito: cada tres horas, quizás, o cada cuatro o seis horas. Mientras escribo estas líneas, también sé que en este momento, en todo el país, muchos pacientes en los hospitales gritan de agonía genuina pidiendo sus calmantes, mientras una enfermera les responde: "Pero la inyección no le toca hasta dentro de una hora. Tendrá que esperar".

Dije que, por suerte, este ambiente está empezando a cambiar. La única razón importante para este cambio, según creo, fue la invención, hace una década, de una máquina que a veces es llamada bomba de morfina, aunque también puede ser utilizada para administrar otros medicamentos. Los médicos se refieren a ella como analgesia controlada por el paciente (ACP). Con esta máquina, que se conecta a una sonda intravenosa, el paciente, con sólo apretar un botón, puede administrarse morfina con tanta frecuencia como desee, dentro de un cierto límite de cantidad para el que la máquina está preparada. ¿Permitirle a un paciente administrarse por su cuenta calmantes fuertes cuando desee? En otra época un procedimiento semejante era impensable. Felicito a quienes diseñaron la máquina y se atrevieron a usarla.

Desde ese entonces los investigadores descubrieron en

diferentes estudios que los pacientes, en su mayoría postoperatorios o de cáncer, que están conectados a estas máquinas, con raras excepciones, utilizan menos morfina que la que utilizarían con el horario de las enfermeras y los médicos. Con frecuencia mucho menos. ¿Cómo es posible?

La razón es el miedo, que se manifiesta de dos maneras. Los pacientes sienten terror al dolor severo, y se vuelven fanáticos del reloj. Si saben que su siguiente dosis de morfina será a las 02:00 p.m., la pedirán a las 01:50 p.m., aunque en ese momento no sientan ningún tipo de dolor. Son inteligentes al hacerlo, porque saben que si esperan hasta que el dolor vuelva a empezar —digamos a las 02:20 p.m.— quizá tengan que esperar por lo menos veinte minutos hasta que la enfermera se acerque a darles su inyección, y para ese momento van a estar retorciéndose de agonía. La bomba de morfina alivia por completo a los pacientes de la vigilancia del reloj... y también les facilita la vida a las enfermeras.

La otra razón es que el miedo y el dolor físico son sinérgicos. El dolor severo causa miedo al dolor, y ese miedo —cualquier tipo de miedo, pero en especial el terror al sufrimiento físico severo— también aumenta la intensidad del dolor. Algunos profesionales médicos se burlan de este hecho, y creen que sus pacientes son sólo cobardes. Pero dejémoslos que experimenten un dolor físico severo y descubrirán que ellos también son cobardes. La sinergia del miedo y el dolor es inherente a la naturaleza humana. Y un paciente que sabe que puede administrarse una pequeña dosis de morfina por vía intravenosa con sólo apretar un botón apenas empieza el dolor y experimenta un alivio casi instantáneo, es un paciente sin miedo. Y tendrá menos dolor. Y todavía menos morfina.

En la actualidad las máquinas de ACP son de uso bastante común. Sin embargo, no es raro que los médicos desconecten rápidamente a sus pacientes posoperatorios de esas máquinas y las reemplacen por calmantes menos potentes por vía muscular u oral. ¿Por qué? Pueden darse muchas razones, algunas de ellas válidas, pero la más común es el fantasma de la adicción. Temen volver adictos a sus pacientes. Pero recuerden que la adicción es un proceso gradual. No ocurre rápidamente, pero los médicos no se dan cuenta de eso. De hecho, desconectan de la bomba a un paciente contra su voluntad aunque la máquina les diga con exactitud matemática que el paciente utilizó la mitad de morfina que el día anterior. Este paciente no se ha vuelto adicto.

Aunque no vale como justificativo, parte de esta conducta es comprensible. Se refiere a lo primero que aprende el médico: "No hagas daño". Parte del miedo del médico de volver adicto a un paciente es el terror a causarle síndrome de abstinencia. Gran parte de este terror no proviene de la literatura médica, sino del teatro y de los relatos de adictos a la heroína, quienes describen la abstinencia del opiato como horrorosa, más allá de lo imaginable. En realidad, más de un adicto a la heroína me ha contado que la abstinencia de una adicción completa a la heroína era más fácil que la abstinencia del hábito de fumar. Sin embargo, es desagradable y hasta peligrosa para una persona de salud débil. Puede utilizarse una serie de drogas en dosis cada vez menores para facilitar el proceso de abstinencia, pero con frecuencia no se utilizan. Los médicos piensan: "Bueno, si la abstinencia es tan desagradable, es menos probable que vuelva a ser adicto". No existe ninguna evidencia para respaldar dicha suposición... y una cantidad considerable de teoría psiquiátrica para sospechar que lo contrario es verdad.

Hasta ahora hemos estado hablando principalmente del manejo del dolor agudo, como el que resulta de los procedimientos médicos o de la cirugía, un dolor autolimitado. ¿Y el dolor físico crónico que no es autolimitado ni curable, sino severo e intratable? En este caso hablamos de pacientes con cáncer inoperable y fatal, aunque, por supuesto, no todos los pacientes que mueren de cáncer sienten dolor. Y en ninguna situación es más absurdo el fantasma de la adicción. Conozco médicos que dieron dosis menores de calmantes a pacientes moribundos —prolongaron su agonía— porque no querían que éstos se volvieran adictos. Tal situación sería cómica si no fuera en realidad de una tristeza atroz.

Otros efectos secundarios

Incluso los calmantes suaves pueden tener efectos secundarios. La codeína, por ejemplo, suele producir constipación, pero en un paciente con buena función intestinal dicho efecto desaparece al cabo de un par de días, si bien persiste el efecto calmante de la codeína. También reduce en gran medida el reflejo de tos. Lo anterior puede crear en un paciente una leve predisposición a la neumonía. No obstante, el mismo efecto puede ser de mucha utilidad en casos reales de neumonía u otras enfermedades, ya que suprime la tos de otro modo intratable e inútil.

Tales efectos secundarios por lo general no son importantes durante los procedimientos leves como una endoscopía. Sí pueden causar mayores problemas durante la recuperación posoperatoria. Por ejemplo, la cirugía abdominal casi invariablemente produce una parálisis temporaria del funcionamiento intestinal, condición que los médicos denominan íleo. Cuanto más larga y traumática la cirugía abdominal, más tiempo persistirá el íleo. Dicho estado puede llegar a ser alarmante, pues hay razones para creer que los calmantes contribuyen a prolongar el íleo. Entonces el médico se ve enfrentado a una encrucijada, que por lo general se decide a favor de combatir el íleo y en contra de una adecuada analgesia. Sin ánimo de disminuir la realidad de esta toma de decisiones, creo que dicho juicio suele ser equivocado. Los pacientes sin dolores fuertes tienden a recuperarse más rápidamente —sin importar los efectos secundarios— que aquellos que sufren.

Más aún, muchos de estos efectos secundarios pueden prevenirse. Los efectos indeseables del íleo pueden impedirse si se limita en forma estricta el consumo no sólo de comida sino también de fluidos por boca. No obstante, he conocido pacientes después de una cirugía abdominal a quienes se les alentó a beber agua antes de volver a tener ruidos intestinales. Además, existen remedios que sirven para estimular la función intestinal. También he conocido pacientes que sufrieron lo indecible por habérseles dado menos dosis de calmantes a fin de "tratar" su íleo, cuando sus médicos ni siquiera consideraron agregar un estimulador intestinal al mismo tiempo que mantenían el calmante. Sí, "cuanto menos remedios, mejor" no es una mala regla práctica, pero cuando se convierte en sentencia rigurosa, a veces los médicos parecen ser miembros de la Inquisición.

El único efecto secundario de los calmantes potentes que más preocupa a los médicos no es un efecto secundario: los calmantes "matan" el dolor, con lo cual surge el problema del enmascaramiento. Por ejemplo, un paciente a quien se le medica morfina después de una cirugía ortopédica de tobillo puede tener al mismo tiempo un absceso en el diente. El único problema es que no sabe que lo tiene, ni tampoco sus médicos, porque no siente dolor en el tobillo ni tampoco en la mandíbula. Se ha convertido en un leproso temporario. El calmante ha enmascarado el comienzo de una nueva enfermedad.

El problema del enmascaramiento es muy real, aunque por lo general no es de mucha importancia. Al reducírsele la dosis de calmante, es probable que el paciente informe: "El tobillo sólo me duele un poquito, pero tengo un dolor terrible en la mitad de la mandíbula superior izquierda". El médico simplemente tiene que volver a trabajar y pedir un dentista para su paciente. No deseo quitar importancia a este problema. De hecho, el absceso puede matar el nervio antes que el paciente sienta dolor, y tendrá un problema desconocido para él... hasta que empiece a salirle pus por un agujerito en la mandíbula. El problema del enmascaramiento no es frecuente, pero existe.

En los casos de dolor agudo, como el posoperatorio, los médicos por lo general deciden a favor de calmar el dolor severo y en contra de los peligros mínimos y temporarios del enmascaramiento. Donde los médicos más se equivocan es en el tratamiento del dolor crónico. Un modo de hacerlo es no instruir al paciente con claridad. Por ejemplo, indican codeína o inclusive percodán en dosis regulares durante años a un paciente con artritis de dolor severo, pero olvidan decirle al paciente que debe ver a su dentista con más frecuencia. El paciente tiene derecho a participar en el problema del enmascaramiento.

El peor descuido, una vez más, está en medicar menores dosis para el dolor —de modo tal que el paciente sufre— por miedo a que éste desarrolle una nueva enfermedad sin darse cuenta. Los pacientes que requieren un tratamiento prolongado con calmantes potentes suelen ser enfermos terminales. Sin embargo, una y otra vez oigo a los médicos decir a los parientes: "No puede darle más morfina a su madre, pues puede enmascarar sus otros problemas". O más común todavía: "Puede predisponerla a la neumonía".

Los pacientes terminales por lo general mueren de una enfermedad secundaria, como por ejemplo neumonía, y no como resultado de su enfermedad principal, como el cáncer, estén o no medicados contra el dolor. La posibilidad de acelerar la muerte como resultado secundario de un calmante adecuado se denomina "doble efecto". Volveré a hacer referencia a esta frase. Por el momento diré que, si se permite que un paciente terminal soporte una agonía física para evitar el doble efecto se puede prolongarle la vida una o dos semanas. Sin embargo, a mi entender, participar de semejante acción equivale a convertirse en actor del teatro del absurdo. Más bien daría el siguiente consejo: "Deja ir a mi gente, Señor, oh, déjala ir".

Fórmulas y horarios

Los médicos tienen la cabeza llena de fórmulas, estén o no conscientes de ellas. Muchas de esas fórmulas tienen que ver con el dolor y su manejo. Muchas de ellas suelen ser equivocadas: "La artritis puede causar un dolor de leve a moderado, pero nunca severo". "Un hueso roto produce dolor severo, pero si se lo enyesa de manera adecuada, no debe durar más de dos días." "El paso de un cálculo de riñón a través del uréter produce el dolor más fuerte que existe." "El Demerol es un calmante más fuerte que la codeína." "El efecto del Demerol dura tres horas."

Los médicos traducen dichas fórmulas en recetas e instrucciones para las enfermeras. Una instrucción típica es: "Demerol, 50 mg IM q3h prn", que se traduce como: "Demerol, 50 miligramos por vía intramuscular cada tres horas según se necesite". La enfermera seguirá traduciendo la instrucción de la siguiente manera: "No puedo darle a la paciente otra inyección de Demerol hasta por lo menos tres horas después de la última y sólo si lo pide específicamente".

El problema es que los pacientes no suelen adaptarse a las fórmulas. Las enfermedades tampoco. El modo en que éstas responden a las diferentes drogas tampoco se adapta. La duración del efecto del calmante puede no ser la misma en todos los pacientes. Permítanme utilizar algunos ejemplos personales.

Cierta mañana hace algunos años, mientras escribía en mi oficina, experimenté el repentino inicio de un dolor moderado en el extremo izquierdo del abdomen. Al principio pensé que eran gases. Sin embargo, era diferente y más persistente. Me pregunté qué otra cosa podía ser. Se me ocurrió la posibilidad de un cálculo de riñón. Sin embargo, no se adaptaba a la fórmula, pues se trataba de un dolor moderado. Quince minutos después, incapaz de seguir adivinando, pensé: "Quizá se trata de un cálculo de riñón. Si dura otros quince minutos será mejor que tome el auto, vaya a una guardia y que me revisen". A los cinco minutos el dolor cesó. Seguí escribiendo y me olvidé del incidente.

Dos semanas más tarde empecé a sentir ardor al orinar. Después de un par de días fui a un laboratorio y me hice un análisis de orina. Reveló gran cantidad de sangre microscópica en mi orina. Tuve terror de que se tratara de cáncer. Pero por fortuna, los rayos equis revelaron la verdadera causa: un cálculo de riñón relativamente pequeño que se había instalado entre la vesícula y el uréter izquierdo, fácilmente tratable si bebía tres litros de agua muy rápidamente.

Sí, el paso de un cálculo *grande* de riñón por lo general resulta una pesadilla que es mejor no recordar. El paso de uno bastante pequeño como el mío puede causar cierta incomodidad temporaria que se olvida con facilidad.

Hay otra clase de ejemplo todavía más común: un absceso de diente. Un absceso puede matar el nervio de un diente en forma tan gradual que el proceso es indoloro. O puede producir dolores breves e insoportables que no duran más de un segundo, pero que se repiten a lo largo de meses —lo cual presenta un serio problema de diagnóstico— antes de que el nervio muera. O puede producir dolores severos durante una noche entera hasta que el nervio se muere. Semejante dolor, por sí solo, constituye una emergencia dental, y no es fácil localizar un dentista en mitad de la noche para tratarlo.

Los psiquiatras pronto se acostumbraron a que el uso efectivo de drogas psicoactivas es más un asunto de prueba y error que una fórmula segura. Los pacientes A y B sufren depresiones que parecen *exactamente* iguales. El paciente A puede no responder en absoluto al Prozac, pero tener una gran mejoría con Elavil. Por otra parte, para el paciente B el Prozac puede parecer un milagro mientras que el Elavil no le sirve.

Los calmantes son drogas psicoactivas. No quiero decir que no existan pasos a seguir. El Demerol *por lo general* es un calmante más fuerte que la codeína. Sin embargo, personalmente me da más resultado una dosis oral de codeína que una de Demerol.

Los pacientes no sólo poseen cerebros diferentes sino también procesos metabólicos diferentes. El Demerol procura un promedio de tres horas de alivio. En un paciente con metabolismo más lento durará tres horas y media. Las enfermeras considerarán a este último un "buen paciente". Y con frecuencia juzgarán a un paciente con metabolismo rápido, para quien la misma dosis procura sólo dos horas y media de alivio, un "paciente malo".

Más aún, la duración del alivio varía según la intensidad del dolor del paciente. Cuando sufro de dolor moderado, una dosis importante de codeína me procurará por lo menos cuatro horas de alivio. Ante un dolor más severo, la misma dosis me permitirá funcionar no más de dos horas.

La mayoría de los médicos están conscientes de todas estas cosas, pero sufren mucha presión como para pensar mucho en ellas. No pueden sentarse todo el día junto a la cama de cada uno de sus pacientes. Están entrenados para que sus indicaciones sean precisas, no vagas. En consecuencia, aunque sean conscientes de que están actuando según una fórmula, continúan impartiendo indicaciones en forma de fórmula: "Demerol, 50 mg IM q3h prn". Por supuesto, saben que si ésta no alcanza la enfermera los consultará. Ahora bien, *si* la enfermera los llama es otro problema. Por lo general lo hace, pero sólo después que el paciente estuvo gimiendo de agonía durante un período considerable.

También puede suceder que la enfermera no esté disponible. Como ya indiqué, la indicación del médico, "prn" (según se necesite) significa que el paciente debe pedir el calmante. Si éste todavía no aprendió a especular con las horas, significa que cuando empiece a volver a sentir dolor tocará el timbre. El timbre será respondido cerca de diez minutos después por una ayudante. El paciente dirá: "Me duele otra vez. Es cada vez peor. ¿Pueden darme la inyección?"

La ayudante responde:

—Le diré a la enfermera.

Diez minutos después aparece la enfermera.

—¿Necesita su inyección?

—Sí, el dolor es atroz.

Sólo diez minutos después la enfermera regresa con la inyección... media hora después que el paciente tocara el timbre... si tiene suerte.

Pero con frecuencia el paciente no es tan afortunado. A veces la enfermera no vuelve. En medio de una absoluta' agonía el paciente vuelve a apretar el timbre. Una vez más, después de otros diez minutos, reaparece la ayudante..

—¿Sí? —pregunta.

—El dolor es terrible —ruega el paciente—. La enfermera dijo que vendría con mi inyección.

—Bueno, ella está ocupada con una admisión de emergencia —explica la ayudante—. Le dije que usted está dolorido. Estoy segura de que vendrá apenas pueda.

Lo que acabo de relatar suena como una caricatura. Sin embargo, no es una situación rara. ¿Quién es el culpable? La realidad es que la enfermera está ocupada con una emergencia quizá más desesperante; que las ayudantes y enfermeras, así como los médicos, suelen tener exceso de trabajo, si no están exhaustos. Pero también es real que el paciente no recibió su remedio "según se necesite" por lo menos hasta una hora después de haber expresado su necesidad y sufrido una tortura innecesaria pues su necesidad, si bien coincidía con el horario, no se ajustó al horario del personal. Es común que los pacientes de hospital que sufren dolor se vean reducidos a mendigos desvalidos.

Pero este escenario no es el peor. El horario no siempre es dictado por una emergencia, sino a veces por puro descuido. Hace más o menos una década me desperté en el cuarto de recuperación después de haber sido sometido a cirugía de la columna vertebral inferior. Oriné copiosamente, conversé y demostré mi agudeza de diversas maneras, aunque de tanto en tanto dormitaba por efecto de la anestesia. Después de un tiempo, sin embargo, no dormité más, y comencé a sentir dolor. Experimentado en cirugía y conociendo la clase de dolor por venir, llamé a la enfermera y le informé que pronto iba a necesitar una inyección.

—En un par de minutos lo subiremos a la guardia —respondió—y apenas llegue le darán la inyección.

Parecía razonable. Entonces esperé. Y esperé. Y esperé. Aproximadamente media hora después el dolor había atravesado las etapas de leve a moderado hasta convertirse en severo. Volví a llamar a la enfermera.

—Dijo que me darían la inyección apenas llegara a la guardia, y de inmediato iban a subirme ahí. Eso fue hace media hora. ¿Cuándo diablos van a llevarme?

—La ayudante que lleva a los pacientes acaba de salir a almorzar —explicó con calma la enfermera.

Pero yo no estaba tan tranquilo.

—¡O me da usted misma la maldita inyección de inmediato —grité— o consigue una ayudante para que me lleve a la guardia en este mismo momento, si no quiere que la denuncie!

De algún modo la enfermera de inmediato consiguió una ayudante que me llevara a la guardia, donde por fin me dieron la inyección. Probablemente pude combatir la situación de manera tan efectiva porque era médico con considerable experiencia. Odio pensar que otras personas sin la misma autoridad son víctimas no sólo de órdenes rígidas sino también de horarios de almuerzo que prohíben el cumplimiento de las órdenes. No quiero decir que la adherencia a los horarios de almuerzo sea irreal, pero puede ser insensible y negligente. Los horarios pueden ser más flexibles; el dolor, no. Pretender que el dolor se adapte a los horarios de una organización linda con lo sádico.

No estoy diciendo que la enfermera de este ejemplo haya sido sádica; sólo fue negligente. Pero por desgracia, la realidad me obliga a tratar con el verdadero sadismo en la práctica médica.

El sadismo es un trastorno psiquiátrico muy complicado cuyo origen es desconocido. Parte de su complejidad estriba en que su intensidad tiene diversos grados. El sadismo de algunas personas es tan leve, sutil y esporádico que nunca se diagnostica como tal. Tales personas quizá constituyen un diez por ciento de la población. El sadismo de otras personas —que conforman menos del uno por ciento— puede ser casi asesino. Sea cual fuere el porcentaje, los sádicos ingresan en la profesión médica tanto como en cualquier otra. Quiero decir que apenas un uno a un diez por ciento de médicos, enfermeras y ayudantes médicos son sádicos en mayor o menor medida. Son muy difíciles de diferenciar pues ejercen su sadismo bajo la máscara de que están practicando "buena medicina".

La mayoría de las personas creen que el sadismo solamente se refiere al acto de disfrutar con el dolor de otros, sin darse cuenta de que dicha diversión suele ser inconsciente. Tampoco son conscientes de que se trata sólo de parte del problema. A los sádicos *les encanta* ejercer control —dominación— sobre otras personas. ¡Qué mejor manera de dominar a alguien que poseer un control casi total sobre si dar un calmante a un paciente o negárselo! En estos días de medicina moderna, las enfermeras, con razón o sin ella, tienden a sentir que tienen poca autoridad. El control sobre la medicación contra el dolor quizá sea el único poder que les queda. De ningún modo deseo sugerir que el común de las enfermeras son sádicas. Pero sí deseo afirmar lo que demuestra la triste realidad: que los horarios de administración de calmantes, en algunas ocasiones, son demasiado estrictos sin consultar al médico, o son extendidos sin piedad por motivos patológicos.

En síntesis, las fórmulas y los horarios están confundidos de manera inextricable. Pero el dolor no suele adaptarse a las fórmulas ni obedecer los horarios. Una de las principales razones por las cuales la administración de calmantes en los hospitales es inadecuada es que los hospitales *funcionan* a base de horarios y fórmulas. Más aún, para perjuicio del paciente, los horarios a veces ni siquiera se cumplen porque el personal médico suele tener exceso de trabajo, es a veces negligente y, en algunos casos, directamente sádico.

Simulación

El décimo año en la escuela privada a la que asistía no fue muy feliz para mí. No me llevó mucho tiempo hacer un interesante descubrimiento: que si me insertaba un trozo de algodón en cada orificio nasal la voz me salía rara. Lo hacía antes de ir a desayunar y después saludaba a mi madre:

—Bued día, mamá.

Y ella decía:

—Parece que te pescaste un resfrío.

—Quizá —respondía yo—. Bero no ez nada grave.

—Creo que no deberías ir a la escuela.

—Do —protestaba yo—. De vedas que estoy bied.

—Pues te quedarás en casa de todos modos.

Para la época en que tenía once años mi madre ya detectaba mis manejos. De todos modos, cierto sábado al mediodía, a fines del otoño de ese año, cuando la escuela me parecía mucho mejor, jugaba a arrojar una pelota contra la pared de nuestro edificio de departamentos. De repente sentí un gran cansancio. Cuando subí a nuestro departamento me dolía todo el cuerpo. Me di un baño de agua caliente. A los cinco minutos el dolor pareció pasar de las extremidades al estómago. Le dije a mi madre que me dolía el estómago y que iba a acostarme. Diez minutos después le informé que me dolía mucho. Mi madre me tomó la temperatura; no tenía fiebre. Diez minutos después empecé a gritar de dolor. Mi madre comentó que no podía dolerme tanto. Pronto empecé a pedirle que llamara al médico.

—No puedo creer que te duela tanto como para llamar al médico. Ningún dolor de estómago es tan grave como lo pintas.

Grité continuamente durante otra hora, y le rogué a mi madre a cada instante que llamara al médico antes de que me hiciera caso. Era la época de las visitas a domicilio. El médico llegó muy rápido. A los pocos minutos estaba llamando por teléfono al cirujano. En algún momento durante la hora siguiente, antes que llegara el cirujano, el dolor se detuvo de repente. No obstante, la temperatura me empezó a subir; estaba extasiado porque el dolor había cesado. Por supuesto, no tenía idea de que el apéndice acababa de estallarme. Pero el cirujano sí, y a las cinco de la tarde estaba en el quirófano. Por suerte también había empezado la era de los antibióticos, y a los pocos días ya había mejorado.

Moraleja número uno: la gente finge enfermedades.

Moraleja número dos: es fácil, hasta para las madres, creer que alguien finge cuando no lo está haciendo.

Existen múltiples razones por las cuales la gente se finge enferma, y resulta difícil calcular la frecuencia de este hecho en pacientes externos que se quejan de dolores leves a moderados; sólo puede decirse que el porcentaje es bastante bajo. Ya sea para evitar la molestia o el gasto de una visita al médico, la tendencia es en la dirección opuesta. La mayoría de las personas tardan en procurarse tratamiento médico lo más que pueden, y con frecuencia sin ningún motivo.

Que alguien finja un dolor severo o atroz es muy raro. Por supuesto, cuando eso ocurre el sitio suele ser el hospital, más específicamente la sala de guardia. Las posibles causas son múltiples, pero calculo que la incidencia general es menor al uno por ciento. Dicho de otro modo, no creo que más de uno de cien pacientes que se quejan de dolor intenso estén fingiendo o exagerando. Sin embargo, también creo que los médicos y las enfermeras sospechan que uno de cada cuatro finge en algún momento u otro.

¿Cómo es posible? Una de las razones, que ya he tratado, es el fantasma de los médicos con respecto a la adicción. El personal médico se pregunta constantemente si los pacientes que se quejan de dolor severo no serán adictos que están tratando de engañarlos. La segunda razón son los llamados "umbrales de dolor".

Las personas parecen ser distintas con respecto a la sensibilidad al dolor. Este hecho ha creado el concepto de umbral de dolor: decimos que algunas personas tienen un umbral de dolor alto —es decir, son poco sensibles al dolor— mientras que otras tienen un umbral bajo, y en seguida se quejan. Es un tema difícil. Los estudios existentes indican que la diferencia entre los umbrales altos y bajos no suele ser tan grande. Como ya indiqué, las personas asustadizas o ansiosas son más sensibles.

Los médicos o las enfermeras que sospechan que un paciente está fingiendo por lo general no lo dicen. En cambio, utilizan un eufemismo:

—Bueno, sin duda tiene un umbral de dolor muy bajo.

También es un eufemismo que equivale a decir que se trata de un "paciente malo". Los pacientes buenos son aquellos que obedecen más y se quejan menos de los procedimientos y los horarios para administrar calmantes.

Aunque no existe ninguna investigación en firme que la sustente, tengo otra impresión acerca de la sensibilidad al dolor que casi parece obvia. Creo que cuanto más conscientes son los pacientes: cuanto más inteligentes, alertas y conocedores de sí mismos, son más sensibles al dolor. Por el contrario, los menos conscientes y alertas por lo general son menos sensibles, y por lo tanto, por extraño que parezca, se los considera buenos pacientes. Sin importar si el umbral es alto o bajo, el hecho real es que el paciente siente dolor, a menos, por supuesto, que esté fingiendo. Pero no es lo común. No obstante, el dolor físico es una de esas pocas condiciones en las cuales una persona es culpable hasta que se pruebe lo contrario.

Mi consejo a los médicos y enfermeras es que se olviden de los umbrales de dolor y sean más benévolos. Que otorguen al paciente dolorido el beneficio de la duda. Si la duda es grande —si existe razón para creer que el paciente está fingiendo— entonces deben llamar a un psiquiatra, y rápido. Recuerden que el dolor físico constituye una emergencia médica. No escatimen calmantes por suponer que el paciente finge, a menos que dicha suposición se haya convertido en un diagnóstico avalado por un psiquiatra.

La empatía

Aunque el fingimiento y la adicción se han citado como los principales culpables del tratamiento médico inadecuado del dolor físico, creo que un factor más grande es la falta de empatía.

Warren era un hombre casado y apuesto de treinta y dos años, sargento de la fuerza aérea muy eficiente, que había empezado a sufrir un dolor leve pero crónico en toda la espalda y un dolor moderado en la parte inferior de la espalda. Consultó a un médico ortopedista. Como no respondía a la aspirina ni al Tilenol y las placas de rayos X parecían perfectamente normales, los médicos llegaron a la conclusión de que, o estaba fingiendo o se encontraba levemente desequilibrado. Lo derivaron a Jesse, mi predecesor como jefe de psiquiatría en Okinawa.

Jesse no pudo encontrar ni el más leve atisbo de desorden psiquiátrico en Warren. Se exprimió el cerebro para recordar todo lo aprendido en la facultad y recordó que existe una enfermedad rara, la brucelosis, que producía dolores de espalda no muy definidos. Jesse volvió a enviar a Warren al médico ortopedista, con la recomendación de que se le realizara un test de brucelosis. La prueba cutánea dio positiva y Warren empezó el tratamiento adecuado.

Un año después, cuando ya el tratamiento tenía que haber dado resultados, Warren seguía con dolor de espalda. Pero era peor. Los rayos X seguían siendo perfectamente normales. Otra vez los médicos ortopedistas empezaron a pensar que estaba fingiendo, y volvió a ser derivado para su evaluación psiquiátrica, esta vez a mí.

Yo tampoco pude encontrar ningún malestar psiquiátrico en Warren. Pero en esta ocasión yo tenía algo más que mi experiencia psiquiátrica para ofrecerle. Aunque tenía un año menos que Warren, yo también sufría dolores leves desde hacía más de una década debido a una hernia de disco, y en lo personal conocía bastante el tema. Sabía que el dolor podía empezar años antes de que apareciera la más mínima evidencia de la enfermedad en rayos X. Sabía que Warren se sentaba y más tarde se incorporaba de su silla tan rígido como yo en mis peores días; semejante rigidez no es fácil de fingir. Finalmente, en mi caso había conseguido un alivio considerable para la espalda en una de las primeras variantes de las NSAID (drogas antiinflamatorias no esteroidales, por sus siglas en inglés).

Le entregué a Warren una prescripción para esta droga y le pedí que volviera a verme a las cinco semanas.

—No deje de tomar las píldoras —le aconsejé—. No espere ver resultados en seguida. En realidad, el efecto suele tardar por lo menos tres semanas en aparecer. Por supuesto, es posible que no le hagan ningún efecto, pero en cinco semanas sabremos si lo ayudan o no.

Tres semanas después, la recepcionista de la clínica psiquiátrica tocó el timbre del intercomunicador de mi consultorio. Warren estaba en la sala de espera.

—Sabe que su cita es sólo dentro de dos semanas —informó— pero sólo quiere verlo un minuto. —Le dije que pasara.

Warren entró en el consultorio con la sonrisa más ancha que jamás había visto.

—¡Doc, usted es un genio! —exclamó—. El dolor cesó hace cinco días. Al principio no podía creerlo. ¡Ya hace cinco días! ¿Se da cuenta de que son los únicos días desde hace dos años que no tengo dolor? Dios lo bendiga.

Si fuera posible (pero no lo es), la facultad de medicina ideal sería aquélla donde cada uno de sus alumnos sufriera un poco de cada enfermedad que estudia.

He mencionado cuatro categorías de dolor: leve, moderado, severo y atroz. Por supuesto, estas categorías son arbitrarias, pues representan una línea continua de diferentes grados. Es preciso hablar sobre los extremos.

Algunas personas consideran que un dolor leve no es "nada". Warren sufría dolores leves y seguía desempeñando su trabajo. El dolor es casi "inexistente" cuando es breve, como sucede con un pequeño resfrío. Pero cuando se hace crónico: cuando continúa semana tras semana, mes tras mes, año tras año, debilita la energía de una persona de una manera que nadie que no haya tenido dolor crónico puede comprender. Sí, Warren podía desempeñar sus tareas, pero se sentía más como un hombre de sesenta años que como uno de treinta, y no le quedaban energías para su familia. Más tarde, su esposa también vino a agradecerme, pero la pura felicidad de Warren reflejada en su rostro fue agradecimiento suficiente.

Cuando sufrimos un dolor moderado, gemimos. Gritamos cuando sufrimos dolor severo, como lo hice antes que me estallara el apéndice. Entonces, ¿qué es dolor atroz?

Gracias a Dios sólo lo experimenté dos veces: una vez en el brazo y otra en la pierna, las dos veces por la misma causa: el borde afilado de un disco roto rompiendo de manera inexorable una de las raíces nerviosas principales al salir de la espina dorsal. Puedo describirlo con precisión: fue como si la extremidad, en un punto muy preciso, no sólo hubiese sido sumergida sino también mantenida en una tina con plomo derretido hirviendo.

Un observador no puede advertir la diferencia entre dolor severo y atroz. Un grito es un grito, y un paciente con dolor atroz no puede gritar más fuerte que uno con dolor severo. La única manera de saber la diferencia es por la cantidad de morfina que hay que agregar a la sonda antes que el paciente pueda dormir por lo menos un par de minutos.

¿Por qué esto es importante?

Dos años antes de retirarme del circuito de conferencias ya había empezado a reflexionar sobre el tema de la eutanasia. A veces hablaba con mi audiencia sobre el dolor físico. Mis audiencias representaban en muchos aspectos el espectro de la humanidad: alrededor de un sesenta por ciento de los miembros estaba formado por mujeres, y un cuarenta por ciento por hombres; pertenecían a la clase media alta y baja, y en cuanto a edad, los había desde quince hasta noventa años, con una mayoría de cuarenta y ocho años. En esos diálogos descubrí algo que me dejó estupefacto: que por lo menos el setenta por ciento de mi audiencia nunca había experimentado dolor severo ni atroz.

Entre las que aseguraron no haber experimentado dolor severo se encontraban mujeres que habían parido hijos. Este hecho parecería extraño si no fuera por varios factores: uno es que podían haber estado medicadas para no sufrir dolor. Otro es que el dolor del trabajo de parto es relativamente breve y en su mayor parte intermitente, con un resultado por lo general positivo. En estas circunstancias la tendencia del ser humano es a olvidar la intensidad del dolor (a veces se administra a las parturientas drogas específicas para acentuar el olvido). A pesar de dicha tendencia al olvido, es preciso recordar que también existe lo contrario. Una persona que ha experimentado dolores constantes y severos sin tratamiento durante un tiempo importante, va a recordar esos dolores con claridad durante el resto de su vida, y va a sentir terror de que vuelvan a ocurrirle.

Si podemos extrapolar los datos que obtuve, y creo que puede hacerse con seguridad, significa que por lo menos un setenta por ciento de médicos y enfermeras nunca han sufrido en carne propia dolor severo o atroz. O no son capaces de recordarlo. Simplemente no tienen la menor idea de cómo es. Cuando tienen bajo su cuidado pacientes con semejante dolor, son testigos de algo completamente ajeno a su experiencia personal.

La empatía, salvo raras excepciones, es un don otorgado por la experiencia personal. A diferencia de la compasión, que puede ser destructiva, por lo general es un fenómeno individual, creado a partir del verdadero dolor personal. Por lo tanto, no es de sorprender que la mayoría de los profesionales médicos, al tratar con pacientes que sufren dolores severos o atroces, carezcan de empatía. Se enfrentan con una conducta extraña. No resulta inexplicable, entonces, que los pacientes que sufren lo indecible deban oír de médicos y enfermeras: "No es posible que tenga tanto dolor", o peor: "No *debería* tener tanto dolor". El terrible problema de quienes lo afirman es que por lo general no tienen la más mínima idea de lo que están hablando.

"Alergia" a la morfina

He estado hablando en profundidad —y con pasión— sobre el frecuente fracaso de los médicos profesionales para tratar el dolor de manera adecuada. Me impulsan dos razones: la primera es el miedo que suelen tener las personas a morir en una gran agonía física. Dicho miedo alimenta el movimiento de la eutanasia. Parece un acto racional suicidarse un poco antes, cuando la muerte natural presenta una perspectiva de sufrimiento horrible, lento e inútil.

Este miedo no es del todo irreal. Algunas personas mueren con un dolor físico inútil. Sus amigos y familiares los ven sufrir. Otros narran sus experiencias hospitalarias, donde sufrieron un dolor inútil y han sobrevivido para contarlo. Las historias de horror son oídas por otras personas que quizá no han sufrido esas experiencias en carne propia, pero aprenden a temerlas.

Mi otra razón para concentrarme en el fracaso de los profesionales médicos para tratar el dolor físico es señalar con claridad que se trata de un fracaso. Las instancias de sufrimiento no son necesarias, sino evitables. Los hospitales no necesariamente tienen que ser lugares de tortura o de dolor lento.

No es mi intención criticar a los profesionales médicos ni a los hospitales en general. Como ya dije, el clima con respecto al alivio del dolor ha mejorado teatralmente en muchas comunidades médicas en las últimas dos décadas.

El sadismo no es muy común. La negligencia, aunque más común, tampoco es la regla. La verdad del asunto es que la gran mayoría de los médicos y enfermeras son hombres y mujeres de un gran espíritu humanitario que, dada la presión con la que deben trabajar, son extraordinariamente solícitos y cuidadosos. Los admiro mucho.*

No obstante, la mayoría coincide en que el típico hospital moderno no es el mejor sitio para quienes están muriendo de una enfermedad crónica. Un sociólogo canadiense ha delineado claramente la diferencia entre tratamiento y cuidado. Señala que el objetivo primario del hospital moderno es el tratamiento y que el cuidado, quizá por necesidad, tiene menos prioridad. Como consecuencia ha surgido una nueva institución (para nuestra cultura) que trata a los moribundos: el hospicio. Aquí el cuidado es prioritario, y el tratamiento de rescate es secundario, por no decir irrelevante. El alivio adecuado del dolor es considerado parte esencial del cuidado. El objetivo del hospicio no es rescatar, a través del tratamiento, a los pacientes de la muerte o prolongar sus vidas, sino hacerles más fácil la muerte por medio de cuidados.

Iniciado en Londres por la doctora (ahora dama) Cicely Saunders en 1967 y traído a los Estados Unidos al año siguiente, el Hospicio no es tanto un lugar como un enfoque. El énfasis está puesto en el cuidado en el hogar y en permitir a los pacientes morir en sus casas con dignidad, en la medida de lo posible. Cuando lo anterior no es posible, el hospicio proporciona un lugar, un techo agradable para sus días finales. Ofrece cuidados emocionales, psicológicos y también físicos. En este capítulo el tema que nos ocupa es el dolor físico, y uno de los significados del cuidado físico en el hospicio es la rápida provisión a los pacientes de toda la morfina que necesiten. Idealmente, el problema del así

---

*La libertad de los profesionales médicos para aliviar el dolor de manera adecuada puede verse impedida por las regulaciones gubernamentales o políticas que pueden ser desde adecuadas hasta burocráticamente absurdas.

llamado doble efecto no se considera importante. Hablaré más sobre esto —y del hospicio en general— en los capítulos finales.

En este capítulo, que trata de los complejos mecanismos del tratamiento del dolor físico, debemos considerar una complicación final: una escasa minoría de pacientes son "alérgicos" al don divino de la morfina.

Puse la palabra "alérgicos" entre comillas pues creo que en más de la mitad de los casos no existe una verdadera alergia física sino que se trata de un problema puramente psicológico. En consultas de casos de supuesta alergia a la morfina o a algún otro opiato, la mayoría de los pacientes han informado lo siguiente: "Siento que estoy perdiendo el control. Todo mi cuerpo está confuso. Me duermo a cada rato cuando no es mi intención hacerlo. Mis pensamientos también parecen confusos; no me asustan, pero no son claros. Quiero, necesito estar alerta. ¿No puede darme algo para el dolor que no me derribe tanto?"

A veces —no siempre— con un poco de paciencia he logrado disuadir a estos pacientes de su "alergia". Les explico que la palabra "morfina" proviene del nombre de Morfeo, dios griego de los sueños, hijo del dios del sueño. Que la soñolencia es un efecto perfectamente natural de la droga. Pero es sólo soñolencia. Pueden despertarse si en realidad lo necesitan. Todos los calmantes principales poseen un efecto sedante similar. Por esa razón calman el dolor.

—No es que usted esté fuera de control —les explico— sino que teme estarlo. Permítame enseñarle a relajarse y disfrutar su soñolencia o su confusión.

A veces tengo que recurrir a un nivel más profundo. En algunos casos es necesario hacerles contar su historia, de qué manera sus vidas estuvieron pendientes del control, de cómo, a pesar de estar bien, temían ir a dormir por las noches, cómo tenían el miedo secreto a morirse durante el sueño. Por supuesto, estos consejos psicológicos empiezan a convertirse en espirituales. El paciente y yo a veces hablamos del miedo a la muerte y de la posibilidad de una vida después de la muerte, de cómo aprender a abandonar el control no es solamente una parte esencial del proceso de muerte sino también un componente adecuado del viaje espiritual y del aprendizaje de la sabiduría (un tema que volveremos a tratar más adelante con más profundidad).

No es necesario que tales consejos psicoespirituales sean dados por psiquiatras o profesionales de la salud mental. Por lo general esta tarea la realizan muchas enfermeras, ayudantes y voluntarios en el contexto de los programas del hospicio.

Una amiga que trabaja como voluntaria me informa que la denominada alergia a la morfina a veces afecta más a las familias de los moribundos que a éstos. Muchas familias se han quejado de que su pariente no está alerta después de recibir la morfina.

—Por supuesto que no queremos que esté dolorido —dicen—. Y claro que sabemos que se está muriendo. ¿Pero no puede darle algo para su dolor que no lo haga dormitar tanto? No queremos estar con él solamente cuando se muera; queremos que él esté con nosotros.

Oh, Dios, deja ir a mi pueblo.

No obstante, aunque es bastante excepcional, existe la alergia genuina a la morfina. En este caso el paciente no teme perder el control sino que, al tomar la droga, queda fuera de control. En lugar de adormecerlo, la morfina ejerce el efecto opuesto: lo estimula. Sus pensamientos no son confusos: tiene alucinaciones.

Para un paciente tan raro, la morfina no es la respuesta para su dolor físico. En mi limitada experiencia, con un poco de paciencia, imaginación y cuidado, siempre existe una respuesta hasta para la peor clase de dolor físico.

En primer lugar, una alergia genuina a la morfina no significa que el paciente sea alérgico a todos los opiatos. Algunos, como la heroína, son calmantes incluso más potentes. De hecho, con mucha frecuencia la reacción adversa se produce contra una variante particular de los derivados del opio. Lo sé por experiencia propia. En mi caso en particular, respondo tan bien como cualquiera a la morfina, que se considera un calmante muy fuerte. Como ya expliqué, respondo insólitamente bien a la codeína, que se considera un calmante bastante suave, y también al Percodan, un opiato medio. Y al Demerol. Sin embargo, existe otro opiato intermedio de uso común que me desequilibra con cada píldora que tomo. No soy alérgico a los opiatos en general, sino sólo (hasta donde yo sé) a éste muy específico el cual, entre otras cosas, me impide dormir y me deja muy confundido.

Dado que el dolor físico severo (después del diagnóstico de su causa) constituye una emergencia médica, la alergia genuina a la morfina también lo es. Una emergencia tratable. Por lo general el problema se resuelve al sustituir la morfina por un opiato diferente.

Las alergias, en cierta medida, se relacionan con las dosis. Como ya indiqué, la potencia de pequeñas dosis de opiatos puede verse potenciada mediante el agregado de sedantes o drogas tranquilizantes, desde las benzodiazepinas (como el Valium), pasando por las fenotiazinas hasta los barbitúricos.

No, el problema de la alergia a la morfina no puede resolverse con un sustituto inmediato que se adecue a cada paciente. Sin embargo, con un poco de cuidado, paciencia y prueba y error, puede crearse una fórmula o compuesto de opiatos y sedantes —un cóctel, por así decirlo— para cada paciente, que sirva para satisfacer las necesidades calmantes de éste.

La mayor parte de los dolores se debe a la inflamación o irritación nerviosa de una u otra clase. Existen drogas antiinflamatorias (desde la aspirina y el Tylenol hasta las NSAID) que pueden utilizarse a largo plazo para potenciar el efecto de tales cócteles. A corto plazo, los esteroides artificiales, como la prednisona, pueden resultar muy efectivos como opiatos cuando se los utiliza solos, y duplicar o triplicar su efecto al utilizarse en combinación. Después están los remedios para el dolor que no son drogas, desde los no invasores (hipnosis) hasta los levemente invasores (acupuntura) y las neurocirugías individuales que pueden cortar los nervios que transmiten sensación de dolor desde un órgano hasta el cerebro. También existen tratamientos de rayos X que quizá no detengan el avance del cáncer, pero sí pueden detener su efecto en zonas sensibles al dolor.

He conocido a algunos pacientes que murieron con dolor físico severo y crónico. En lo personal, en mi limitada experiencia, nunca conocí a ninguno que haya *tenido* que morir así.

¿Cómo se relaciona todo esto con el tema de la eutanasia?

He tratado en detalle el tema del dolor físico por dos razones. La primera es que, si alguna vez tuviera un paciente que sufre de dolor crónico severo para el cual no existe esperanza de ser calmado, consideraría como válida la opción de la eutanasia: el suicidio asistido por el médico. En esta consideración probablemente el paciente se me adelantaría. Es probable que me estuviera rogando que lo ayude a morir lo más rápido posible. A diferencia de ciertas variedades de dolor emocional, de las que pronto hablaremos, una vez diagnosticada la causa no existe nada que pueda redimir el dolor físico intratable. Es una tortura, y cualquier persona pronto se quiebra bajo tortura.

Pero esta justificación para la eutanasia resulta puramente teórica para mí pues, como ya he dicho, nunca me tocó tratar a un paciente así. No obstante, la naturaleza del dolor físico me obliga a ofrecer la anterior sentencia teórica antes de proceder al tema real.

La otra razón por la cual he hablado en detalle sobre el dolor físico es aclarar que la afirmación precedente es *sólo* teórica. Mucha gente, por desesperación, ha recurrido a la eutanasia a fin de evitar el sufrimiento físico que suponen conlleva la muerte natural. Este terror es innecesario. Dada la cantidad de medicamentos de que se dispone para aliviar el dolor físico, el clima cada vez más positivo con respecto al uso de éstos y la opción para quienes padecen de enfermedades terminales de pasar del hospital al hospicio, no hay razón para que nadie muera con un sufrimiento intratable.

Sin embargo, algunos todavía mueren así. Pero la respuesta a ese problema no está en la eutanasia, sino en mejorar la práctica médica en cuanto al alivio del dolor físico con los métodos de que se dispone. Hasta que ocurra dicha mejora, el tema del sufrimiento físico seguirá siendo un factor a favor del debate de la eutanasia. Como ya veremos, incluso ahora constituye un factor periférico. Pero espero con ansias que llegue el día —que puede llegar pronto— en que también ese punto sea sólo un factor de distracción. Pues el dolor físico no constituye el tema central; el punto más importante es el sufrimiento emocional.

Capítulo 3

DOLOR EMOCIONAL

El tema del dolor emotivo es mucho más complicado que el del dolor físico.

Al igual que el dolor físico, el dolor emotivo constituye una señal de que algo está mal. Cuando nos sentimos tristes por lo general se debe a que hay algo en nuestras vidas que nos produce infelicidad. Si estamos deprimidos es porque existe algo que nos deprime. Si estamos enojados, es una señal de que no estamos en equilibrio, de que estamos en conflicto con algo o con alguien.

Al igual que con el dolor físico, si no recibimos señales, los efectos pueden ser desastrosos. Una persona maníaca, por ejemplo, puede sentir que toca el cielo con las manos mientras malgasta los ahorros de su familia en una serie de proyectos alocados en el curso de una semana o dos. Por más feliz que se sienta, está mentalmente enferma; de esto no existe duda ni para su familia ni para su psiquiatra. De hecho, como ya veremos, la enfermedad mental suele caracterizarse por la falta de dolor tanto como por el dolor. En este aspecto, una psiquis indolora posee una variedad de análogos emotivos de la lepra. Pero mientras que la lepra física es un trastorno poco común, la lepra psicológica es endémica, por desgracia tan común como la suciedad.

Cuando recibimos señales emotivas dolorosas —tristeza o pena, depresión o ira, angustia o terror— por lo general no tenemos en claro qué hacer para reducirlas. En el caso de un dolor emotivo, no vamos corriendo al médico como lo haríamos con un dolor físico severo, aunque aquél pueda ser de la misma gravedad. Por lo general forman parte de los altibajos de la vida, suelen pasar con el tiempo y por nuestra parte podemos hacer un par de cosas para agilizar su paso. Por ejemplo, si estamos furiosos por una disputa con nuestros vecinos, podemos ir a conversar con ellos. O podemos dormir con ese problema durante una noche, una semana o un mes. O determinar que la culpa fue de nuestros vecinos pero perdonarlos de todos modos. O amenazarlos con una demanda.

Por lo general —siempre hay excepciones— la cronicidad del dolor emotivo es la que determina cuándo y si debemos buscar atención médica. La pena que sentimos cuando muere un ser muy querido puede ser atroz, pero es sana, no enfermiza. Si la pena continúa tres meses después, puede que algo esté mal. Después de seis meses, es probable que algo no esté bien. Uno o dos años después, no cabe duda de que algo no está bien. Es urgente la intervención de un psiquiatra.

Sin embargo, el psiquiatra puede estar tan desorientado como el paciente. En primer lugar, el diagnóstico psiquiátrico de dolor emotivo rara vez es un proceso tan evidente como el del dolor físico. No existen exámenes de sangre ni placas de rayos X para las enfermedades psiquiátricas, excepto los que sirven para descartar causas no psiquiátricas. Los diagnósticos psiquiátricos se realizan sobre la base de la historia, la observación y la intuición del psiquiatra. En una minoría de casos puede realizarse un diagnóstico exacto en cuestión de segundos. Sin embargo, para la mayoría puede llevar semanas, meses y a veces hasta años de tratamiento con el paciente.

Para complicar el proceso, el diagnóstico debe realizarse en por lo menos dos niveles. La pregunta no se refiere solamente a "cuál es el nombre de la enfermedad", sino también si el trastorno es puramente biológico, puramente psicológico o una mezcla de los dos. Si se trata de una mezcla, que suele ser el caso, ¿cuáles son las proporciones: 50-50? ¿90-10? ¿10-90? También deben tomarse en consideración los factores sociales y espirituales. Podría afirmar que todas las enfermedades, psiquiátricas o no, son trastornos biopsicosocioespirituales. El tratamiento adecuado del dolor físico por lo general requiere concentrarse solamente en los componentes somáticos o biológicos, pero el tratamiento adecuado del dolor emotivo requiere el tratamiento de los cuatro.

En consecuencia, no sólo el diagnóstico sino también el tratamiento del dolor emotivo constituye un proceso más complicado que el del dolor físico. "¿Debo emplear solamente drogas?", debe preguntarse el psiquiatra, "¿o sólo psicoterapia, o alguna combinación? ¿Qué drogas? ¿Qué clase de psicoterapia? ¿Qué clase de combinación y cuándo?". Más aún, las respuestas a estas preguntas son mucho menos predecibles que las que se relacionan con el tratamiento del dolor físico, y a veces se llega a una solución sólo después de un largo proceso de prueba y error.

Como si todo lo anterior no fuera suficiente, el psiquiatra con frecuencia debe luchar contra la voluntad del paciente. Muchos pacientes mentalmente enfermos pero que no sienten dolor, por lo general llegan al psiquiatra de la mano de parientes o de la policía. La presencia de los pacientes sólo es el comienzo de la batalla. La gente con dolor físico, salvo raras excepciones, desea aliviarse a toda costa. Con las mismas raras excepciones, aquéllos con dolor emotivo quieren, en mayor o menor grado, obtener alivio. Algunos tienen una extraña relación con su dolor, como si se tratara de un viejo amigo. Pero no sucede lo mismo con la mayoría. La mayoría desea aliviarse pero guarda un fuerte vínculo con la causa de su dolor. Sí, quieren sentirse mejor, pero sin cambiar nada, y muchos abandonan el tratamiento psiquiátrico, pues prefieren el dolor al tratamiento tan necesario.

Para hacer justicia a la cuestión de la eutanasia, debemos reflexionar en su complejidad. Inevitablemente dicha reflexión deberá ser superficial, pues no puedo escribir un tratado sobre psiquiatría en un capítulo. No obstante, el punto importante en la eutanasia es principalmente el dolor emotivo, y debemos examinar algunos casos de la vida real y fundamentarnos por lo menos un poco en la complejidad de la psiquiatría antes de considerar el tema con alguna claridad... en realidad, antes de poder llegar a una definición de la eutanasia.

Trastornos psiquiátricos biológicos

La diferencia entre trastornos psiquiátricos y enfermedades médicas suele resultar arbitraria. Recuerden que Tony, el paciente que mencioné en el capítulo 1 que tenía un tumor cerebral altamente maligno, al principio fue tratado por psiquiatras, no médicos clínicos, porque era evidente que su mente no funcionaba bien. Sin embargo, un tumor maligno no se considera un trastorno psiquiátrico.

La enfermedad de Alzheimer es otro ejemplo. Los primeros síntomas por lo general son mentales y sutiles. Sin embargo, con el tiempo se hace evidente que las dificultades del paciente superan lo mental. Muchos pacientes de Alzheimer, por ejemplo, mueren ahogados por haber perdido la capacidad de tragar, un problema que no podría considerarse psiquiátrico. Aunque los psiquiatras son los primeros en diagnosticarla, la de Alzheimer ya no se considera una enfermedad psiquiátrica tradicional. Lo cual no significa que no existan ambigüedades. De hecho, puede haber factores psicológicos involucrados en la causa del Alzheimer —incluyendo tumores malignos—, pero en la actualidad estas enfermedades son consideradas principalmente físicas.*

---

* Consulten mi novela *Una cama junto a la ventana*, Buenos Aires, Emecé, 1993, si desean ejemplos de las ambigüedades de la senilidad.

Existen dos enfermedades comunes y con frecuencia devastadoras que en su mayor parte son físicas, aunque hasta el momento siguen perteneciendo al terreno psiquiátrico: la esquizofrenia y la enfermedad maníaco-depresiva (que ahora ha dado en llamarse trastorno bipolar). A fin de ser breve y conciso, voy a referirme sólo a algunos aspectos de la esquizofrenia —una enfermedad extraordinariamente compleja—, y les proporcionaré algunos casos.

Quizá cinco millones de personas en los Estados Unidos sufren de esquizofrenia, cinco millones de personas *diferentes*. El trastorno psiquiátrico no es lo único que afecta a la persona, y la esquizofrenia, al igual que otros trastornos, se superpone a una personalidad (y un alma) única. Puede realizarse un diagnóstico psiquiátrico adecuado en cuestión de segundos en pacientes con esquizofrenia severa y crónica; se los reconoce de inmediato por los estragos que causa la enfermedad que padecen. En la mayoría, sin embargo, la enfermedad no es tan grave y los síntomas pueden ser muy sutiles. No obstante, éstos pueden ser devastadores, como lo fueron para Roger.

Como director de una clínica psiquiátrica, vi a Roger por primera vez cuando acudió a la clínica a los veintiocho años quejándose de que "se sentía como el demonio". Carpintero experimentado de oficio, vivía en una cabaña en el bosque, casi en la pobreza, porque nunca podía conservar un empleo mucho tiempo. Por un lado, siempre tenía una excusa para renunciar: el jefe era demasiado exigente o el cliente demasiado quisquilloso. Por otro lado, sospecho que estaba más cerca de la verdad cuando cierto día le pregunté si se sentía tan mal porque no podía conservar ningún empleo, y me respondió: "No, es al revés; no puedo conservar ningún empleo porque me siento tan mal".

De ningún modo pude convencer a otro psiquiatra colega de que Roger sufría de esquizofrenia. Los síntomas eran demasiado débiles. Aunque era apuesto y las mujeres lo encontraban muy atractivo, rara vez salía con ellas. Pese a ser inteligente y ocurrente, en gran medida era un paria

81

social. Parecía que no era capaz de sostener relaciones, así como no podía conservar sus empleos. Los únicos amigos que tenía fumaban marihuana, pero a Roger no le gustaba la marihuana porque lo ponía paranoico. El alcohol le daba un alivio temporario. "Me deja aturdido", me explicó, "pero no soporto la resaca, y no pienso convertirme en alcohólico." Dormía mal y en forma errática y tenía pesadillas. El sueño no le daba placer. Nada le daba placer.

Derivé a Roger a otro psiquiatra del personal para un tratamiento con medicamentos y a un grupo de trabajadores sociales para la psicoterapia. El otro psiquiatra coincidió con mi diagnóstico tentativo de sutil trastorno psicoafectivo, variedad de esquizofrenia donde la discapacidad predominante es un problema emotivo de una u otra clase. Tal como sugerí, muchos psiquiatras pondrían en duda este diagnóstico, pero se verían en dificultades para proponer otro. En los cuatro años siguientes Roger fue tratado con todas las drogas que se utilizaban para esta clase de esquizofrenia: agentes antipsicóticos, antidepresivos y cualquier tipo de combinaciones. Ninguna lo ayudó. Con algunas Roger admitía: "Parecen aclararme el pensamiento un poquito" pero agregaba invariablemente "pero me hacen *sentir* peor".

La psicoterapia fue igualmente inútil. Fuera cual fuese el enfoque, Roger nunca lograba comprometerse en ninguna psicoterapia. Era tan inconstante para cumplir con sus citas como para tomar la medicación. Con frecuencia desaparecía de la clínica durante meses, y regresaba con la misma queja. A todos nos parecía que podríamos haberlo ayudado más si hubiese sido más constante, o estado más empeñado, pero al mismo tiempo sabíamos que su irregularidad y su falta de compromiso eran probables manifestaciones de su enfermedad.

En mi papel de psiquiatra supervisor de la clínica en esos cuatro años, vi a Roger un par de veces. Como no se lo veía ni parecía deprimido, la curiosidad me obligó a presionarlo para que fuera más específico en lugar de decir: "Me siento como el demonio". Condensando sus muchas respuestas en una: "¿Conoce la expresión 'tener una hormiga en el trasero', doctor Peck? Bueno, es como si tuviera una hormiga en el trasero. Me siento irritable, pero ésa es sólo una parte. Es más que eso. Es como si esa hormiga me estuviera inyectando veneno en el organismo. No quiero decir que sea una hormiga de verdad, pero parece como si el veneno estuviera por todas partes, no sólo en mi cerebro, sino también en las células de la sangre. Hasta en la sangre me siento como el demonio".

Después de cuatro años, cuando Roger dejó de acudir a sus citas otra vez, no nos preocupamos. Imaginamos que tarde o temprano volvería, como tantas veces en el pasado. Pero nos equivocamos. Seis semanas después de la última cita a la que no acudió, un excursionista en el bosque halló el cuerpo de Roger, de treinta y dos años, colgado de una soga atada a su cuello de la rama de un árbol, cerca de su cabaña. El cuerpo estaba muy hinchado. El forense calculó que hacía entre diez y catorce días que estaba muerto.

El malestar más importante de Roger se denomina disforia.

Disforia es lo contrario de euforia. Aunque la traducción literal de "euforia" del griego es "sentirse bien", la palabra se utiliza para definir un estado emotivo mejor que bueno. Por lo general el estado de euforia es de origen claramente psicológico, en respuesta a un evento más o menos externo, como por ejemplo enamorarse o ganar las finales en Wimbledon. Sin embargo, la euforia puede ser biológica cuando es el resultado de ciertas drogas que estimulan un centro cerebral, como por ejemplo la morfina y la heroína, la dexedrina, los estimulantes y la cocaína. El estado de euforia también parece en parte biológico cuando es parte de la fase maníaca del trastorno maníaco-depresivo, o enfermedad bipolar.

Lo mismo sucede con la disforia, o "sentirse mal". Cada vez que experimentamos una emoción dolorosa: pena, tristeza, depresión o ira, por ejemplo, estamos disfóricos, pero la causa suele ser evidente: la muerte de un ser querido, la traición de un socio, la pérdida del empleo. No obstante, la psiquiatría reserva la palabra "disforia" para aquellos casos en que el sentimiento negativo no tiene explicación en cuanto a la respuesta psicológica a un evento exterior o al malestar de una enfermedad física que se diagnostica a través de exámenes.

He dicho que la esquizofrenia es una enfermedad principalmente biológica, aunque no se diagnostica a través de exámenes. Al atribuir la disforia de Roger a la esquizofrenia, estoy aseverando que su malestar fue de origen principalmente físico. La esquizofrenia es en gran parte hereditaria, y por lo tanto es un trastorno genético. No creo que el malestar estuviera en la imaginación de Roger. Creo que describió con bastante exactitud el dolor en los glóbulos rojos y en el cerebro. Su disforia fue bastante análoga, según creo, al dolor físico crónico y severo, con la excepción de que no contábamos con ningún medio físico aceptable para calmarlo.

A la larga, afirmaré que tanto por razones psicológicas como teológicas, *por lo general* el suicidio no es justificable. Sin embargo, como ya dije al principio, mi objetivo no es condenar. Y como lo aseguro una y otra vez, siempre existe una excepción para todo. Creo que Roger era una de esas excepciones. Sospecho que si yo hubiera estado en su lugar —o más específicamente, en su cuerpo—, también me habría ahorcado. Aplaudo el hecho de que su cuerpo haya recibido sepultura cristiana. Y no tengo razón para creer que su alma no reside en otro sitio que no sea el cielo.

Uno de los problemas del suicidio (el cual, por supuesto, es el punto más importante de la eutanasia) es la culpa que deja como resultado.* Por lo general dicha culpa es

* Me considero afortunado de que durante mi carrera como psiquiatra sólo haya tenido dos casos de suicidio. Roger fue uno de ellos. El otro será descripto en breve.

innecesaria. Sin embargo, un suicidio debería estimular a los profesionales de la salud mental a que realicemos una estricta revisión del caso con el fin de averiguar en qué momento le fallamos al paciente. En la época de la muerte de Roger, quienes estuvimos relacionados con su caso experimentamos poca culpa, pues le habíamos proporcionado todas las formas disponibles de tratamiento psiquiátrico de una manera humanitaria. Nadie pudo habernos culpado de negligentes. Pero he tenido mucho tiempo para pensar en Roger, y lo extraño del caso es que ahora me siento más culpable que hace veinte años, cuando me enteré de que se había suicidado.

En el capítulo 1, donde el tema fue tirar del enchufe, hablé de nuestra tendencia a dar por perdidos a los enfermos mentales. Hablé de mi experiencia personal. Hoy no existe duda en mi mente de que, en cierto nivel, di por perdido a Roger cuando todavía estaba bajo mi cuidado.

Me he preguntado por qué Roger seguía acudiendo a la clínica, aunque fuera de manera esporádica, si al parecer no lo ayudaba de ningún modo. Sólo pude encontrar una respuesta: estaba desesperado. He acusado a otros profesionales médicos de falta de empatía por medicar de menos a algunos pacientes con dolor físico. Creo que mi empatía con la desesperación de Roger fue inadecuada. Es verdad, le proporcionamos toda forma aceptable de tratamiento psiquiátrico. Pero de haber sentido una verdadera empatía por su desesperación, por lo menos habría considerado seriamente otras formas *inaceptables* de tratamiento.

En la actualidad nos referimos a las hierbas y a la acupuntura como métodos de cura "alternativos", es decir, constituyen una alternativa para el tratamiento médico científico occidental y tradicional. A nosotros, los médicos, no se nos instruye sobre tales alternativas en la facultad de medicina, y por lo general seguimos sin saber nada de ellas. En la actualidad, muchos de nosotros hemos aprendido a no desalentar a aquellos pacientes que se interesan por explorar métodos alternativos, pero en la época de Roger tales opciones eran inaceptables. Sin embargo, no es aquí donde reside mi culpa. Roger ya conocía mucho más que yo sobre terapias alternativas, y en su desesperación las había probado todas. Pero no lo ayudaron más que nuestros remedios tradicionales.

Existen dos tipos de tratamiento psiquiátrico occidental para la esquizofrenia —y también para la depresión—, que fueron muy difundidos durante la primera mitad del siglo XX: el electroshock y la lobotomía prefrontal. Pero con el descubrimiento de las drogas antipsicóticas y antidepresivas en la década del 50, tales tratamientos cayeron en desuso y llegaron a considerarse inaceptables. Pero el péndulo ha retrocedido muy poco. Aunque el choque de insulina ya no se utiliza, la terapia moderna de electroshock es un tratamiento aceptado para algunos pacientes, generalmente depresivos, que no responden bien a otras medidas. A veces me entero de que todavía se practica alguna que otra lobotomía, casi en secreto, en algunos casos de otro modo incurables.

En realidad, llegué a sugerirle a Roger la posibilidad de someterse a electroshock. Pero fue muy claro al rechazarla: "De ningún modo voy a permitir que se metan con mi cerebro". Al pensar en ese episodio, desearía haber sido más persistente. Naturalmente nunca le mencioné a Roger la posibilidad de una lobotomía, un procedimiento dañino que nunca habría contemplado hasta que no hubiéramos intentado con el electroshock, un procedimiento no dañino.

Sólo en una oportunidad sugerí una lobotomía a una paciente, una mujer a quien vi durante sólo veinte minutos y que años más tarde iba a recordarme a Roger. La conocí cuando yo era jefe de psiquiatría en Okinawa. Tenía unos cuarenta y cinco años, era atractiva físicamente, ejecutiva del gobierno y muy competente, y se desempeñaba en departamento de ayuda exterior. En camino de Vietnam a los Estados Unidos, pidió verme en forma urgente. Nada en ella salvo su propia historia sugería el diagnóstico de esquizofrenia. Dejaré que ella misma la cuente, en sus propias palabras inteligentes.

—Desde hace más de veinte años —me dijo— tengo la sensación de que mis intestinos están retorcidos y gangrenosos. El dolor es insoportable. El hedor de la gangrena es casi igual de malo. No puedo soportar mi olor. A nivel intelectual sé que no tengo los intestinos retorcidos. De otro modo, hace rato que estaría muerta, y la mayor parte del tiempo deseo estarlo. Pero el saberlo no hace desaparecer la sensación. Por supuesto, los médicos siempre me derivan a psiquiatría. He visto a más de cien psiquiatras. Dicen que lo que tengo es un "delirio somático" y creen que es un síntoma de esquizofrenia. He tomado todas las drogas que se recomiendan para tratar la esquizofrenia durante por lo menos el tiempo prescripto. Ninguna me ha dado un minuto de alivio. Me han sometido a dos largas sesiones de electroshock. Fueron de ayuda, pero apenas recuperaba la memoria, también recuperaba la sensación. He rogado que me dieran más electroshocks, pero me dijeron que, para hacerlo, tendría que estar en el hospital por el resto de mi vida. ¿Qué otra cosa puedo hacer?

—¿Ha recurrido a la psicoterapia? —pregunté.

—Lo siento —respondió—. Debí habérselo dicho. Di por sentado que ya lo sabía. Por supuesto, he estado en psicoterapia todos estos años. Los primeros diez años pasé por una docena de terapeutas. Y desde hace diez que me trata el mismo terapeuta todas las semanas, cada vez que estoy en Washington, es decir la mayor parte del tiempo. No es de mucha ayuda, pero él es muy paciente y amable.

—No comprendo —observé— para qué quiso verme si sólo va a quedarse un par de días.

Ella sonrió. Sí, era capaz de sonreír.

—No lo culpo por no comprender —respondió—. Soy una ridícula. No tengo razón para creer que usted podría servirme de algo. Pero estoy desesperada, y la gente desesperada hace cualquier cosa, aunque parezca ridícula. Mire, quizás esto le ayude a entender.

En ese momento se puso la mano en la cabeza y se quitó la peluca. Ya no se la veía físicamente atractiva. A excepción de alguno que otro mechón negro, era calva.

—¿Ve? Me arranco el pelo. No sólo me dan ganas de arrancármelo; sino que lo hago.* Para mi alivio volvió a ponerse la peluca.

—Debe de ser horrible para usted —comenté—. Desearía poder ayudarla, pero lo único que puedo sugerirle es que, cuando regrese a los Estados Unidos, consulte con los psiquiatras si ellos creen que la neurocirugía tiene algo para ofrecerle.

Fue muy rápida para captar mi mensaje.

—¿Una lobotomía? Creí que ya no las hacían.

—No estoy seguro —respondí—. Tampoco estoy sugiriendo que es algo que yo recomendaría. Aunque diera resultado, sería un canje terrible.

—Creo entender —respondió, y agregó, para mi sorpresa—: Gracias. Claro que me ayudó. Dudo de que vaya a considerar la idea con seriedad, pero por lo menos me ha dado algo nuevo en qué pensar. Gracias.

La lobotomía prefrontal es una intervención neuroquirúrgica relativamente sencilla en la cual se cortan las conexiones entre los lóbulos prefrontales y el resto del cerebro. En otras palabras, deja inutilizada la porción de la mente más evolucionada, más humana. Ni siquiera le habría insinuado un tratamiento tan drástico de no ser porque, durante mi residencia, traté a dos pacientes que años antes se habían sometido a ese tratamiento debido a delirios somáticos. Como resultado, ambos sufrieron una pér-

---

* En la actualidad es menos probable que los psiquiatras diagnostiquen a esta paciente como esquizofrénica, aunque probablemente considerarían este trastorno como biológico. Asimismo, en los últimos treinta años el tratamiento farmacológico ha avanzado y es efectivo en algunos casos de tricotilomanía, el término psiquiátrico que define la compulsión de arrancarse el pelo. Este impulso a veces se presenta en casos de retardo mental. Sin embargo, en este caso no era síntoma de retardo sino de la agonía de la paciente.

dida de discernimiento importante. Fueron disminuidos. Yo sentí que habían perdido una parte sutil pero esencial de su humanidad. Sin embargo, los dos me aseguraron que la lobotomía era lo mejor que les había ocurrido en la vida. Sospecho que existe un parecido entre la mujer que vi en Okinawa, con el terrible delirio somático de tener los intestinos retorcidos y gangrenosos, y Roger, a quien conocí cinco años después, con su disforia persistente. Lo que me pregunto ahora es si la disforia de Roger no sería simplemente una forma menos definida de delirio somático.

Cuando decimos que algo es un delirio, indicamos que no es *real*. Por supuesto que la mujer era bien consciente de que sus intestinos no estaban retorcidos y gangrenosos en realidad. No sufría ese tipo de enfermedad física. Sin embargo, hemos llegado a la conclusión de que la esquizofrenia es fundamentalmente una enfermedad biológica y física. Entonces, ¿por qué el dolor de la disforia de Roger, de tener un insecto inexistente en el trasero inyectándole un veneno inexistente "en su imaginación", no podía haber sido un dolor físico tan real como si sus intestinos estuvieran retorcidos de verdad?

Mi pregunta es la siguiente: dado que como rutina tratamos el dolor físico con morfina, ¿por qué no consideré siquiera tratar a Roger con morfina? ¿O con heroína, llegado el caso? En especial debido a que estas drogas producen euforia y él sufría de disforia. La respuesta es clara: semejante tratamiento habría sido —y lo sigue siendo— *inaceptable*. Para comprender por qué se lo considera inaceptable, volvemos al antiguo prejuicio sobre la adicción.

Roger era un hombre de carácter fuerte, autodisciplinado de algún modo. El alcohol le proporcionaba cierto alivio, pero no se permitía convertirse en un alcohólico. ¿Quién dice que no podría haber usado morfina para calmar la disforia sin convertirse en adicto? ¿Y qué si se hubiera hecho adicto? ¿Habría tenido que aumentar cada vez más la dosis para controlar la disforia? Quizá sí, quizá no. No lo sabemos. Hasta donde yo sé, el tratamiento del dolor emotivo de origen físico con calmantes derivados del opio no ha tenido estudio a nivel científico. ¿Por qué no? Simplemente debido a que dichas drogas adictivas se consideran inaceptables para el tratamiento del dolor supuestamente irreal. Sin embargo, al pensar en Roger, me parece que la adicción habría sido preferible al suicidio.

En realidad, si estuviera tratando a Roger hoy, probaría con una clase diferente de sustancia controlada antes de sugerir la morfina. La dexedrina y su variante más potente, la metedrina (estimulante) son drogas no derivadas del opio que también producen una especie de euforia. Debido a esto, producen hábito y por lo tanto son controladas por la Administración Fiscalizadora de Drogas (DEA, por sus siglas en inglés). Para ilustrar la utilidad potencial de la dexedrina, mencionaré un episodio clínico de un paciente que no era esquizofrénico.

Hacia el fin de mi residencia, cuando sólo veía pacientes para consulta, Fred acudió a mí por depresión, según se había autodiagnosticado. El diagnóstico era correcto. Aunque de ningún modo estaba loco ni psicótico, se encontraba muy deprimido. Lo habría derivado de inmediato a otro psiquiatra de no haber sido porque se trataba de una emergencia. A los cuarenta y cinco años, Fred era vicepresidente de ventas en una importante empresa nacional. A la mañana siguiente tenía que volar a Chicago para asistir a la conferencia anual de ventas de la empresa, un evento complejo e importante del que era completamente responsable.

—No puedo manejar lo que me pasa —se quejó—. Tiene que ayudarme a superar esta reunión.

Exploramos todas las alternativas. Las drogas antidepresivas tradicionales tardaban hasta tres semanas en producir efecto, y con frecuencia causaban debilidad al principio. Pero no estaba tan deprimido como para internarse. Era imposible cancelar la reunión o dar parte de enfermo. Aunque estaba de acuerdo con Fred con respecto a la depresión, no dejaba de alentarlo, diciéndole que era capaz de presidir la reunión.

—Sé que se siente muy mal —le dije— pero no veo ninguna evidencia de que no esté pensando con rapidez y claridad, y habla con total coherencia.

Cuanto más trataba de alentarlo, peor se ponía Fred.

—No puedo. No siento sólo terror. Realmente no puedo enfrentarlo. —Aunque yo estaba casi seguro de que podía lograrlo, él estaba todavía más convencido de lo contrario. Finalmente me di por vencido y le receté una modesta dosis de dexedrina durante seis días. Le informé que lo que yo hacía no se consideraba aceptable debido al problema de la adicción. Sin embargo, consideré que la droga iba a ayudarlo a superar el obstáculo, y le expliqué muy claramente que se trataba de algo temporario y por única vez. Concertamos una cita para vernos seis días después, y me aseguré de que supiera que iba a derivarlo a otro psiquiatra para seguir un tratamiento tradicional.

Cuando volvió seis días después Fred estaba exaltado.

—¡Usted es un genio, doc! —exclamó—. Esa droga hace maravillas. Me sentí en la cúspide. La reunión pasó volando. Hablé como nunca lo había hecho antes. Gracias. Tomé la última píldora esta mañana. ¡Dios mío, me siento bárbaro!

—Es probable que mañana no se sienta tan bien —le advertí—. Aunque no esté consciente de ello, su aspecto es tan depresivo como la semana pasada. Tiene el mismo rictus amargo, y los ojos tristes. Habla y actúa igual que la semana pasada.

—¡Pero nunca en mi vida fui más competente! —No —señalé—, usted se *siente* más competente. Pero esa sensación es sólo el resultado de la droga.

Tal como esperaba, me rogó que lo siguiera atendiendo y que le siguiera prescribiendo dexedrina, pero ahora yo tenía razones para ser inflexible y derivarlo a otro psiquiatra. Un año después, los psiquiatras a quienes lo derivé me contaron que a Fred le iba muy bien con una combinación de psicoterapia y medicaciones antidepresivas.

Volvamos a Roger. Como indiqué, si estuviera trabajando con él hoy, creo que *experimentaría* con dexedrina o con morfina. Sin embargo, preferiría no hacerlo. Sería mejor que se experimentara con pacientes seleccionados en número y controles suficientes para dar a la psiquiatría una evaluación científica clara sobre la eficacia potencial de esta clase de drogas para tratar casos de disforia biogénica o delirios somáticos, que por lo general terminan en suicidio. No obstante, como ya expliqué, hasta donde yo sé este experimento no se ha llevado a cabo. La razón es que se subestima la intensidad de ciertas clases de dolor emotivo más de lo que se subestima la intensidad del dolor físico. La razón es que se supone que el dolor emotivo es irreal, dado que no puede atribuirse a un hecho específico o a una causa física específica. Y al hacerlo, damos por perdidos a muchos pacientes.

Esta cuestión de dar por perdida a una persona resulta fundamental en la comprensión de la eutanasia. Quienes ayudan a una persona a que se suicide, por ejemplo, en cierto modo está dando por perdida a esa persona. Y por supuesto, quienes optan por la eutanasia, como se definirá finalmente, en cierto nivel se han dado por vencidos.

Nosotros, los psiquiatras, descartamos a muchos pacientes de una manera más común, que nada tiene que ver con el dolor. Ya me referí a este tema cuando dije que los esquizofrénicos crónicos estaban entre aquellos a quienes los nazis "mataban por piedad" antes del Holocausto. Hoy en día, en nuestra cultura, dicho procedimiento es más sutil. Hoy no matamos a nuestros esquizofrénicos crónicos excepto en forma indirecta, cuando los damos de alta. Pero cuando no podemos lograr resultados significativos con drogas, por lo general perdemos interés en ellos. Los derivamos a una especie de papelero psicológico en nuestras mentes, como si fueran muertos en vida. Lo único que podemos ver en ellos es su esquizofrenia. Rara vez tenemos o nos tomamos el tiempo para ver sus almas.

Sin embargo, por obra de la buena suerte tuve la oportunidad casi única de ver a una paciente esquizofrénica crónica apenas dos veces por año en estos últimos veinte años. La primera vez que vi a Dolores fue en una consulta en una clínica local. Tenía treinta años y no había dudas sobre su diagnóstico. Dolores sufría sospechas casi constantes e "ideas de referencia", es decir, la sensación de que la gente hablaba de ella cuando no era verdad y de que algunos hechos insignificantes tenían la misión de darle mensajes. Con frecuencia estaba deprimida y apática. Tenía delirios fugaces y graves dificultades para conservar empleos y relaciones sociales. Además manifestaba una profunda ambivalencia, cierta monotonía de expresión emotiva y una falta de adaptación social extrema. Poco después de la primera consulta, fue derivada a Seguridad Social como discapacitada, y allí permaneció desde entonces.

Cuando abandoné mi puesto en la clínica, Dolores empezó a venir a mi casa unas dos veces por año para una consulta gratis de quince minutos. Ella no podía tolerar más de ese tiempo. En la actualidad, a los cincuenta años, manifiesta todos los síntomas de una esquizofrenia crónica moderada, bien afianzada. Pese al tratamiento clínico continuo con las drogas psicoactivas más avanzadas y apropiadas, presenta los mismos síntomas de veinte años atrás. El curso de la enfermedad en veinte años ha sido consistente y estable. Desde el punto de vista psiquiátrico tradicional, no se ha deteriorado pero tampoco ha hecho ningún progreso. Sería fácil considerarla una causa perdida crónica. Sin embargo, en el curso de estos años, ha pasado del escepticismo a un interés tentativo en la religión hasta llegar a una profunda fe. En la actualidad Dolores asiste a misa por lo menos una vez por semana. Su teología no es en absoluto extravagante; no sólo es tradicional y segura sino también bastante sofisticada. A cambio de mis escasas atenciones, ella reza por mí. Creo que soy quien sale beneficiado. Muchos considerarían que la suya es una vida perdida. Pero desde mi punto de vista, a pesar de que no hubo ninguna

93

mejoría en su esquizofrenia ni crecimiento de sus aptitudes sociales, ha habido un inmenso crecimiento en su alma. Un proceso muy profundo ha estado·ocurriendo lentamente en su interior.* Cuando reflexiono sobre este caso, donde no tuve ninguna ayuda médica para ofrecer, me pregunto si Dolores no fue enviada para enseñarme algo.

Trastornos psiquiátricos psicosomáticos

Dolores es un caso evidente de esquizofrenia, que se diagnostica en cuestión de segundos. Roger fue un caso más sutil y sin embargo fatal. Aunque hasta el día de hoy no hemos podido desarrollar ningún test bioquímico para diagnosticar la esquizofrenia ni hemos identificado ningún defecto neuroanatómico que la explique, poco a poco los psiquiatras hemos llegado a creer que la esquizofrenia es *fundamentalmente* una enfermedad biológica. Con esto quiero decir que algunos casos excepcionales de esquizofrenia se relacionan más con la psicodinámica o con las dificultades sociales que con la bioquímica. Pero son la excepción.

La mayor parte del dolor emotivo que sufren los seres humanos, sin embargo, es básicamente psicológico. Lo cual no significa que la biología no esté involucrada (como veremos en seguida). Significa que, dando por sentado el normal funcionamiento del cerebro, el estrés emotivo puede deberse a situaciones de la vida o a patrones psicodinámicos claramente arraigados de respuesta a dicho estrés.

Sin embargo, existe una gran zona intermedia donde el dolor emotivo parece ser el resultado de un mal funciona-

---

* La historia de Dolores fue narrada por mí en un discurso titulado "Difícil situación de la psiquiatría" en la Asociación Psiquiátrica Norteamericana el 4 de mayo de 1992, Washington, D.C. Puede encontrarse una adaptación de dicho discurso en el epílogo de *Further Along the Road Less Traveled: The Unending Journey Toward Spiritual Growth.* Nueva York, Simon & Schuster, 1993, págs. 232-55. (*El crecimiento espiritual*, Buenos Aires, Emecé, 1995.)

miento psicológico *y* biológico. En ese caso el sufrimiento es un fenómeno claramente psicosomático. El paciente debe ser tratado, idealmente, como en el caso de Fred, con una combinación de medicación y psicoterapia. Pero por lo general lo ideal no es posible. El paciente puede ser renuente o no poder participar de la psicoterapia, puede ser renuente a tomar medicación o ésta puede no ser efectiva. A veces el tratamiento puede complicarse bastante.

A fin de ilustrar lo complejo del dolor emotivo, consideremos la más común de las dolencias psiquiátricas: la depresión. Conocer en parte las complicaciones de la depresión resulta fundamental para comprender la eutanasia.

En la mitad del cerebro existe un grupo de células nerviosas —un centro— que al ser estimulado produce la dolorosa emoción de la depresión. Existen otros centros en la mitad del cerebro que producen otras emociones específicas, como la ira y la euforia. Al igual que estos centros, el de la depresión nos acompaña desde hace muchos miles de años de evolución humana precisamente porque cumple una función. ¿Qué función?

Una compleja red de hechos cotidianos y respuestas emotivas garantiza la estimulación del centro de la depresión hasta su extinción. La emoción más común es la ira, la furia impotente. Cuando la vida nos enfurece y podemos hacer algo al respecto —castigar a un perpetrador o escribir una carta furiosa, por ejemplo— por lo general no nos deprimimos. Pero cuando la ira persiste y nos vemos imposibilitados de cambiar la situación, casi siempre nos deprimimos. Si un hombre es despedido de un empleo que necesita o disfruta, es probable que sienta ira, aunque no pueda rectificar la situación. Como resultado, se deprime. Una depresión de tiempo limitado es una respuesta perfectamente normal a un despido.

La gente se deprime cuando siente que está en una trampa, en una jaula de la que no puede escapar. Sin embargo, con frecuencia algunos de los barrotes de la jaula son de su propia creación. Por lo general dichos barrotes representan algo a lo cual están demasiado apegados: un papel, una persona, con frecuencia un sueño o una fantasía. La depresión es útil pues el dolor que causa nos indica que necesitamos abandonar algo; la depresión nos proporciona un motivo para realizar la tarea psicológica de renunciar a esa persona o a ese papel. En consecuencia, he escrito sobre "lo saludable de la depresión".* Con frecuencia impulsa a la gente a un crecimiento psicoespiritual y a la creación de cambios positivos para sus vidas.

A veces la depresión tiene una duración excesivamente prolongada, es grave, o ambas cosas; entonces se requiere tratamiento psiquiátrico. Por una parte, el centro de la depresión puede ser hiperactivo, por así decirlo, y requerir medicación antes que el paciente pueda realizar los cambios necesarios en su vida. Por otra parte, ciertos factores profundamente psicodinámicos, como la culpa o la vergüenza patológica relacionada con la niñez, pueden impedir que el paciente cambie; dichos factores sólo pueden ser tratados con psicoterapia. Los psiquiatras con frecuencia tienen que realizar juicios sutiles sobre cuándo y si un paciente debe ser tratado con psicoterapia, con medicación o con ambas en combinación.

Finalmente, el centro de la depresión en algunas personas a veces se extingue sin causa aparente. Estas personas pueden sufrir una depresión grave cuando no existe ningún hecho o situación de la vida discernible que la provoque. Por lo general estas depresiones no se consideran un fenómeno psicosomático sino puramente biológico, relacionado con un desequilibrio químico, muchas veces hereditario, aunque no se comprenda la naturaleza exacta del desequilibrio.

*The Road Less Traveled (Nueva York: Simon & Schuster, 1978), págs. 69-72. (Una nueva psicología del amor, Buenos Aires, Emecé, 1986.)

Al igual que Fred, Howard era un hombre de cuarenta y cinco años, vicepresidente de una importante empresa nacional, cuando lo atendí por depresión. Pero allí termina la similitud. A diferencia de Fred, Howard no vino a verme para ser atendido. En cambio, se dirigió a la comisaría local a las dos de la mañana cierta fría noche de enero para confesar que había asesinado a alguien. Al ser interrogado no quiso decir a quién había asesinado ni cuándo ni cómo ni qué había hecho con el cuerpo. No dejaba de insistir: "Tengo que estar en la cárcel. Una persona como yo tiene que estar en la cárcel". Por fin, a regañadientes dio a la policía su dirección, número de teléfono y nombre de su esposa. La policía llamó a su esposa, quien ni siquiera sabía que Howard no estaba en la casa. Cuando llegó a la comisaría admitió que Howard parecía tener dificultades para dormir desde hacía una semana. Poco después de que amaneciera la policía los escoltó a ella y a su esposo a la guardia del hospital. Fue entonces cuando me llamaron.

De traje y corbata, Howard se parecía mucho más al ejecutivo que era que a un asesino... un ejecutivo sumamente deprimido. Cuando yo lo vi había cambiado el argumento: "Quizá no maté a nadie", me dijo. "Supongo que sólo tuve ganas. No sé por qué. Sí, últimamente he estado deprimido. Hace una semana, quizá dos. No sé por qué. Supongo que estoy loco. Creo que no debo estar en la cárcel, sino en el manicomio."

Por lo menos no iba a tener que derivarlo al hospital estatal. Se mostró dispuesto —casi ansioso— por anotarse en el pabellón psiquiátrico voluntario del hospital general de cuyo personal yo formaba parte en ese entonces.

En cierto nivel el diagnóstico era evidente: Howard sufría una depresión psicótica. "Psicótica" significa que la depresión es tan grave que hace que el paciente pierda contacto con la realidad. Pero existen otras complicaciones. Las depresiones psicóticas suelen ser muy difíciles de tratar ya sea con psicoterapia o medicamentos. No es raro que desaparezcan solas después de seis o doce meses sin ningún tratamiento... si el paciente no se suicida primero. El riesgo de suicidio en estos casos es muy alto.

Creemos que la mayor parte de las depresiones psicóticas representan una enfermedad puramente biológica. En apoyo de esta teoría, ni Howard ni su esposa pudieron hablarme de ningún cambio, hecho o factor que pudo haber provocado la depresión. De inmediato comencé a administrarle drogas antidepresivas.

Y sin embargo yo dudaba. No podía extraer ninguna historia de depresión previa ni cambios de humor que pudieran sugerir una enfermedad bipolar biológica, tampoco había una historia familiar de depresión. ¿Por qué entonces el acto extraño de confesar un asesinato que no cometió? Howard parecía querer ser castigado, lo cual sonaba a culpa por algo. O posiblemente una vergüenza patológica. Pronto supe que provenía de una familia pobre y que tenía un hermano dos años menor, obrero de la construcción con empleo ocasional. ¿Howard tendría pensamientos asesinos para con su hermano? Howard no pudo haberse convertido en vicepresidente sin una considerable cuota de ambición y competitividad. ¿Su éxito económico comparado con el de su hermano de algún modo representaba un fratricidio en su imaginación?

Pero todo eso era mera especulación. La realidad era que, al igual que muchas personas con depresión grave, Howard estaba a la defensiva, por decirlo de una manera suave. No me ayudaba en nada. No importaba cuánto lo intentara, no podía sonsacarle casi nada en cuanto a sentimientos ni a información psicodinámica. Howard me respondía con monosílabos. Era como intentar hacer psicoterapia con una piedra.

Sin embargo, había otra razón por la cual sospechaba un elemento psicológico en la depresión de Howard. Como no podía sonsacarle ningún tipo de información a él, traté de que su esposa me contara su historia emocional. Si bien no mostraba ningún signo de depresión, ella estaba más a la defensiva que su esposo. Su matrimonio estaba "bien", según informó. Se describió a sí misma, así como a Howard, como una autómata emotiva. En realidad, no parecía muy preocupada por él. Nunca conocí persona más imperturbable. No me cabe duda de que su inteligencia era superior a la normal, pero emocionalmente parecía extrañamente retardada. ¿Cómo sería estar casado con una mujer tan obtusa?, me pregunté. Quizás era la clase de esposa que Howard necesitaba, pero me di cuenta de que, de ser yo quien estuviera casado con ella, me sentiría en una horrible trampa. ¿Howard tendría fantasías asesinas hacia ella? ¿Era eso? No lo sabía. Lo único que sabía era que si yo no pudiera salir de esa trampa, yo también me habría vuelto psicótico. Sin embargo, Howard también insistía en que su matrimonio estaba "bien".

Después de tres semanas de intenso tratamiento con un ineficaz sondeo psicológico, terapia ambiental, y elevadas dosis de los antidepresivos más avanzados en ese entonces disponibles, la depresión de Howard seguía igual. Él estaba convencido de que su empresa iba a despedirlo. Pero sus directivos me aseguraron lo contrario. Sin embargo, había rondando cierto problema económico. El seguro de salud de Howard le cubría sólo seis semanas de hospitalización psiquiátrica por año. Derivé a Howard a otro psiquiatra del plantel, experto en la administración de terapia de electroshock. (Howard fue el único paciente a quien recomendé este tratamiento en más de diez años de ejercicio como psiquiatra general.)

Mi razón para hacerlo no fue solamente económica. Tal como le expliqué a él, nadie sabe cómo ni por qué funciona la terapia de electroshock, pero era *tremendamente* efectiva en alrededor de la mitad de los casos similares al de Howard. Le aseguré que, contrariamente a las fantasías de algunas personas de esta era moderna, se trataba de un procedimiento humanitario realizado bajo breve anestesia general. Howard accedió en forma pasiva. Por supuesto, se sentía tan mal que habría aceptado casi cualquier cosa.

El tratamiento con electroshock le fue administrado mañana por medio. Cuando Howard despertó de su tercera sesión, la depresión había desaparecido. Sonrió por primera vez durante el mes que lo estaba atendiendo, y me agradeció con energía. Le administramos otras tres sesiones a la semana siguiente para fortalecer su recuperación.

Yo tenía la esperanza de que, si Howard mejoraba tanto como lo había hecho, la psicoterapia ahora lo beneficiaría. Pero no. Aunque ahora sonreía y estaba ansioso por volver a trabajar, estaba tan a la defensiva como antes y tan imperturbable o tan evasivo como su esposa.

Como consecuencia, sólo pude utilizar su período de recuperación para hacer su evaluación. No había perdido memoria, como suele ocurrir en forma temporaria luego de una terapia de electroshock, y me entendía perfectamente. Le expliqué que una depresión como la suya podía repetirse, razón por la cual debía vigilarlo de cerca por lo menos hasta algunos meses después de que dejara el hospital. Si la depresión se repetía, le aseguré que no habría problema. "Por lo general se soluciona con otra serie de sesiones de electroshock", le dije. "Puede hacerlo como paciente externo. A veces hasta tratamos a algunos pacientes con electroshock una vez por mes." Howard entendió y no dio ninguna señal de que semejante perspectiva lo atemorizara.

Había dos temas que me preocupaban. Uno era el hecho de que Howard parecía estar buscando que lo castigaran la noche que fue a la comisaría a confesar un crimen imaginario. Aunque no tenía ninguna evidencia para asegurarlo, todavía no estaba seguro de que el electroshock fuera efectivo en ciertos casos, pues representaba un castigo para el paciente. Exploré con tacto esta posibilidad con Howard, pero él lo negó. "¡Un castigo, no!", exclamó. "Más bien fue mi salvación."

El otro tema que me preocupaba era la renuencia o incapacidad de Howard para comprometerse con una psicoterapia siquiera superficial. Sin estar seguro de por qué, por algún motivo me sentía poco optimista con respecto a su futuro. Pero no podía hacer nada al respecto. Le di de baja del hospital y le concerté una cita para verme a la semana. Aunque no tenía razón para creer que le hacían algún bien, le indiqué que continuara con las drogas antidepresivas, como una posible garantía.

Cuando volví a ver a Howard a la semana siguiente parecía estar bien. Tal como lo anticipé, dijo: "Me alegro de haber vuelto al trabajo", y eso fue lo más cerca que llegamos a la psicoterapia. No lográbamos coincidir sobre la próxima cita. Yo quería volver a verlo a la semana siguiente, pero él insistió en que tenía una reunión de negocios en Phoenix que no podía eludir. Capitulé, y arreglamos una cita para dos semanas después.

El día anterior a la cita Howard me llamó para decirme que tenía que volver a viajar afuera de la ciudad. Me aseguró que seguía sintiéndose bien, y eso me pareció. Volvimos a concertar una cita para la semana siguiente. Llamé por teléfono a la farmacia para volver a pedir sus antidepresivos.

Howard no se presentó a la nueva cita. Utilicé el tiempo para llamarlo. Estaba en su casa. Dijo que se había olvidado por completo. Negó sentirse deprimido, pero hubo algo en su voz que me preocupó. Arreglé una cita para tres días después. Me prometió asistir. Pedí hablar con su esposa. Ella dijo que no *creía* que Howard estuviera deprimido. Aceptó asegurarse de que Howard asistiera a la nueva cita y dijo que iba a acompañarlo.

Pero no se presentaron. Les concedí quince minutos. Estaba a punto de llamarlos para decirles que iba a hacerles una visita a domicilio esa noche cuando sonó mi teléfono. Era la esposa de Howard.

—Quería decirle que Howard no va a poder ir a la cita de hoy —me informó.

—¿Por qué no?

—Porque acaba de dispararse un tiro en la cabeza.

—¡Oh, mi Dios! —farfullé—. ¿Está bien?

—No —respondió ella con tono indiferente—. La ambulancia está aquí. Está muerto.

Cuando llamé una semana después para ofrecer mis condolencias, ella seguía indiferente. La policía, según me informó, descubrió que Howard había comprado la pistola y las municiones en una armería local la tarde de la última vez que hablé con él por teléfono. Veinte minutos antes de la cita a la cual ella había prometido acompañarlo, la esposa le recordó: "Querido, tenemos que irnos para ver al doctor Peck".

Howard respondió que tenía que ir al baño un minuto.

—Lo hizo en el baño —me explicó ella—. Apenas un minuto después oí el disparo.

En la actualidad, en que los conceptos de la química del cerebro dominan tanto su profesión, quizá la mayoría de los psiquiatras considerarían la depresión de Howard puramente biológica. Aunque por mi parte también sospecho que la biología tuvo algo que ver, sigo creyendo que no fue el único motivo. Para esta conclusión ya ofrecí mis razones. La más poderosa, no obstante, tuvo que esperar el final de la historia. Es decir, el momento de la muerte de Howard.

El momento del suicidio no fue casual. No fue una cuestión de desequilibrio involuntario de la química del cerebro. Fue una elección consciente. No cabe duda de que la depresión subyacía bajo su decisión. Pero no fue la razón por la que eligió ese momento en particular para llevarla a cabo. La razón evidente de elegir ese momento fue escapar de estar obligado a verme otra vez.

¿Por qué? Por un lado no lo sé. Debido a su renuencia a confiar en mí y a mi incapacidad para penetrar en su psiquis, nunca supe lo que pasaba por su cabeza. Sólo pude adivinar. Con respecto al momento de su muerte, sólo tengo especulaciones, desde mi posible ineptitud como psiquiatra para atribuir a Howard esos sentimientos profundos e irracionales de terror y vergüenza, que son frecuentes en los casos de depresión grave.

Por otra parte, creo que hay complicado otro pequeño factor. En este capítulo me he estado concentrando en mi experiencia directa y limitada con el suicidio, debido a la importancia de éste con el tema de la eutanasia. He dicho que no es mi intención condenar. No obstante, como he pensado en Roger y en Howard en el curso de los años, sigo percibiendo cierta diferencia en las sensaciones que me producen las muertes de ambos. En estos días no está de moda, en especial para un psiquiatra, emitir juicios morales sobre otra persona. Sin embargo, aunque sigo estando seguro de que el cerebro de Howard sufría de un gran desequilibrio químico, al reflexionar sobre el momento de su suicidio sigo preguntándome si no habría algo de cobardía de su parte.

Disculpen semejante opinión, con la cual tampoco yo me siento cómodo. Y permítanme contarles, con una brevedad mayor de la que merece, un caso muy diferente de depresión claramente psicosomática en una clase de persona muy distinta.

Anna es una amiga muy querida y cercana, cinco años menor que yo. Cuando ella recuerda su pasado —y recuerda con nitidez gran parte de su primera infancia—, se da cuenta de que, desde que tiene memoria, sufre de algún tipo de depresión. No significa que nunca haya sido feliz. Pero para la época en que tenía veinticinco años se dio cuenta de que su visión de la vida era más pesimista que la de los demás, que siempre surgía la idea del suicidio, y que experimentaba sentimientos de ira, culpa y desesperación con una frecuencia e intensidad anormales e innecesarias. Vagamente era consciente de que había empezado a necesitar drogas antidepresivas efectivas. Pero su primera elección, no del todo ciega, fue la de un psiquiatra psicoanalista. Tuvo el instinto de conquistar su psiquis por sus propios medios.

Pronto se daría cuenta de que semejante empresa no era nada fácil. Por sí misma y con la ayuda de su primer analista —y con otros psicoterapeutas en las dos décadas siguientes— descubrió muchas cosas que al principio había preferido no mirar: violencia en sus padres, competencia con sus hermanos, cierta arrogancia en sí misma, una voluntad enorme que a veces la hacía intentar forzar la realidad para adaptarla a aquélla, que fue víctima de sexismo, connivencia con el sexismo, etcétera.

Durante todos estos años creció inmensamente en conciencia y en poder. Al igual que Fred y Howard, se convirtió en una importante ejecutiva de su empresa, aunque con una sofisticación y conciencia de lo que hacía que ninguno de ellos tenía. No obstante, con frecuencia era infeliz, y hasta tenía tendencias suicidas. Finalmente probó varios antidepresivos de primera generación, pero no la ayudaron.

Veinte años después, Anna se había convertido en una mujer sabia y maestra de muchos. Tenía un éxito enorme en todo. No tenía más psiquiatras ni gurús a quienes consultar. Era capaz de señalar a los mejores. Había aprendido a analizar casi de inmediato la causa de cada una de sus sensaciones. Sin embargo, de vez en cuando sentía tendencias suicidas sin ninguna razón discernible.

A esta altura salió al mercado un antidepresivo de nueva generación: Prozac. Renunciando al deseo de conquistar por completo su propia psiquis, Anna con humildad le pidió a su médico que se lo prescribiera. Éste así lo hizo, y las tendencias suicidas desaparecieron, aunque de vez en cuando, casi en forma intuitiva, Anna ajusta la dosis de la droga.

La moraleja de esta historia puede resumirse rápidamente en las propias palabras de Anna:

—Gracias a Dios por el Prozac —me dijo—. Pero le doy doblemente las gracias porque esa droga no existía cuando empecé con mis problemas.

* * *

La gratitud de Anna porque el Prozac no existía al principio de su enfermedad señala un problema que tiene en común el tratamiento del dolor físico y el del dolor emotivo: el problema del enmascaramiento. El uso prematuro de calmantes físicos puede ocultar, o enmascarar, los síntomas de un trastorno que necesita tratamiento urgente. La condición depresiva de Anna era claramente psicosomática. Pero la parte psicológica fue más radical y fundamental que el aspecto biológico. De haber sido tratada con Prozac al principio, es posible que se hubiera sentido mucho mejor. Sin embargo, también es probable que, como consecuencia, no habría estado dispuesta a continuar con la tarea psicoespiritual, de importancia vital y necesaria para lograr una verdadera salud emotiva.

Algunos médicos de todas las especialidades, muy ocupados, tienden a recetar píldoras a sus pacientes como sustituto de su tiempo... y su cuidado. Desafortunadamente, en las últimas dos décadas esta tendencia —y la tendencia al enmascaramiento— se ha convertido en un problema más importante en psiquiatría que en el resto de la medicina. Las razones son complejas. Cada vez se descubren más drogas psicoactivas efectivas. Los estudios han demostrado que muchos trastornos, que antes se consideraban fundamentalmente psicológicos, son por lo menos en parte biológicos. La psiquiatría organizada —ciegamente, según creo— se topa cada vez más con lo que se denomina el modelo médico: el concepto del trastorno psiquiátrico como biológico, donde los factores sociales, psicológicos y espirituales son minimizados. Finalmente, la industria del seguro, basándose en una economía dudosa, elige adherirse a tratamientos biológicos rápidos y ha hecho lo posible por resistirse a la psicoterapia.

Podría escribirse un libro entero sobre este tema. Pero baste con decir que el resultado es una sociedad donde el tratamiento del dolor emotivo con píldoras cada vez se alienta más y el examen psicológico con ayuda profesional se desalienta por razones económicas. Este factor es preocupante, entre otras cosas, porque la mayor parte del sufrimiento emotivo sigue siendo, en gran medida, un fenómeno psicológico. Este tipo de dolor es el principal motivador de la eutanasia.

Trastornos psicológicos

El dolor psicológico, en su mayor parte, no constituye ningún trastorno; forma parte inherente de la condición humana.

¿Qué es la condición humana? Para dar una respuesta completa es necesario hablar del alma, cosa que prefiero posponer hasta el capítulo seis. Pero para lo que a nosotros atañe ahora, es bastante sencillo. La condición humana nos indica que somos seres conscientes con voluntad propia, que vivimos en un mundo que no suele comportarse como nos gustaría.

Cada vez que nuestra voluntad entra en conflicto con la realidad del mundo exterior, experimentamos dicho conflicto como un dolor psicológico consciente. La intensidad del dolor varía según la naturaleza del conflicto. Si un extraño viene a nuestra casa y empieza a arrancar nuestras flores contra nuestra voluntad, experimentaremos ese conflicto como el dolor de la ira. Si ese extraño nos amenaza con un cuchillo, será más el dolor del miedo. Cuando alguien de quien queremos aferrarnos nos abandona, el dolor más probable será la pena. Etcétera. Con frecuencia estos sentimientos dolorosos se confunden. La pena, por ejemplo, por lo general se tiñe de tristeza, depresión e ira.

No hay ningún trastorno en esta clase de sufrimiento. Tales sentimientos dolorosos son normales y necesarios hasta cierto punto. Es parte inherente de la existencia humana el hecho de que la voluntad esté en conflicto con la realidad. Nos referimos a tales conflictos como problemas justamente porque son dolorosos. Y la vida, como ya sabemos, está llena de problemas, incluyendo las enfermedades crónicas, la vejez y la muerte. El dolor de tener que enfrentar los problemas de la vida es lo que llamo *sufrimiento existencial.*

No nos agrada el dolor emotivo más que el dolor físico, y nuestro instinto natural nos lleva a evitarlo o a deshacernos de él lo más rápido posible. Somos criaturas que evitan el dolor. Dado que es un conflicto entre la voluntad y la realidad el que genera el dolor, la primera respuesta natural al problema es enfrentarlo imponiendo nuestra voluntad, para que la realidad se adapte a lo que queremos de ella.

A veces la respuesta es apropiada. Cuando el mismo extraño del ejemplo entra en nuestra propiedad y empieza a arrancar flores, una reacción adecuada es ordenarle que se retire, y si no se inmuta, entrar en la casa y llamar a la policía para que se haga cargo. La dominación forma parte de nuestra naturaleza, y al igual que su hermana, la competitividad, no es mala en sí misma.

Pero la vida no es tan simple tampoco para ser buena en sí misma. Está bien que un bebé domine a sus padres por medio del llanto para que éstos satisfagan sus necesidades no sólo físicas sino emocionales. Sin embargo, cuando ese bebé empieza a caminar y es capaz de tomar un vaso y arrojarlo al piso, dicha dominación puede convertirse en peligrosa y destructiva. Así empieza la etapa de los terribles dos años. "No", dicen papá y mamá. "No, no hagas eso. No, eso tampoco. No. No, no eres tú quien manda. Eres muy importante, y te queremos mucho, pero no puedes hacerlo. No, no eres quien manda. No... No... No."

Esta situación es humillante para el niño. En esencia, lo que le ocurre a un niño de dos años normal y saludable es que, psicológicamente, es degradado de la categoría de general a la de cadete en el lapso de un año. ¡No es de sorprender que la etapa de los terribles dos años sea una época de depresión y caprichos! Pero es una etapa necesaria. Es una etapa de socialización. El gran psicólogo Erich Fromm definió la socialización como un proceso en el cual "se aprende a gustar de lo que se debe hacer". La esencia del dolor del niño de dos años es la humillación, otra variedad de dolor psicológico, pero Dios no permita que dejemos de sufrirla. Sin ella la raza humana habría desaparecido hace siglos. La mayoría no recordamos la terrible frustración de los dos años, pero somos capaces de reconocer que el inmenso dolor que conlleva esa primera lección de humildad fue una parte necesaria de nuestro sufrimiento existencial.

¿Pero qué sucede cuando no podemos imponer nuestra voluntad sobre la realidad *y* no queremos o no podemos limitarnos a sonreír y soportarlo? La respuesta es que, de alguna manera, tratamos de evitar el dolor. Tenemos a nuestra disposición una serie de estilos para evitar el dolor.

Uno de ellos consiste en buscar la ayuda de un psiquiatra. La mayoría de las personas que se acercan a la psiquiatría lo hacen para buscar una solución mágica. Apenas se dan cuenta de que el psiquiatra no la tiene, suelen abandonar el tratamiento rápidamente.

Una manera más común de evitar el dolor es usar drogas ilícitas, como los estimulantes y la heroína o legales, como el alcohol, para matar el dolor, tapar los problemas con alcohol, por así decirlo. Rara vez es una solución duradera, y por lo general la persona queda peor que antes.

Más común todavía es la decisión de escaparse del problema. ¿Problemas maritales? Dejo a mi esposa. ¿Los hijos son una carga? Los abandono. ¿El trabajo me produce estrés? Renuncio. ¿No tengo suficiente dinero? Robo. Dichas soluciones no sólo tienden a lo criminal sino que también dejan al perpetrador con un problema todavía mayor.

La manera más común de evitar el dolor existencial de los problemas es practicar alguna forma de autoengaño que puede denominarse neurosis. Tampoco esta solución es duradera, pero tenemos la capacidad de tender una capa tras otra de engaños. Las neurosis pueden volverse muy complicadas y a la larga ser más dolorosas que el dolor original que tratábamos de evitar. A este dolor complicado lo llamo *sufrimiento neurótico*.

Tal como lo expresó Carl Jung: "La neurosis es siempre un sustituto del sufrimiento legítimo". Al decir sufrimiento legítimo se refería a lo que yo llamo sufrimiento existencial, el dolor que es inherente a la existencia y que no puede evitarse de manera legítima. Él insinuaba que las neurosis siempre tienen un componente ilegítimo. Son ilegítimas no sólo debido al autoengaño, sino también porque tenemos mucho que aprender del sufrimiento existencial y a través de él. El sufrimiento neurótico, por otra parte, nunca nos enseña nada; sólo nos impide aprender.

El autoengaño a que se somete cada individuo es único, pero las neurosis pueden dividirse en categorías que nos ayudan a comprenderlas. A fin de ilustrar la dinámica de la neurosis me gustaría empezar con la categoría de fobias neuróticas.

Freud fue el primero en discernir, entre sus muchas contribuciones a la psicología, la dinámina central de estas fobias: lo que llamamos *desplazamiento*. El fóbico desplaza su miedo existencial, que no quiere enfrentar, a un objeto que le parece más manejable. Este concepto nunca me resultó más claro que cuando, en mis primeros años de profesión, vino a verme un hombre en estado de pánico tres días después de que su cuñado se había suicidado con un tiro en la cabeza. Este hombre estaba tan aterrorizado que ni siquiera pudo venir solo. Tuvo que venir con su esposa de la mano. Se sentó y empezó a divagar: "Sabe, mi cuñado se pegó un tiro en la cabeza. Es decir, tenía la pistola, y sólo fue necesario esto, o sea, sólo una pequeña presión, y ahora está muerto. O sea, fue todo lo que tuvo que hacer. Y si yo tuviera una pistola, o sea, no tengo una, pero si la tuviera y quisiera suicidarme, o sea, lo único que tendría que hacer es... quiero decir, no quiero suicidarme, pero... fue tan sencillo..."

Mientras lo escuchaba, me quedó en claro que el pánico de este hombre no había sido causado por la pena de la muerte de su cuñado, sino por la conciencia de su propia mortalidad, y así se lo expresé.

De inmediato me contradijo:

—¡Pero no le tengo miedo a la muerte!

En ese momento su esposa interrumpió para decir:

—Querido, quizá deberías contarle al doctor sobre las carrozas fúnebres y las funerarias..

Entonces empezó a explicarme que tenía fobia a las carrozas fúnebres y a los funerales, hasta tal punto que todos los días, al ir y volver caminando del trabajo a su casa, se desviaba tres cuadras, seis en total, sólo para evitar pasar frente a una empresa funeraria. Además, cada vez que pasaba una carroza fúnebre tenía que darse vuelta, o mejor, meterse en una casa o, mejor todavía, en un negocio.

—Usted verdaderamente le tiene miedo a la muerte —comenté.

Pero él continuaba insistiendo:

—No, no, no. No le tengo miedo a la muerte. Son esas malditas carrozas y casas velatorias las que me molestan.*

El caso es importante para este libro, no sólo por su simpleza (y hasta ingenuidad) sino también por la esencia de la emoción dolorosa del miedo. La esencia es el miedo a la muerte y a morirse. Si observamos cualquier miedo que tengamos, rápidamente podremos relacionarlo con nuestro miedo a la muerte y a morirnos. ¿Teme perder el empleo o que se caiga la Bolsa de valores? ¿No es el miedo básico a que usted y su familia no tengan qué comer... y mueran? La mayor parte de las fobias se relacionan con este miedo básico existencial. Es natural —humano— que temamos a la muerte. Este miedo es inherente a nuestra existencia consciente. Pero el modo en que manejamos ese miedo es una elección, que tendrá mucho peso en nuestra consideración del tema de la eutanasia. Podemos enfrentar nuestro miedo en forma directa, existencial y legítima si aprendemos de él. O podemos evitarlo a través de una u otra manera, como la fobia, que es neurótica. La solución

---

* Este caso fue descripto en *Further Along the Road Less Traveled*, págs. 50-51 (v. nota pág. 96).

neurótica, como en el caso que acabo de describir, en última instancia es la más ineficaz y dolorosa.

Hace cincuenta años los psiquiatras —con una sabiduría que muchos han perdido desde entonces— estaban acostumbrados a discriminar entre lo que ellos llamaban neurosis del ego ajeno y del ego sintónico. Con "ego ajeno" se referían a aquella neurosis que el o la paciente reconocía como estúpida e ineficaz, algo de lo que quería librarse. Con "ego sintónico" significaban una neurosis que el ego —o el "yo" del paciente— consideraba natural, saludable, hasta amistoso. Permítanme volver a utilizar las fobias como ejemplo, en este caso la fobia a las serpientes.*

Por favor, entiendan que es normal tener miedo a las serpientes. De hecho, existe evidencia de que dicho miedo lo llevamos en los genes. Lo que convierte un miedo en verdadera fobia, sin embargo, es su intensidad y, más aún, el grado de incapacidad que produce. Durante mis tres años en Okinawa atendí a dos mujeres sumamente incapacitadas por su miedo a las serpientes. Esto no era sorprendente, pues Okinawa era el hábitat de la venenosa habu, una enorme serpiente cuyo tamaño oscila entre una cascabel y una pitón. Es una serpiente nocturna que duerme durante el día y se encuentra en las partes más salvajes de la isla. A los norteamericanos se nos advertía que no nos internáramos en la selva de noche, pero el problema se consideraba insignificante en las áreas urbanas, populosas y cuidadas. De los más de cien mil norteamericanos que vivían en ese entonces en la isla, sólo uno cada dos años y medio era mordido por una habu. En esos casos, de inmediato se aplicaba antitoxina, y como resultado nunca me enteré de ninguna fatalidad entre los norteamericanos.

Janice, la esposa de un importante sargento, solicitó mi atención psiquiátrica debido a su fobia.

*Los dos ejemplos que siguen también se narran en *The Road Less Traveled and Beyond*. Nueva York; Simon & Schuster, 1997, págs. 145-47. (*El camino personal*, Buenos Aires, Emecé, 1997.)

—No puedo salir a la calle por la noche —me explicó—. Le tengo terror a la habu. Es ridículo. Sé que la probabilidad de ser mordida en las áreas urbanas es remota, pero este miedo me está arruinando la vida. No puedo ir con mi marido al club por la noche. No puedo llevar a mis hijos al cine por la noche. Apenas empieza a oscurecer me encierro en mi casa y me acurruco en la sala de estar con todas las luces encendidas. Es tonto, *estúpido*, y *enfermizo*. Soy tan cobarde. ¿Puede ayudarme?

La fobia de Janice era claramente egoajena. Veía el miedo como algo ajeno a ella, como algo que no quería. Consideraba las limitaciones que se autoimponía como "ridículas". Se desvalorizaba por ser "tonta" y quería comportarse de otro modo.

Aunque Hilda, la esposa de un ejecutivo civil, se encerraba en su casa por la noche por la misma razón, ésta era complaciente con su neurosis, hasta se enorgullecía de ella. No vino a verme a mi consultorio; la conocí en su propia casa cuando asistí a una fiesta que daban ella y su marido. Después de cenar empezamos a conversar, y me contó cómo odiaba Okinawa porque la habu la *obligaba* a encerrarse en su casa.

—Sé que otras personas salen por la noche —dijo— pero si son tan estúpidas, es *su* problema. ¿Acaso no saben que esa serpiente se cuelga de las ramas de los árboles y les puede caer encima en cualquier momento? ¡Aj! No entiendo por qué el gobierno no caza todos esos monstruos horribles. Dios, voy a ser feliz cuando vuelva a los Estados Unidos.

La fobia de Hilda evidentemente era egosintónica. Ella no la consideraba anormal. Por el contrario, creía que los demás eran los estúpidos. La culpa la tenía la habu u Okinawa o el gobierno. Aunque Hilda parecía muy cómoda con su fobia, más tarde me enteré de que las limitaciones que le imponía a su vida social causaban a su esposo una angustia considerable, además de la preocupación de que pudiera afectar su carrera.

Dado que las víctimas de las fobias egosintónicas no ven

sus neurosis como algo indeseable, casi resulta imposible ayudarlas. El caso de Janice fue diferente pues buscó ayuda. Mientras trabajaba conmigo poco a poco pudo reconocer que había desplazado a las serpientes su miedo a la muerte y al mal, a lo maligno, a las cosas que no podía controlar... las cosas malas que podían sucederle a las personas buenas. Lentamente, por primera vez en su vida, pudo hablar en forma directa sobre los temas existenciales de la muerte y el mal. Para cuando regresó a los Estados Unidos nueve meses después, Janice podía, si bien con considerable angustia, salir por la noche con su marido o sus hijos. Aunque no diría que estaba exactamente curada, se encontraba bien encaminada para lograrlo.

Después de la Segunda Guerra Mundial, los psiquiatras comenzaron a llamar cada vez más a las neurosis sintónicas "trastornos de la personalidad". Como ya he escrito, puede resultar útil considerar las neurosis y los trastornos de personalidad como trastornos de responsabilidad. Como tales, constituyen estilos opuestos de relacionarse con el mundo. Cada vez que está en conflicto con el mundo, el neurótico tiende automáticamente a creer que es su culpa. Y cada vez que la persona con trastornos de personalidad tiene un conflicto con el mundo, tiende a creer de inmediato que la culpa es del mundo.

Una parte significativa del dolor existencial a través de la vida está dado por la angustia de tener que discernir continuamente de qué somos responsables y de qué no lo somos. Puede verse que tanto la persona neurótica como la que sufre de trastornos de personalidad evitan esta angustia existencial. Sin duda el neurótico sufre mucho más dolor —sufrimiento neurótico innecesario— que una persona más equilibrada, pero también se ve librado de la agonía de decidir, pues supone que es responsable de todo.

Debido a que sufren dolor y a que se sienten responsables —demasiado— las personas neuróticas, como Janice con su fobia egoajena, suelen buscar la ayuda de la psicoterapia por su cuenta y curarse. Y como no se responsabilizan y sufren poco, es mucho menos probable que quienes sufren de trastornos de personalidad busquen la psicoterapia. Y cuando lo hacen, les resulta muy difícil. En cierto modo, el objetivo de la psicoterapia con una persona con trastornos de personalidad es ayudarla a sufrir un poco más. Naturalmente, dicha terapia suele ser muy difícil de sostener.

Las personas con trastornos de personalidad —y son legión— se encuentran entre los leprosos psicológicos que mencioné antes. Pero no significa que no sufran por su trastorno emotivo. Aunque ellos mismos experimentan poco dolor, por lo general causan *a otros* muchísimo dolor. Se quejan constantemente y cargan su parte de responsabilidad a otros. De muchas maneras, desde el descuidado hasta el criminal, pueden resultar una verdadera molestia.

He hablado de estos trastornos psicológicos —trastornos de personalidad y neurosis— como si fueran elecciones. Y eso son. Pero es importante señalar que dichas elecciones son hechas durante la niñez, y con frecuencia bajo una presión agobiante.

No es nuestra tarea como padres aliviar a nuestros hijos de su propia angustia existencial. Pero sí lo es no aumentarla innecesariamente. Claro que ningún padre puede hacerlo a la perfección, pero en esta tarea muchos se equivocan en exceso. Todas las familias tienen disfunciones en alguna medida, pero algunas tienen tantas que causan más dolor existencial del que los niños son capaces de soportar. Entonces esos niños no tienen otra opción que adoptar estrategias para evitar el dolor —de las cuales la defensa del desplazamiento es sólo una— que inevitablemente se convierten en neurosis y trastornos de la personalidad. La mayoría de los pacientes que llegan a la psicoterapia no son capaces de recordar su elección crítica, por haber sido hecha tanto tiempo atrás.

Aun así, fue una elección y siempre puede ser cancelada. En el curso de la psicoterapia he visto pacientes con pocas posibilidades y provenientes de los hogares más abusivos, superar neurosis graves y hasta trastornos de personalidad. Y he visto otros que tenían muchas más posibilidades de recuperarse, rehusarse a cambiar y enquistarse más todavía en su trastorno. No sé por qué algunos tienen una voluntad tan fuerte para crecer y otros no. Quizá sea el misterio más grande de la humanidad.

Dado que la neurosis o el trastorno de la personalidad es siempre un sustituto del sufrimiento legítimo, la tarea de la psicoterapia profunda parece obvia: son los pacientes quienes deben salir de los sustitutos de dolor y enfrentar directamente los temas centrales de su existencia. Para utilizar los ejemplos de fobia que mencioné, significa abandonar el miedo inútil a las serpientes o a las funerarias y enfrentar la realidad de la muerte y del mal. Dicho cambio constituye un verdadero crecimiento. La muerte y el mal son realidades que producen miedo, pero si somos capaces de vivir con nuestro terror existencial podremos aprender mucho de ellas. No podemos aprender nada del hecho de salir de nuestro camino para evitar funerarias o de encerrarnos en nuestra casa todas las noches por miedo a que, por alguna casualidad, nos crucemos con una serpiente en el jardín.

Aprender a convivir con la realidad debería ser fácil, pero no lo es. Teniendo en cuenta que sus estilos existenciales para evitar el dolor suelen ser inconscientes, efectivos, de modo distorsionado y tan antiguos que les calzan como zapatos viejos, *todos* los pacientes se resisten al crecimiento que la psicoterapia requiere de ellos. Sin embargo, la intensidad de su resistencia varía. Dicha intensidad, en la mayor parte de los casos, es lo que determina si la psicoterapia es un éxito o un fracaso. Y es la voluntad del paciente la que determina la intensidad. Los pacientes de carácter fuerte hacen lo mejor o lo peor. Como ya señalé, aunque resulta un gran misterio, algunos pacientes tienen una inmensa voluntad de crecer y otros tienen la misma voluntad inmensa de *no* crecer.

En la primera parte de *The Road Less Traveled* (página 16), escribí la siguiente oración, al parecer extravagante: "Con total disciplina, podemos resolver todos los problemas". Lo extravagante se debió a que olvidé agregar que las soluciones a ciertos problemas requieren que aceptemos la realidad de que no existe solución. Los pacientes que más se resisten se caracterizan, según mi experiencia, por su absoluta negación a aceptar esta realidad en un nivel esencial.

Nunca dicha negación fue más clara que en el caso de Janet, una mujer de treinta y ocho años a quien traté de atender durante cuatro meses sin éxito. Vino a verme por una fuerte depresión, que empezó el día en que su esposo de hacía doce años, Ralph, se separó de ella. La primera vez que la vi el divorcio era inminente. Lo dramático de Janet era su evidente renuencia a aceptarlo.

Tres meses después del divorcio le dije:

—Usted habla del divorcio en tiempo presente, como si Ralph se estuviera divorciando ahora. Pero la realidad es que el divorcio ya es pasado. Él se divorció de usted. Ya terminó. Ya está. Sin embargo, usted siente que todavía está sucediendo. Puedo entenderlo. Es difícil cambiar de situación. Pero por esa razón usted sigue deprimida. Y no veo cómo puede dejar de estarlo si no logra dejar el divorcio en el pasado.

—No quiero dejarlo en el pasado —declaró Janet sin la menor vacilación.

Me sorprendió su honestidad, por estar acostumbrado a neurosis más complicadas. Pasó un rato antes que pudiera responderle:

—Sí, también puedo entenderlo. Pero eso nos coloca en una situación difícil, ¿no le parece? Existe un conflicto entre lo que usted quiere y lo que es posible. Entre su voluntad y la realidad de la situación. Ese conflicto es el "porqué" de su depresión. Y evidentemente va a seguir deprimida hasta que acepte la realidad, aunque tenga que perdonar a Ralph.

—Prefiero seguir deprimida a perdonarlo —respondió con aspereza.

116

Esta vez repliqué por instinto:

—En algún lugar la Biblia, no sé en qué parte, dice: "La venganza es mía, dijo el Señor". ¿Qué cree que significa eso?

—No voy a escuchar esa basura religiosa —proclamó Janet.

Tres sesiones después Janet puso fin a la terapia porque "no funcionaba".*

No fue por accidente que el tema que Janet llamó "basura religiosa" haya surgido hacia el final de la terapia. Mi impresión es que, cuando la resistencia es marcadamente grave, se trata de un problema tanto espiritual como psicológico. La persona es reacia a sufrir el más mínimo destronamiento de su ego en sumisión a cualquier poder superior, aun cuando dicho poder se titula "vida" o "realidad". En la relación de esa persona con el mundo hay algo que está muy mal.

Como ya advertí al principio, este capítulo no pretende ser un tratado de psiquiatría. Dado el hecho de que el sufrimiento emotivo es puramente psicológico, mi tratamiento del dolor psicológico hasta el momento ha sido breve y poco profundo. Este hecho es perdonable, creo yo, solamente debido a que volveré sobre el concepto de dolor psicológico al considerar con mayor profundidad una clase específica de este dolor: el de la muerte. Pues el sufrimiento existencial relacionado con la muerte constituye el tema central del debate sobre la eutanasia.

Sin embargo, antes de continuar creo necesario reparar brevemente en un tipo de dolor emotivo que puede ser existencial e importante para la discusión de la eutanasia, pero que no se menciona en ningún libro de psiquiatría y merece un nombre propio: *sufrimiento redentor*. Podría decirse

*Este caso está descripto con más profundidad en mi libro *A World Waiting to Be Born*. Nueva York, Bantam, 1993, págs. 96-105. (*Un mundo por nacer*, Buenos Aires, Emecé, 1996.)

que el sufrimiento redentor ocurre cuando una persona soporta el dolor emotivo de otros, y como resultado los demás se ven curados o redimidos.

En cierto nivel el sufrimiento redentor puede ser bastante simple. Digamos que usted es un buen amigo mío y actualmente sufre porque su madre se está muriendo. Como usted es mi amigo, su dolor me causa a mí dolor. Pero no me gusta sufrir. Entonces, a fin de curarlo de su dolor para poder sentirme mejor, le digo algo así como: "No te sientas mal por tu madre. Sabes que irá al cielo".

¿Cómo se siente usted?

Lo más probable es que se sienta peor: aislado, incomprendido y descartado. Y tiene razón al sentirse así, pues mi verdadera motivación ha sido preocuparme por mí mismo y no por usted.

En esta situación, la única actitud verdaderamente afectuosa sería estar dispuesto a compartir su dolor, su sufrimiento existencial, y decirle con verdadero sentimiento: "Lo siento mucho. Debe de ser terrible para ti. ¿Puedo acompañarte un rato, o prefieres estar solo?".

Quizás esta actitud no lo ayude en absoluto. Pero existe una gran posibilidad de que por lo menos se sienta respetado y menos solo.

El sufrimiento redentor no tiene nada de misterioso. Sin embargo, vacilo al hablar sobre él pues tengo razones para sospechar que existen otros niveles en los cuales dicho sufrimiento puede adquirir un cariz místico. ¿Es posible que algunas personas compartan el dolor de los demás de manera inconsciente, sin siquiera ser conscientes de lo que hacen ni de por qué sufren? ¿Que soporten el dolor de otros, no sólo con ellos sino *en lugar de* ellos? Sospecho que sí, pero no puedo probarlo. Sé que para algunas personas es posible, por lo menos en cierta medida, sentir el dolor del mundo, pero no sé si en dicha acción existe algún elemento verdaderamente redentor.

No obstante, muchas personas me han confesado haberse sentido extrañamente elevadas —redimidas, en cierta medida— por el íntimo compromiso con la muerte de un amigo o un pariente. Invariablemente se refieren a este fenómeno como "una buena muerte". Con esto no quieren decir una muerte por eutanasia. Por el contrario, como ya veremos, al parecer la eutanasia siempre deja una profunda ambivalencia. Se refieren a una muerte que de algún modo reúne las siguientes características:

1. Es una muerte natural, no el resultado de un suicidio o un asesinato.
2. Es físicamente indolora, ya sea de manera natural o con la ayuda de calmantes.
3. La persona muere en relación, es decir, él o ella ha logrado perdón y reconciliación con quienes siguen viviendo.
4. La persona está conscientemente preparada para morir; en otras palabras, no niega su muerte ni finge que no es inminente.
5. De alguna manera u otra la persona ha expresado que está preparada y se ha despedido.
6. La persona es capaz de hacer todo lo anterior porque él o ella ha elaborado el sufrimiento existencial necesario para llegar a la muerte con completa aceptación. (Este tipo de trabajo será descripto en profundidad en el capítulo 7.)

Me parece sorprendente que alguna muerte pueda cumplir con todas estas características. No obstante, ocurre con un gran número de muertes, las cuales parecen cumplir una función redentora. No es necesario seguir con este tema tan espinoso. Sin embargo, puedo asegurar lo siguiente: cuando los seres humanos elaboran su propio sufrimiento existencial, aunque no estén redimiendo a otras personas, por lo menos se redimen a sí mismas.

Capítulo 4

ASESINATO, SUICIDIO Y MUERTE NATURAL

Una de mis intenciones ha sido demostrar que el dolor emotivo, el dolor físico y la acción de tirar del enchufe constituyen temas complejos. El motivo es que estoy en contra del tratamiento de un tema tan importante como la eutanasia de manera simplista. En este capítulo terminaré de cubrir las complejidades comprendidas en la diferenciación entre asesinato, suicidio y muerte natural. A primera vista muchos creerán que dichas diferencias no son complejas, pero veremos que también éstas tienen su parte de ambigüedad. Con esta ambigüedad es preciso lidiar antes de poder arribar, hacia el final del capítulo, a una definición de eutanasia.

Asesinato

El asesinato y el suicidio son dos formas de matar. Sin embargo, nuestra actitud hacia cada una es completamente diferente. Hacia el asesino sentimos furia y deseo de verlo castigado. Hacia el suicida sentimos más bien lástima. El suicidio, *per se*, ya no es ilegal en los Estados Unidos, y no recuerdo que nadie que haya intentado suicidarse fuera procesado. Hospitalizado sí, quizá contra su voluntad, pero nunca encarcelado.

120

¿Por qué la diferencia? Evidentemente se trata de una cuestión de voluntad. El asesino quita la vida de otra persona contra la voluntad de ésta. El suicidio podrá ser una autoviolación, pero lo es según la voluntad de la víctima. El asesinato, no.

Entonces, la definición de asesinato parecería sencilla: quitar la vida de otra persona contra su voluntad.. Sin embargo, no es tan simple.

En primer lugar, consideremos el asesinato desde el punto de vista legal. No es una cuestión simplista de culpable o no culpable. Hay una gama completa de posibles veredictos: culpable de asesinato en primer grado, en segundo grado, culpable no de asesinato sino de homicidio impremeditado, inocente por insania.*

Por supuesto, muchos de quienes matan lo hacen por accidente. Un conductor sobrio que atropella a un ciclista vestido con ropas oscuras por la noche le ha quitado la vida al ciclista contra la voluntad de éste. Pero el conductor no tenía ninguna intención de matar. Ni siquiera fue negligente. Entonces, el asesinato parece tener mucho que ver no sólo con la voluntad de la víctima sino también con la del perpetrador. Es improbable que el conductor sea siquiera procesado.

Tampoco será juzgado el soldado si, al servicio de su nación, mata con deliberación a un enemigo en el campo de batalla. El soldado tiene toda la intención de matar, y sin embargo tendrá como recompensa una medalla, no un castigo. En tiempos de guerra el concepto de asesinato parece ser un poco relativo.

Pero no del todo. En la actualidad se trata de diferenciar entre combatientes y no combatientes. El soldado que mata a un civil desarmado puede ser juzgado por crimen de

*Me resulta muy difícil la definición de este último veredicto, por extraño que parezca. La persona insana que mata, según mi opinión, sigue siendo culpable de asesinato. Lo que está en duda, creo, no es la responsabilidad del asesino sino cómo debe tratárselo.

guerra. Pero estas distinciones también tienden a ser relativas en el fragor de la guerra. No siempre es clara la distinción entre combatientes y no combatientes. A la larga, como ocurrió con el bombardeo atómico de Hiroshima y Nagasaki y el bombardeo de Dresde y Tokio, hasta los buenos pueden decidir exterminar ciudades enteras.

Ya es tiempo de que se lleve a cabo una discusión de la diferencia entre ética de código y ética de situación.

La tesis de la ética de situación dice que no puede emitirse ningún juicio moral sobre ningún acto sin tener en cuenta la situación completa o el contexto en el cual se produjo. Por ejemplo, una cosa es que el conductor que atropella al ciclista por la noche esté completamente sobrio. Y otra muy diferente es que esté ebrio y no tenga licencia para conducir porque ésta le fue retirada por ebriedad.

La ética de código es todo lo contrario de la ética de situación. El Código de Hammurabi y los Diez Mandamientos son ejemplos de códigos de ética antiguos que declaran que determinados actos son malos en sí mismos, sin importar la situación. El Sexto Mandamiento, por ejemplo, ordena muy claramente: "No matarás". No dice: "No matarás a nadie con excepción de los filisteos" o "No matarás excepto en tiempo de guerra" o "No matarás a menos que sea en defensa propia". Dice: "No matarás", ¡punto!

Durante cientos de años la evolución de la sociedad se ha ido alejando de la ética de código y acercando más a la ética de situación. Si entramos en la oficina de nuestro abogado veremos una pared llena de grandes libros con tapa de cuero. Muchos de esos libros contienen precedentes judiciales tales como: "No violarás un contrato... excepto como en el caso de *Jones c. Smith*... o como en el caso de *Liebowitz c. O'Reilly*... o como en el caso de *Hosaka c. Ciu*". Estas opiniones sientan precedente precisamente por describir situaciones donde se juzga que el código no se aplica.

En general, estoy a favor de este movimiento de la sociedad. Se trata de una evolución civilizada hacia la complejidad y lejos del simplismo. Sin embargo, al igual que algunos de los miembros más previsores del derecho religioso, hay algo que me preocupa. Temo que la ética de situación aliente la creación de ciertas situaciones donde todo vale. La guerra es una de ellas. Dado que la guerra está repleta de ambigüedades, la ética de situación en tiempos de guerra puede llevarnos a concluir que el fin justifica los medios. Sin embargo, se trata de una conclusión poco firme. Por un lado, alguna vez alguien preguntó: "Si el fin no justifica los medios, ¿entonces qué lo justifica?". Por otra parte, se produce una verdadera contaminación cuando una persona se convierte en criminal de guerra a fin de combatir a otros criminales de guerra. No digo que no exista la guerra justa. Pero creo que sólo el primitivo y absolutista código de ética "No matarás" puede lograr hacernos pensar antes de participar en una guerra, para por lo menos detenernos a considerar si se trata o no de un fin justo.

Además de la autodefensa y la guerra, el Estado norteamericano legitima el "asesinato" con mayor o menor grado de ambivalencia, en otras dos situaciones: el aborto y la pena capital.

Puse la palabra "asesinato" entre comillas pues implica un juicio ético muy cuestionable. De hecho, el Estado norteamericano por lo general legitima el aborto y la pena capital porque considera que la ética de situación se aplica a ambas decisiones. Supone que el embarazo puede ser una situación tan opresiva como para no tener en cuenta la santidad de la vida. De manera similar, supone que algunos crímenes son tan horrendos que constituyen una situación donde se justifica la venganza fatal.

Sin embargo, la aplicación de la ética de código o de situación no se caracteriza por su consistencia. Muchas personas que están a favor del aborto por elección (situacionalistas) son los más vigorosos enemigos de la pena capital.

Por el contrario, muchos que condenan el aborto merced al código ético absolutista sobre la santidad de la vida son quienes más están a favor de limitar las restricciones en la ejecución de criminales.

En busca de cierta coherencia, algunos comentaristas y juristas han relacionado el debate sobre la eutanasia con el del aborto. Si una mujer tiene derecho a terminar un embarazo con asistencia médica profesional, sostienen, ¿por qué la gente no tiene el mismo derecho a asistencia médica para terminar sus propias vidas? Sin embargo, recuerdo las palabras de Emerson, quien dijo: "La coherencia estúpida es el diablillo de las mentes pequeñas". Creo que Emerson exageró un poco. La mayor parte del tiempo creo que es válido procurar la coherencia. Sin embargo, creo que es una tontería convertir la coherencia en ídolo. En este caso específico, creo que vamos a tener problemas si tratamos de relacionar demasiado los temas de aborto, pena capital y eutanasia.

Como veremos, algunos puntos teológicos de la eutanasia se cruzan con los otros dos. Pero eso no significa que tengan que ser debatidos al mismo tiempo, pues sólo se logrará confundir las aguas y desmerecer cada debate. Pero no estoy a favor de una falta de integridad. Por supuesto que el tema de la santidad de la vida es fundamental en los tres debates, y debe ser considerado en cada uno de ellos. Pero también es un punto importante en cuestiones de derechos del animal, de las plantas y de conservación del medio ambiente. Al mismo tiempo, existen temas profundos que el aborto, la eutanasia y la pena capital *no* comparten. El tema de este libro es la eutanasia. No puedo hacer justicia a los tres debates. El aborto y la pena capital, en mi opinión, reciben buena atención por parte del público. La eutanasia, no. Por ello, por arbitrario que parezca, no voy a profundizar en las intensas ambigüedades del aborto o de la pena capital.*

Pero sí diré lo siguiente: me alegro del intenso debate

*Hago una breve mención sobre la ambigüedad del aborto en *Further Along the Road Less Traveled*, págs. 181-82.

público sobre la pena capital y el aborto. Si triunfara cualquiera de los dos extremos en cualquiera de los dos debates, me pondría a temblar. Tengo la modesta tendencia a ser un pesimista que con frecuencia ve que la sociedad marcha rumbo a la perdición. Sin embargo, con respecto a la pena capital y al aborto, creo que en este momento estamos donde debemos estar. Por desagradable y difícil que sea este debate, me enorgullezco de que nuestra sociedad se comprometa en él. No tratamos de evitar sus complejidades. Por lo menos en esos dos casos, como nación, creo que estamos realizando la tarea existencial "corporativa" del sufrimiento legítimo.

¿Dónde encaja la así llamada muerte piadosa?

He definido el asesinato como el acto de tomar la vida de otro contra su voluntad con intención deliberada. Aunque parezca tedioso, es necesario examinar más de cerca estas palabras.

En primer lugar, "vida" y "tomar". Si "vida" se define como la presencia de un latido y una o dos ondas cerebrales en un paciente inconsciente e indudablemente terminal, cuya vida depende del uso de aparatos múltiples, y si "tomar la vida" se define como la eliminación parcial de uno de esos aparatos, entonces yo fui culpable de asesinato esa mañana, hace más de treinta años, en el pabellón de neurología, cuando ajusté la abrazadera del suero de Tony. Pero no creo haber "matado" a ese paciente. Creo que existe una diferencia crucial entre tomar la vida y permitir la muerte. Terminar con las medidas heroicas en circunstancias tan claras no constituye, a mi juicio, asesinato. Tampoco lo es aquello que definiré como eutanasia. Es simplemente tirar del enchufe o permitir la muerte natural de alguien que ya se está muriendo.

Ya mencioné que entre fines de septiembre de 1939 y principios de agosto de 1941, el gobierno nazi en Alemania dio muerte por medio de cámara de gas o inyección letal a

125

más de setenta mil personas con retardo mental, esquizo-frénicas o seniles. Este bien organizado proyecto recibió el nombre de Programa Eutanasia. Aquí no se puso en cuestión la toma de la vida. A esas personas no se les permitió morir. Fueron ejecutadas, y los mismos nazis llamaron a ese acto muerte piadosa. Consideraron que era un acto piadoso pues la calidad de vida de sus víctimas era tan pobre que estarían mejor muertos.

Pero las conjeturas son siempre cuestionables, y la pregunta evidente es: ¿cuál era la *voluntad* de las víctimas? Los oficiales nazis pueden haber afirmado que las víctimas estaban tan mal que no podían expresar su voluntad. Sin embargo, hasta el momento de su muerte, las víctimas comían y bebían con avidez todo los alimentos y bebidas que les proporcionaban. No dependían de sistemas de sustentación de vida. No existe evidencia de que estuvieran por lo menos deprimidas ni con tendencias suicidas. Sólo podemos suponer razonablemente que las víctimas fueron ejecutadas contra su voluntad, y que los nazis estuvieron más motivados por la economía que por el deseo de ser piadosos.

¿Pero qué es lo que motiva a un esposo, como suele suceder, a matar a su esposa que sufre de discapacidad crónica —y no obstante continúa comiendo y bebiendo—, sin pedirle siquiera su consentimiento? El esposo dirá: "Tenía que librarla de su infelicidad. Fue un acto piadoso". Pero sin evidencia en contrario, suponemos que la infelicidad que quiso aliviar fue la propia, y que la piedad fue la auto-justificación de un asesino.

¿Y con respecto al suicidio asistido? ¿Puede considerarse suicidio? Aquí todo se torna más confuso. Cuando es evidente que la persona desea morir, sus colaboradores —si es que son culpables— lo son de un crimen donde no existe víctima. ¿Puede un crimen sin víctima ser considerado asesinato? Aunque en algunos estados de Norteamérica se considera delito, ¿en realidad *es* un delito?

Estas cuestiones son demasiado complicadas para ser

respondidas ahora. Más adelante brindaré mi opinión, pero antes de poder hacerlo bien, es necesario considerar una serie de otros temas. Por ejemplo, todavía no hemos siquiera considerado el suicidio ni cómo debe diferenciarse de la muerte natural. También seguirán otros temas; la definición de la eutanasia es sólo uno. En realidad, el suicidio asistido va a ser el último tema a tratar en este libro.

Suicidio

Después de haber descubierto que la definición de asesinato no es tan fácil como parece, veremos que lo mismo sucede con el suicidio.

A veces resulta imposible separar el suicidio (o autoasesinato) del asesinato (el acto de matar a otra persona). Consideremos el soldado o el terrorista que se ofrece como voluntario para una misión suicida.

Las permutaciones de la conducta humana son casi infinitas. Recuerdo haber leído en los diarios, hace ya varias décadas, sobre un hombre que contrató a un criminal tras otro para que lo asesinaran en el desierto. (Los criminales no eran tontos; se fugaban con el dinero y dejaban la tarea sin hacer.) Pero ése fue un caso extremo. Sin embargo, miles de personas por año se exponen a la muerte de maneras más sutiles. Por lo general niegan tener tendencias suicidas, pero no engañan a los psiquiatras que los atienden. Un deseo intenso de morirse puede ser inconsciente.*

El suicidio y el asesinato también parecen estar culturalmente relacionados. Las culturas con un alto porcentaje de homicidios tienden a tener un bajo porcentaje de suicidios, y viceversa: las naciones con un porcentaje muy alto de suicidios, con algunas excepciones, tienden a tener una

---

*Quienes tengan interés en las ambigüedades del suicidio quizá quieran leer el libro editado por John Donnelly: *Suicide, Right or Wrong*, Contemporary Issues in Philosophy Series (Buffalo, Nueva York: Prometheus Books, 1990).

incidencia muy baja de homicidios. No digo que el suicidio y el asesinato sean dos caras de la misma moneda, pero sí que están relacionados.

¿Existen diferentes grados de justificación o de no justificación para el suicidio como los hay para el asesinato? No se trata de un asunto legal, pues el suicidio no está contra la ley, pero sí creo que algunos suicidios se justifican más que otros. Ya mencioné mis sentimientos diferentes con respecto al suicidio de Roger y al de Howard, y sugerí que si yo hubiese estado en el cuerpo de Roger, con su disforia intratable, es muy posible que también me hubiese ahorcado. Por otra parte, también sugerí que Howard se pegó un tiro, por lo menos en parte, para evitar venir a verme, y que su acción contuvo un elemento de cobardía. Aunque muchos psiquiatras considerarían que Howard era el más enfermo de los dos, creo que su evasión, no sólo de mí sino también de muchas otras cosas, era un escapismo. La evasión y el escapismo llegarán a ser de gran valor para comprender el fenómeno de la eutanasia.

El suicidio de Roger y Howard no fueron casos de eutanasia, y ésta —no el suicidio en general— es nuestro tema. Consideremos ahora un caso de suicidio que, si no fue eutanasia, estaba muy cerca de serlo.

Jason, un médico amigo de la familia, me contó la historia de Victoria. Jason afirma que no es raro oír de historias similares en su especialidad.

En muchos aspectos, Victoria era una mujer con mucho éxito. En su juventud, Arthur, su esposo, que era cuatro años menor que ella, había amasado una enorme cantidad de dinero. Ella había engendrado y criado tres hijas, a cada una de las cuales les fue bien por derecho propio. Hacia el final de su vida, Victoria tenía siete nietos jóvenes y sanos que pronto iban a darle bisnietos. Sin duda Victoria era toda una matriarca.

Pero su vida no era sencilla. A pesar de no haber recurrido a un tratamiento psiquiátrico, sufrió un período de dos años de depresión importante a los treinta años y otro a los cincuenta. Estas depresiones se debieron posiblemente a su relación algo distante con Arthur. En sus últimos años juntos, después de la jubilación de Arthur a los sesenta y cinco años, éste mantuvo la distancia con el alcohol. Pero la mayor parte del tiempo, Arthur mentalmente no estaba bien. Sus ausencias pudieron haberse debido al hecho de que Victoria era, por decirlo de una manera suave, un poco dominante.

La relación entre Victoria y sus hijas era ambivalente. Por un lado, éstas admiraban la gran dignidad de Victoria y apreciaban sus habilidades matriarcales, incluyendo la dedicación amorosa hacia sus hijas. Por otra parte, se resistían a los esfuerzos de su madre, a veces sutiles y otras no tanto, de controlarlas. Dentro de lo razonable, y a veces un poco más allá, a Victoria le gustaba controlar todo.

Por eso sufrió mucho cuando, a los setenta y nueve años, sufrió un ataque que le dejó el brazo derecho paralizado por completo. Durante un año Victoria pareció estar bien, pero después volvió a tener una depresión profunda. Se necesitan dos manos para vestirse, así que ahora tenía que depender de la mucama o de Arthur para vestirse y desvestirse. Este hecho de la vida le causaba una furiosa impotencia todos los días.

Como se sentía muy mal, Victoria pidió ayuda a mi amigo Jason. Éste reconoció su depresión y la derivó a un psiquiatra. Pero el psiquiatra no era digno rival de Victoria, pues ésta siguió acudiendo a Jason en busca de ayuda. Sin embargo, a los ochenta y un años fue a ver a varios médicos en busca de una solución mágica. Mientras tanto, acumuló un vasto número de medicamentos diferentes, muchos de ellos sedantes.

A los ochenta y dos años empezó a sobremedicarse. Por la mañana Arthur, o más probablemente la mucama, la encontraba en coma o semicoma. Llamaban a una o más de sus hijas, y con frecuencia a Jason. A veces, al tratar de explicar lo sucedido, Victoria parecía haberse vuelto senil. ¿Cómo iba a recordar qué pastilla había tomado, o cuántas, o por qué? En otras oportunidades sus hijas sospechaban que Victoria sólo fingía no recordar para tapar sus intentos de suicidio.

Cuando cumplió los ochenta y tres, las sobredosis de Victoria llegaron a tener una frecuencia semanal. Con su actitud estaba afectando seriamente las vidas de sus hijas. Éstas decidieron "intervenir" y tener una conversación con su amada madre. Le comunicaron que era evidente que ya no era capaz de controlar sus propios medicamentos. Para hacerlo y para ayudarla a bañarse y a vestirse, necesitaba la ayuda de enfermeras todo el día, que ellas estaban en condiciones de pagar. Victoria se opuso. Al hacerlo, volvió a surgir el tema del suicidio. ¿Y qué si tomaba una sobredosis fatal?, preguntó Victoria. A diferencia de ésta, una dama muy secular, sus hijas tenían cierta inclinación religiosa. No querían ver morir a su madre antes de tiempo, le dijeron, y le ofrecieron ciertas razones teológicas por las cuales el suicidio es considerado un anatema. La madre pareció comprender.

A los dos días de esta conversación, Victoria despidió a las tres primeras enfermeras que sus hijas contrataron para cuidarla. Otra intervención fue necesaria. A pesar de que se preocupaban por sus problemas, le informaron sus hijas, le rescindían el derecho a despedir a las enfermeras. Victoria se puso furiosa.

—Bien podrían meterme en un hogar para ancianos —arguyó.

Pero sus hijas respondieron que se hacían cargo de todo justamente porque no querían internarla.

Después de ese episodio no hubo más sobredosis ni despidos. Victoria parecía vencida y casi aturdida. Tres semanas después pareció experimentar una leve mejoría. Sin embargo, al mismo tiempo y poco a poco dejó de comer. Delgada como una vara y poco propensa a la comida desde su ataque, Victoria sostenía que no tenía apetito. Se puso cada vez más débil. Sus hijas sospecharon que deliberadamente se estaba matando de hambre, pero Victoria se rehusaba a hablar de ello.

Cuando Victoria estaba a punto de morirse de inanición, llamaron a Jason. Éste entró solo en la habitación de la anciana. Victoria estaba alerta. La conversación fue muy breve.

—Va a morirse si no se alimenta —le dijo Jason.

Ella lo miró con agudeza.

—Diste en el clavo —respondió—. Y es mi elección.

De regreso en el comedor con sus hijas, Jason narró la conversación. Decidieron aceptar su elección. Cuarenta y ocho horas después, luego de un estado semicomatoso, como si estuviera teniendo pesadillas, Victoria falleció. Sus hijas no soportaron mirarla. Cuando todo terminó, bebieron a su salud por la fina dama que había muerto tal como había vivido: en control.

La muerte de Victoria no puede ser considerada un caso de eutanasia por varias razones. Ella no sufría una enfermedad fatal ni trataba de evitar el proceso físico real de la muerte. Tenía un trastorno psiquiátrico bien definido: depresión. De hecho, uno de los síntomas comunes de la depresión es la falta de apetito, y éste pudo haber tenido algo que ver con su elección de muerte. Sería razonable considerar su muerte como un suicidio y dejarlo ahí.

Tampoco fue un caso de suicidio asistido. Pero aquí las cosas empiezan a hacerse confusas. Excepto cuando el suicidio es asistido, como ocurre en algunos casos de eutanasia, la respuesta común tanto de los parientes como de los médicos es hacer todo lo posible para prevenirlo. Sin embargo en este caso, Jason —el médico— y las hijas de Victoria decidieron no impedirlo. ¿Por qué semejante negligencia? Aunque el suicidio no se define como delito, ayudar a llevarlo a cabo por lo general sí lo es. ¿E ignorarlo? ¿Jason y las hijas de Victoria fueron culpables de negligencia criminal?

No lo creo. No pienso que haya habido nada criminal en su deliberada pasividad. Estaban en un aprieto. A mi entender, hubiese sido más criminal ejercitar la medida heroica de alimentar a la fuerza a una paciente de ochenta y tres años con depresión crónica, quien tenía la firme determinación de morir apenas pudiera. En cierto modo, permitieron que Victoria tirara de su propio enchufe.

En todo caso, las categorías de la vida —como en la diferencia entre asesinato y suicidio— no son siempre tan claras como nos gustaría. Aquí nos encontramos en una tierra imaginaria entre la eutanasia clásica y el suicidio clásico. De hecho, es debido a que el caso de Victoria demuestra varias características clásicas de la eutanasia que lo discutiremos con mayor profundidad.

Uno de los rasgos que este caso ilustra es la firme determinación que tienen algunas personas de suicidarse. Aunque no es el peor modo de morirse y, como lo sugirió Jason, no del todo insólito, la muerte por inanición es lenta. A Victoria le llevó más de tres semanas. En todo ese lapso su intención nunca flaqueó.

Semejante determinación no debe ser ignorada. A riesgo de poner un ejemplo horrendo, he oído a través de mis colegas de dos personas quienes, debido a sus tendencias suicidas, estaban en un pabellón cerrado de un hospital psiquiátrico y sin embargo consiguieron suicidarse con brutal rapidez. El primero, un hombre joven, simplemente agachó la cabeza, corrió hasta el otro extremo del pabellón y se estrelló contra la pared. La otra, una mujer de mediana edad, estaba jugando bridge cierta tarde con otros dos pacientes y una enfermera. Cuando le tocó el turno de hacer de muerto, con tranquilidad se disculpó y dijo que necesitaba ir al baño. Como no regresaba, la enfermera fue al baño a buscarla. Encontró a la paciente muerta en una de las cabinas. En la autopsia se descubrió que la mujer se había asfixiado metiéndose papel higiénico en la garganta.

La moraleja es que no todos los suicidios pueden prevenirse. La eutanasia nació mucho antes de que existiera la Sociedad Hemlock para alentarla y continuará existiendo mucho después de que ésta desaparezca. Prevenir todos los casos de eutanasia no sería un motivo realista de este libro. A pesar de que estamos a favor de la elección con respecto al aborto, mi esposa y yo contribuimos con una organización llamada Birthright (en inglés, "el derecho a nacer"). El objetivo de Birthright no es condenar a quien decide provocar un aborto sino brindar apoyo a las mujeres que eligen no abortar. Nos hemos unido a la organización porque creemos en las opciones. Lo mismo sucede con este libro. No es para condenar a quienes optan por la eutanasia ni a quienes la asisten, sino para alentar la opción de una muerte natural.

Muerte natural

Al igual que el "asesinato" y el "suicidio", la "muerte natural" no siempre es fácil de definir. Mencioné a varias personas que una y otra vez se expusieron al peligro de ser asesinadas. El hecho es que existe una variedad infinita de estilos de vida autodestructivos. Permítanme utilizar mi caso como ejemplo.

Aprendí a inhalar el humo del cigarrillo a los trece años, y desde entonces fumo un atado de cigarrillos por día, ya hace cuarenta y siete años. Traté de abandonar el hábito varias veces sin éxito, y no tengo intención de volver a intentarlo. Espero nunca tener que hacerlo, pues disfruto muchísimo al fumar.

Aunque no soy adicto al alcohol como lo soy a la nicotina, estoy muy habituado a él. Salvo raras excepciones, bebo bastante todas las noches. También lo disfruto mucho.

Los efectos negativos producidos por el uso crónico de estas drogas sobre mi cuerpo son bastante evidentes. Soy viejo para mis sesenta años. Sin temor a equivocarme podría agregar que sufro de otras enfermedades crónicas, entre ellas glaucoma y degeneración de disco, que probablemente no estén relacionadas con mis malos hábitos.*

De todos modos, si muero antes de lo previsto por alguna razón directa o indirectamente relacionada con mi uso de drogas, ¿será una muerte natural? ¿O podría considerarse suicidio? Ya que estoy adelantando mi muerte a través del uso de alcohol y cigarrillos, ¿estoy practicando la eutanasia en mi persona?

Antes de responder a estas preguntas es necesario considerar algunos hechos de la vida. Al hacerlo puede parecer que me estoy justificando, lo cual es parte del riesgo de utilizarme como ejemplo. Pero para mí es necesario ser consciente de mis limitaciones.

En primer lugar, la vida no es solamente difícil; está llena de tensiones. El alcohol y los cigarrillos, además del sueño, han sido mi medio de controlar la tensión. Son mis muletas. Al referirse a mi hábito de fumar, con frecuencia algún participante de una conferencia me preguntaba: "¿Cómo puede usted, como psiquiatra, usar una muleta?"

Por lo general lo miraba a los ojos y le respondía:

—A veces es mejor caminar con una muleta que no caminar.

Todos nosotros caminamos con alguna herida.

A veces profundizaba más en la naturaleza de las adicciones y hablaba sobre otras adicciones no relacionadas con las drogas. Algunas son relativamente benignas, como la adicción a lavarse las manos o a los juegos de computadora. Otras son mucho más destructivas que la adicción a las drogas, como la adicción al dinero, por ejemplo, o al poder, al control, a la complacencia y a la religión. Cuando terminaba le preguntaba a mi audiencia: "¿Podrían levantar la mano todos aquellos que no tengan ninguna adicción?".

---

*Los que estén interesados en conocer más sobre mis malos hábitos pueden leer mi libro autobiográfico *In Search of Stones,* más específicamente el capítulo que trata sobre la adicción.

Nadie levantaba la mano.

La vida es estresante y nos desgasta, a cada uno de diferente manera. Aunque es imposible que todo el mundo se ponga en el lugar del otro, cuando por lo menos lo intentamos nos volvemos más educados y comprensivos. Y hay cosas que todos podemos entender.

De vez en cuando alguien de mi audiencia me pedía:

—Doctor Peck, ¿podría darnos otro ejemplo de gracia?

—Sí —respondía yo—. Todos llegamos al momento de la muerte. No sé usted, pero yo estoy bastante cansado. No tanto como para renunciar, pero si pensara que todavía tengo que vivir otros trescientos o cuatrocientos años, probablemente querría morirme más temprano que tarde.

Todo el mundo pareció entender.

En sus últimos años de vida, Freud creía que casi toda la conducta humana podía reducirse a dos fuerzas opuestas: Eros y Thanatos.

Con Eros, así llamado por el dios griego del amor erótico, Freud no se refería sólo al sexo, ni tampoco solamente al amor. Se refería a todo lo que involucra la necesidad de vivir y crecer: lo que el filósofo Henri Bergson llamó el *élan* vital, o fuerza de la vida. Esta fuerza no es meramente psicológica; está plantada en cada célula de nuestros cuerpos. Por esa razón no es fácil morirse; cada una de nuestras células se opone a esa necesidad. Eros tampoco se limita a los seres humanos, ni siquiera al reino animal. Es aquello que el gran poeta galés Dylan Thomas llamó "La fuerza que a través del verde tallo da vida a la flor".

Y con Thanatos, llamado así por la personificación griega de la muerte, del que también deriva la palabra "eutanasia", Freud se refería a mucho más que el deseo encubierto de morir, como el que motiva a los suicidas evidentes. También incluía mis adicciones y las suyas propias. Y todavía más. Se refería a todas las neurosis y trastornos de la conducta. De hecho, llegó a este concepto a través de su estudio de las neurosis, al preguntarse por qué los neuróticos elegían vivir de manera tan estrecha y contraproducente. En última instancia se refería a todo lo que en nosotros busca evitar la vida, la realidad y el sufrimiento existencial inherente a la vida.

Dylan Thomas nos regaló no sólo esa hermosa descripción de la fuerza vital sino quizá la exhortación más elocuente contra la muerte que jamás haya sido escrita. Al contemplar la enfermedad fatal de su padre, escribió: "No te marches dócil a esa buena noche; ...Lucha, lucha contra la luz que se apaga". Sin embargo, el mismo hombre que puso en papel esos versos inmortales, pocos años después moría a raíz de su alcoholismo, a los treinta y nueve años. ¿Qué sucedió? ¿Acaso Dylan Thomas era un terrible hipócrita?

No lo creo. No tengo razones para creer que estuviera más inclinado a la hipocresía que todos nosotros. Pero lo que sí sé de Dylan Thomas es que era una de esas personas extraordinarias de las que a veces decimos que es "más grande que la vida". Era un gigante. En su interior Eros era gigante. Y también Thanatos. Si parecía hablar de los dos lados de su boca, no era hipocresía en el sentido ordinario de la palabra, sino la realidad de un hombre en cuyo pecho el titánico deseo de morir se batía continuamente con el deseo de vivir, igualmente titánico. O podemos considerarlo un hombre poseído por Eros. Un hombre consumido por Eros. Quizá no tanto un hombre que murió antes de su tiempo sino uno que simplemente vivió más en sus años que la mayoría de nosotros.

Lo que quiero decir es que la muerte temprana causada por un determinado estilo de vida —uno que puede ser dictado más por el resultado de la biología y otros factores que por elección psicológica— no debería ser considerada una muerte no natural. Pero por lo general lo es. Lo cual me trae a mi queja favorita: el culto a la longevidad.

El culto a la longevidad en nuestra cultura constituye otro elemento que es necesario incluir en la compleja ecuación del debate sobre la eutanasia. Es una pesada carga para muchas personas, quienes se sienten innecesariamente inmorales, como si la muerte antes de los ochenta años fuera una traición de su parte. El mensaje es el siguiente: "No *debes* morir". Supongo que, naturalmente, la carga de este culto es mayor para nuestros ídolos culturales y para los famosos. Esto último me resultó muy claro con la muerte, en agosto de 1995, de Jerry García, el famoso guitarrista principal de una famosa banda de rock, que irónicamente se llamaba Grateful Dead (Muertos Agradecidos, en inglés). Este personaje murió a los cincuenta y tres años en un centro para el tratamiento de la drogadicción.

Quizá la repercusión que los medios le dieron a su muerte me pareció excesiva pues yo no era fanático de él. Apenas conocía a Jerry García. Pero su fama era tal que no podía evitar leer los numerosos artículos que en esa época salieron en los diarios. Todo el mundo lamentaba su muerte. Y todo el mundo aseguraba —sin mayores evidencias— que su muerte se había debido únicamente al abuso de drogas. En ningún lado lo decía, pero el mensaje que yo recibía era: "No debiste habernos desilusionado así, Jerry".

Sin embargo, el culto a la longevidad también puede resultar una carga para los no tan famosos, y es perpetrado no sólo por los medios de comunicación y el público, sino también por médicos, familias y amigos.

Simone era una gran dama. Su esposo había sido un famoso hombre de letras, y había pasado la mayor parte de su vida entre los círculos intelectuales más altos de la ciudad de Nueva York. Sin embargo, cuando la conocí hacía tiempo que era viuda y vivía tranquilamente en el campo. Era una mujer brillante e iconoclasta, cuya compañía mi esposa y yo disfrutábamos mucho. Aunque nuestra relación era principalmente social, de vez en cuando Simone me enviaba a jóvenes deprimidos para que los atendiera. Por lo general esos pacientes eran pobres, y ella les pagaba las consultas. Sin embargo, no dejaba de regatearme los honorarios o de indicarme con cierta altivez cómo creía que el paciente debía ser tratado.

Me sorprendió cierto día cuando me telefoneó para pedir una cita para ella. Cuando llegó a mi consultorio, fue directo al grano.

—Mi médico me dice que tengo enfisema —explicó—. Dice que tengo que dejar de fumar. Pero no quiero dejar. Pero me está haciendo sentir muy *culpable*. Así que quise averiguar qué pensabas tú.

—Simone, no estoy seguro de ser la persona más objetiva para hablar de esto —le respondí—. Sabes bien que soy fumador. Por eso puedo entenderte, pero también hace que mi opinión sea muy subjetiva.

—Deja la subjetividad de lado —me espetó—. Para eso te han entrenado. Y no, no he venido a verte porque fumas, sino porque no eres sólo un técnico como mi médico y porque eres uno de esos raros psiquiatras con los que se puede hablar sobre Dios.

—Háblame sobre el enfisema —dije.

—No hay mucho para contar. Dice que los rayos X indican que tengo los pulmones hiperinflados, y que el pecho suena a hueco cuando lo toca. Dice que fumar es lo peor que puedo hacer, que voy a matarme, y que el enfisema es una manera terrible de morirse.

—No sé si fumar es lo peor que puedes hacerte —comenté— pero tu médico tiene razón: es lo peor para el enfisema y el enfisema es una manera fea de morirse. ¿Cada cuánto te quedas sin aliento?

—Eso no me ocurre —respondió—. Tengo una tos crónica, pero no me falta el aliento en absoluto. Tres veces por semana llevo al perro a subir la montaña que está detrás de mi casa.

Yo sabía que esa montaña era bastante empinada.

—¿Sabe tu médico cuánto tiempo pasará antes que empieces a quedarte sin aliento?

—No. Le pregunté, pero me dijo que no podía predecir ese tipo de cosas.

—Si llegaras a tener problemas reales para respirar —pregunté—, ¿crees que dejarías de fumar?

Simone me miró con agudeza.

—No estoy segura.

—¿Dijiste algo sobre Dios? —insinué.

—Me importa un bledo lo que piense ese doctorcito sobre mi hábito de fumar, pero me preocupa lo que Dios piense.

—Continúa —la animé.

—Tengo sesenta y siete años. He tenido una vida plena y afortunada. No deseo volver a casarme. Mis hijos son adultos y les va muy bien solos. No somos muy compañeros, pero me he acostumbrado a ello. No estoy deprimida. Eso puedes verlo por ti mismo, pero ya no hay nada que me interese mucho. Francamente, si me muriera mañana no me importaría. Pero quiero que sea Dios quien decida cuándo debo morir. Por eso me siento culpable. Si sigo fumando, ¿lo estoy dejando en manos de Dios? No me importa ese asunto de "profanar el templo del cuerpo". Eso no me preocupa. Sabes que nunca he sido ese tipo de cristiana. Pero me siento culpable de que quizá Dios quiere que tenga una vida larga, y si continúo fumando lo estaré engañando. Sin embargo, me encanta fumar. ¿Estoy traicionando a Dios porque no me importa cuánto tiempo vivo? Ya te lo dije. ¿Qué opinas?

—No conozco la mente de Dios, Simone.

—Por supuesto que no. ¿Pero que opinas tú?

—*Opino* que Dios es feliz cuando alguien ha tenido una vida plena. Pero no creo que le preocupe cuánto tiempo vives. Y creo que Él va a recibirte como a una reina cuando te llegue el momento de morir.

—Gracias —dijo Simone—. Eso es lo que yo creo. Pero es bueno escucharlo de otra persona.

Seguimos conversando unos minutos sobre varios amigos comunes y después se fue.

Simone siguió fumando y trepando la montaña detrás de su casa. Casi dos años después del día de nuestra charla, a la edad de sesenta y nueve, se desvaneció de repente mientras hablaba con su ama de llaves de turno. Había sufrido un infarto masivo; murió a los pocos minutos. No existe evidencia de que el infarto haya tenido nada que ver con su enfisema, y dado que su presión sanguínea era normal, tampoco hay razón para creer que se debió a su hábito de fumar.

Eros y Thanatos... coexisten.

Al igual que Simone, sigo fumando porque soy adicto, porque lo disfruto, porque he tenido una vida plena, y —aquí aparece el deseo de morir— porque no tengo ambición de tener una vida larga. Sin embargo, así como Simone subía la montaña que había detrás de su casa, yo también todas las mañanas hago veinte minutos de fuertes ejercicios para la espalda. *Odio* esos ejercicios. Son un poco dolorosos y terriblemente aburridos. No obstante, los hago fielmente porque sé que, de lo contrario, mi columna se quedará rígida y por lo tanto moriré. Así que también tengo el deseo de vivir. Sin embargo, debo admitir que algunas mañanas no me resulta muy claro si esa fidelidad representa un gran deseo de vivir o un profundo terror a la muerte. Pero quizá todo es lo mismo. Y aunque a veces espero poder morirme como Simone, otros días, por algunas razones que pronto voy a discutir, espero tener una muerte mucho más lejana.

Un último comentario sobre el modo en que el culto a la longevidad puede resultar una carga se relaciona con la vejez pero no necesariamente con la muerte.

El aspecto más excitante, divertido, agradable y creativo de mi vida en los últimos cuatro años ha sido la aventura de pasar lo más rápido posible a por lo menos un semirreti-

ro. Esto ha implicado, entre otras cosas, abandonar el circuito de conferencias. Aunque no soy una figura pública como Jerry García, gracias a Dios, decenas de personas estos últimos años me han dicho: "¡Pero *no puede* retirarse!".
Dios, deja ir a tu gente.

Finalmente, una definición

La Sociedad de Eutanasia de Norteamérica, fundada en 1938, definió la eutanasia como "la terminación de la vida humana por medios indoloros con el propósito de dar fin al sufrimiento físico severo".
Se trata de una definición totalmente inadecuada. La definición de la Sociedad no distingue entre la voluntad de la persona cuya vida es finalizada y aquella del perpetrador. No aclara si el sufrimiento físico severo es temporario o crónico, tratable o intratable. No especifica si la enfermedad es terminal o no. Ignora el tema de tirar del enchufe en aquellos casos donde el paciente se encuentra inconsciente y por lo tanto, presumiblemente, no siente dolor físico. Pero, por supuesto, no incluye los casos que maneja el doctor Kevorkian y otros, que también esgrimen la bandera de la eutanasia, donde la finalización del sufrimiento físico severo no es el tema central.
No pretendo ser un erudito riguroso en el tema. No me esforcé por leer toda la literatura que hay acerca de él. Sin embargo, lo que sí leí tampoco realiza esas distinciones críticas. Por ejemplo, hay un libro: *Euthanasia: The Moral Issues,** que aunque fue publicado en 1989 ni siquiera intenta una definición. Se limita a incluir las opiniones divergentes de abogados, médicos y otras personas que pretenden ser entendidas en ética en una gran variedad de

---

*Robert M. Barid y Stuart E. Rosenbaum, editores, *Contemporary Issues in Philosophy Series* (Buffalo, Nueva York; Prometheus Books, 1989).

temas, desde el aborto hasta tirar del enchufe, desde el suicidio hasta el asesinato, sin muchos detalles. Todo es muy confuso. No es mi intención impugnar el rigor intelectual de ningún erudito. Pero la sociedad —con sus costumbres y su tecnología— está cambiando rápidamente. Temas que hace una o dos décadas eran de gran preocupación ya han sido resueltos en su mayor parte, y han surgido nuevos problemas. Ciertos artículos eruditos de reciente aparición ya son obsoletos. Mientras tanto, el tema de la eutanasia se está convirtiendo en un asunto cada vez más candente. Al mismo tiempo, dicho debate resulta virtualmente incoherente. No existe modo de que sea coherente sin una definición adecuada. Y cuanto más específica la definición, más coherente será el debate. Ha llegado el momento de emitir una definición lo más específica posible si es que queremos tener algún sentido de perspectiva. Por lo tanto, propongo la siguiente definición, deliberadamente concisa:

Se denomina eutanasia verdadera el acto de suicidio, asistido o no, con el objeto predominante de evitar el sufrimiento emotivo existencial inherente a la muerte física a raíz de una enfermedad fatal en sus etapas relativamente terminales.

No obstante, nada es tan claro como me gustaría expresarlo. Antes, en este capítulo narré la historia de Victoria, quien se murió de inanición en su vejez, como ejemplo de caso que se encuentra en un mundo imaginario entre la eutanasia y otros tipos de suicidio. Con el correr de los años sospecho que este mundo imaginario va a recibir cada vez más atención. En consecuencia, creo que merece una categoría propia, que yo llamaría *cuasi eutanasia* —"cuasi" significa "parecido a"— para distinguirla de la eutanasia verdadera, pese a las múltiples similaridades entre las dos. He aquí mi definición de esta segunda categoría:

Se denomina cuasi eutanasia el acto de suicidio, asistido o no, con el objeto predominante de evitar el sufrimiento emotivo existencial inherente a una vejez debilitante o a una enfermedad crónicamente debilitante para la cual no existe esperanza ni cura.

Sospecho que el debate sobre la eutanasia continuará generando más calor que luz hasta que la sociedad aprenda a limitar el uso de la palabra "eutanasia" a las dos categorías específicas antes definidas, y a excluir todos los demás temas, no por carecer de importancia sino porque merecen ser discutidos por propio derecho. Eso significa dejar de lado muchos temas. El aborto y la pena capital serían excluidos. Como ya indiqué, deben ser tema de debates separados por derecho propio. También deberían excluirse todas las cuestiones referidas al empleo o no de medidas médicas heroicas para prolongar la vida. Según señalé, estas cuestiones ya no son tema de debate nacional. Hace veinte o treinta años lo eran. Cuando el tema de tirar del enchufe era impropio, y por lo tanto no podían tomarse decisiones al respecto. Pero como ya indiqué, el clima ha cambiado. En realidad, agradezco al movimiento de la eutanasia por el papel que desempeñó al ayudar a cambiarlo. Sin embargo, debido a su éxito, ya no se trata de un tema de eutanasia; tirar del enchufe y el momento de hacerlo es sólo una cuestión de buena práctica médica.

El tema del dolor físico también sería excluido. Tampoco podría haber discutido sobre este punto hace una o dos décadas, y una vez más deseo expresar mi gratitud al movimiento de la eutanasia por el papel que desempeñó al alentar el desarrollo del hospicio y el comienzo de un clima cambiante con respecto al alivio del dolor físico. No quiero insinuar que la labor esté terminada. Todavía es necesa-

143

rio convocar la atención nacional a fin de combatir la persistente frecuencia del modo inadecuado con que algunos médicos tratan el dolor. Pero la respuesta al dolor físico no es la eutanasia, sino la educación del médico, de la enfermera y del paciente hasta que el alivio físico adecuado del dolor se convierta en un derecho adquirido del paciente. La denominada muerte piadosa sería excluida por todas las razones ya expuestas.

Finalmente, toda forma de suicidio se excluye excepto aquellos casos donde una enfermedad física debilitante o terminal no sólo está presente sino que también constituye la principal circunstancia motivadora. Como ya veremos, en un cierto nivel el suicidio es suicidio, y el acto de la eutanasia, según se definió, comparte por lo menos una dinámica con la mayor parte de otras formas de suicidio. Pero la eutanasia también tiene su propia dinámica, y juntarla con otras variedades de suicidio sólo logrará confundir los temas.*

Suponiendo que el lector pueda aceptar mis definiciones algo precisas sobre la eutanasia verdadera y la cuasi eutanasia, junto con todo lo que éstas excluyen, creo que hemos llegado a un punto donde podemos considerar el debate de la eutanasia en su correcta perspectiva actualizada (1997). Eso no significa que no habrá debate. Sin embargo, lo que sí significa es que los puntos de debate son pocos y claros, casi evidentes. Veremos que, en esencia, son sólo dos temas: el *significado* de la vida y de la muerte. Veremos que estos dos puntos están íntimamente relacionados. Más aún, veremos que cada uno está sujeto a dos campos de cuestionamiento, que por varios siglos se han considerado por separado: la teología y la psicología. Sin embargo, di-

*Por ejemplo, aunque el público en general identifica la Sociedad Hemlock con la eutanasia, a veces no resulta claro si tal vez no alienta también otras clases de suicidio. Resulta sugerente el hecho de que dos de sus miembros fundadores se suicidaron. De esos dos, uno de ellos no tenía ninguna enfermedad física y el otro sufría de un cáncer en sus primeras etapas, y no se demostró que fuera terminal ni debilitador.

cha separación resulta engañosa. Ya he hablado de que el sufrimiento existencial y emotivo es psicoespiritual. No espero terminar con todo el debate. No espero que los lectores acepten mis opiniones sin discutir, pero sí les pido que traten de pensar al nivel de la teología y de la psicología, y que intenten integrar ambas.

PARTE II

SIMPLICIDAD IMPLÍCITA

Perspectivas espirituales

Capítulo 5

SECULARISMO

En la Introducción estimé que el comienzo de mi inquietud acerca de la eutanasia se remontaba al pacto suicida del doctor Van Dusen y su esposa en 1975. Fue uno de los casos que definí como de cuasi eutanasia. Los Van Dusen no eran enfermos terminales. Sin embargo, sufrían de debilitación crónica en la vejez. El doctor Van Dusen, de sesenta y nueve años, sufrió una apoplejía que afectó gravemente su capacidad para hablar, achaque particularmente grande para un pastor renombrado que amaba el púlpito. Su esposa, una mujer de ochenta años, durante años sufrió de artritis deformante y dolorosa. Ambos eran miembros públicos de la Sociedad de la Eutanasia en Norteamérica, y según sus cartas finales a amigos y parientes, pretendían que sus muertes representaran una declaración pública así como un alivio de su sufrimiento personal.

De haber conocido estos hechos en esa época, no me habría sorprendido tanto. Pero por el contrario, lo único que sabía era que el doctor Van Dusen era un famoso teólogo cristiano y liberal. Mi sorpresa se debió por completo a su identidad religiosa. Sin entender del todo por qué, sentía que había algo profundamente incompatible entre la profesión de una creencia religiosa y la defensa de la eutanasia.

Me habría mostrado menos sorprendido si en ese entonces hubiera comprendido la naturaleza del secularismo.

* * *

Sucedió que la siguiente década fue de intenso desarrollo espiritual y religioso para mí. En 1985 ya era entendido en el tema de la espiritualidad... y en la naturaleza del secularismo. Hacia fines de esa década recibí el único pedido de mi vida para asistir a una persona en cuanto a eutanasia. Se trataba de un conocido mío que era, créase o no, pastor protestante. Todavía no era anciano y gozaba de una gran salud física. Tampoco estaba deprimido en absoluto. Me pidió que le prescribiera —posiblemente también para su esposa— una gran provisión de potentes píldoras para dormir. Fue muy franco al respecto:

—No tengo problemas para dormir —me explicó—. Quiero las píldoras en caso de enfermarme de gravedad. Creo que es bueno planificar estas cosas, y quiero tener una provisión de píldoras a mano, por mi bien y el de mi familia, así no tendré una muerte prolongada ni complicada.

Rechacé su pedido, y le expliqué con sencillez que satisfacerlo iba en contra de mis creencias. No ofrecí más detalles ni tampoco él me pidió que lo hiciera, y allí terminó todo.

Habíamos trabajado juntos en varias áreas de medicina, y lo conocía bien, pero no consideraba que fuéramos amigos. A pesar de ser un hombre afectuoso, de quien yo admiraba la constancia y fidelidad hacia sus feligreses, ideológicamente estábamos a kilómetros de distancia. En especial, pese a su identidad profesional como ministro, era una de las personas más seculares que jamás conocí. No detallé mis creencias ni intenté disuadirlo de la eutanasia pues lo único que iba a lograr era que se ofendiera por mi sermón.

Esta breve historia tiene muchas moralejas. La más grande es que la eutanasia, tal como la definí, es un fenómeno profundamente secular. Ya volveremos sobre este punto.

Una de las moralejas menores es que no existe necesariamente una concordancia entre el secularismo y la identidad religiosa. Los profesionales religiosos —como mi conocido, algunos otros que conozco y posiblemente como los Van Dusen— pueden ser seculares hasta la médula. Por el contrario, muchas personas que no son religiosas en absoluto pueden ser las más espirituales. No me entiendan mal. No estoy diciendo que los religiosos son todos unos hipócritas y que quienes aparentan ser seculares son religiosos disfrazados. Lo que quiero decir es que una identidad religiosa o secular superficial es simplemente eso: superficial. La realidad de la persona puede o no coincidir con la identidad superficial.

El secularismo es un sistema complejo de creencias o hipótesis, cuya definición es quizá más sencilla si se la compara con su opuesto. Es lo que hizo con tanta claridad el teólogo Michael Novak al distinguir entre lo que llamaba conciencia sagrada y conciencia secular.*

El individuo con conciencia secular en esencia cree que es el centro del universo. Estas personas suelen ser muy inteligentes. Saben perfectamente bien que son sólo uno de seis billones de seres humanos tratando de sobrevivir en la superficie de un planeta mediano que es un diminuto componente de un pequeño sistema solar dentro de una galaxia entre muchas otras... y que cada ser humano cree que *él* es el centro del universo. En consecuencia, por más inteligentes que sean, las personas con conciencia secular tienden a sentirse un poco perdidas dentro de semejante inmensidad, y pese a su imaginada posición céntrica, a menudo se sienten disminuidas o insignificantes.

La persona con conciencia sagrada, por el contrario, no se cree el centro del universo. Para ella el centro reside en otra parte, más específicamente en Dios, en lo sagrado. Sin embargo, debido a su falta de posición céntrica, es menos

*Ascent of the Mountain, Flight of the Dove, ed. rev. (Nueva York, Harper & Row, 1978). He utilizado esta distinción en varios de mis libros.

probable que se sienta insignificante o diminuida como la persona secular. Esto se debe a que considera su existencia a base de su relación con el Ser Sagrado, y su importancia y consecuencia son producto de esa relación. Pero apartémonos de los conceptos extremistas, que suelen conducirnos a la condenación. Ambos tipos de conciencia tienen variedades "híbridas" y de "pura raza". El común de las personas está en medio de ambas, con un pie en la conciencia sagrada y el otro en la secular. Más aún, existen diferentes tipos de secularismo y religiosidad. Más específicamente, es necesario que comprendamos el secularismo en el contexto de las etapas del desarrollo religioso o espiritual. He escrito sobre cuatro de estas etapas.* En forma muy resumida son las siguientes:

- Etapa I, que denomino Caótica, Antisocial. En esta etapa más primitiva la gente puede aparecer religiosa o secular, pero de cualquier modo, su sistema de creencias es profundamente superficial. Puede considerarse una etapa de anarquía.
- Etapa II, que denomino Formal, Institucional. Se trata de una etapa de letra de la ley, en la cual se encuentran los religiosos fundamentalistas (es decir, la mayoría de las personas religiosas).
- Etapa III, que denomino Escéptica, Individualista. Aquí se sitúa la mayoría de los librepensadores. Las personas pertenecientes a esta etapa por lo general son científicas, racionales, morales y humanas. Sus opiniones son predominantemente materialistas. Tienden a ser no sólo escépticas de lo espiritual sino también desinteresadas hacia cualquier cosa que no pueda probarse.

*La persona más famosa que ha escrito sobre este tema es el profesor James W. Fowler, en la Candler School of Theology de la Emory University, autor de, entre otras obras, *Stages of Faith: The Psychology of Human Development and the Quest for Meaning* (San Francisco, Harper, 1981). Jim habla de seis etapas, las cuales he condensado en cuatro por una cuestión de simplicidad; sin embargo, básicamente expresamos lo mismo.

- Etapa IV, que he denominado Mística, Comunal. En esta etapa más madura del desarrollo religioso, que puede considerarse como del espíritu de la ley, los hombres y las mujeres son racionales, pero no convierten la racionalidad en fetiche. Han comenzado a dudar de sus propias dudas. Se sienten profundamente conectados a un orden invisible del universo, aunque no pueden definirlo por completo. Se sienten a gusto con el misterio de lo sagrado.*

Una vez más debo advertir que estas etapas no deben ser consideradas de manera simplista. En forma superficial mucha gente parece estar en una etapa más avanzada de lo que en realidad está. Por ejemplo, un número considerable de científicos y miembros de la Nueva Era son básicamente fundamentalistas, mientras que algunos evangélicos son místicos de Etapa IV. Más aún, existen no sólo gradaciones dentro de cada etapa sino también gente que está en transición de una etapa a la otra. Y mientras que algunos se están desarrollando otros, por diversas razones, se encuentran empantanados o fijos en una etapa en particular.

No obstante, las etapas son, en esencia, de desarrollo. Esto significa, entre otras cosas, que los librepensadores de Etapa III en realidad tienen mayor desarrollo espiritual que la mayoría de las personas religiosas. Muchos pertenecientes a la Etapa II critican a los humanistas seculares, pero no les vendría mal ser más humanos.

Aun así, no se descarta la crítica del humanismo secular. El humanismo —la creencia de que el ser humano es precioso— es noble, pero el humanismo secular suele ser como una casa construida sobre la arena. Al no tener raíces

---

*He descripto estas etapas con mucha mayor profundidad en *The Different Drum* (Nueva York, Simon & Schuster, 1987) (*La nueva comunidad humana*, Buenos Aires, Emecé, 1991). Y, en menor medida, *en Further Along the Road Less Traveled* y en *The Road Less Traveled and Beyond*.

en la teología, el humanismo de la personas de Etapa III puede desaparecer con facilidad en épocas de angustia y tentación. El periodismo, por ejemplo, es una ocupación secular desproporcionada de Etapa III: Sus practicantes se consideran profundamente humanos. Sin embargo, no es extraño que el humanismo desaparezca en su ansiedad por conseguir una historia.

No es mi intención insinuar que los librepensadores estén más dispuestos a la hipocresía que los demás. Quizás el mayor pecado que existe es uno del que sólo la gente que se dice religiosa puede ser culpable: el de la blasfemia. La blasfemia no es el uso de lenguaje obsceno y procaz o el hecho de decir: "Maldita sea", como tanta gente piensa. Más bien es el uso de dulces palabras religiosas para ocultar una conducta irreligiosa. "Usar el nombre de Dios en vano" significa invocar a Dios en palabras mientras se lo niega en la acción. Es no poder siquiera intentar integrar el modo de vida con la teología que se proclama.

Tampoco quiero insinuar que las dos personas religiosas que mencioné, el doctor Van Dusen y mi conocido, hayan sido culpables de blasfemia. Recuerden que las etapas son de desarrollo. No es extraño que un joven de Etapa II ingrese en el ministerio sólo para pasar rápidamente a la Etapa III, donde comienza a dudar de la existencia misma de Dios. No es mi intención tapar los muchos problemas —así como las bendiciones— que estas etapas de desarrollo pueden producir. Sólo una de tales situaciones difíciles es la del ministro cuya tarea consiste en predicar todos los domingos por la mañana sobre una divinidad en la que ya no está seguro de creer.

El mayor problema causado por las etapas de desarrollo espiritual es que la persona en cada etapa cree que su opinión es superior. Esto se mitiga un poco en la Etapa IV, donde las personas han comenzado a vislumbrar toda su vida como un peregrinaje, donde se ven a sí mismos realizando un viaje espiritual con mucho camino por recorrer. No obstante, las personas de las Etapas I y III creen que lo

154

han *logrado*. Es más flagrante en el caso de los fundamentalistas religiosos de Etapa II, quienes sienten que tienen a Dios en el bolsillo, que la de ellos es toda la verdad y nada más que la verdad, y que esos pobres diablos que no opinan igual son paganos sin salvación.

Los librepensadores de Etapa III son más discretos, pero también creen tener la verdad. Menosprecian a los religiosos por considerarlos en esencia irracionales, por no decir primitivos. Con respecto al debate sobre la eutanasia, tal menosprecio de los demás no es el problema central, sino que opinan que no tienen más camino por evolucionar. No creen en el desarrollo del alma y, a diferencia de los religiosos, suelen no tener ningún sentido del alma.

Aunque el hombre me produce escalofríos, supongo que debo dar crédito al doctor Kevorkian más que a ningún otro por el comienzo de este libro. Casi por sí solo, en los últimos cinco años ha convertido el debate sobre la eutanasia —tal como la he definido— en un tema de interés nacional dentro de los Estados Unidos.

Sin embargo, él no me inspiró para escribir este libro. Lo que sí me inspiró es la respuesta del público a su conducta. Me sorprendió la cantidad de gente que lo admira. Me sorprendió más la gente, más numerosa, que no siente afecto por él pero que aprueba lo que hace para asistir los suicidios de gente enferma. Pero más me sorprendió la gran cantidad de norteamericanos que no consideran censurable el trabajo del doctor Kevorkian. Como comenté en la Introducción, el debate sobre la eutanasia en muchos sectores me ha parecido extrañamente desapasionado. Y fue esta falta de pasión —la aprobación vasta y tácita de la eutanasia— la que me alarmó.

El grado de apoyo, activo o pasivo, a la eutanasia en los Estados Unidos, habla de lo profundo del secularismo en nuestra sociedad. Como me he esforzado por señalar, el secularismo constituye un fenómeno comprensible y no alarmante por sí solo. Sin embargo, en lo que se refiere al tema de la eutanasia, me siento muy intranquilo. ¿Por qué? La razón, según creo, es la negación del alma humana. Y es esta falta de reconocimiento del alma la que me parece tan mala para nuestro futuro... a menos que podamos despertar.

Por supuesto, estoy sugiriendo que, por mi parte, estoy despierto. Pero no es un hecho del que me enorgullezca. No me *gané* el alma ni mi conciencia sobre ella. En cierto sentido, es algo que me sucedió.

He elegido escribir desde un punto de vista subjetivo y objetivo. En las páginas que siguen hablaré del alma humana como si fuera un teólogo. Sin embargo, no sé cómo hacer justicia al tema sin escribir también de manera personal. Además, existe una pequeña tradición dentro de la ciencia —la cual apoyo— según la cual el científico debe dejar de lado todo prejuicio antes de proceder a los hechos. Así que permítanme comenzar con lo personal, pero queda entendido que también de vez en cuando volveré a lo subjetivo y personal en mitad de mi discusión aparentemente más objetiva del alma y sus consecuencias para el significado de la existencia humana.

Por lo que recuerdo, siempre me sentí conectado a algo superior a mí. En toda mi niñez ese algo fue principalmente la belleza —y el poder— de la naturaleza. Amaba el viento y todo tipo de tormentas. Me encantaba mirar caer la nieve y oler la primera fragancia de la primavera en el aire. Me estremecían las olas rompiendo en la playa, las salinas y las montañas, los bosques y los valles en los días fríos de septiembre. Suponía que Dios estaba detrás de todo eso, latente en mi vida. Pero lo daba por sentado y le prestaba poca o ninguna atención a este asunto del alma.

Debido a que mis padres eran bastante adinerados tuve más acceso a la belleza de la naturaleza que la mayoría, y me he preguntado si mi comunión con la naturaleza no es producto de esa buena suerte. Sin embargo, en el transcurso de los años he conocido a gente muy pobre que en su niñez ha experimentado esa sensación por lo menos con tanta fuerza como yo. Por el contrario, también conocí a muchos nacidos en cuna de oro que nunca tuvieron esa sensibilidad.

Sea como fuere, a los trece años fui a Exeter, un prestigioso colegio de pupilos para varones. Mi hermano mayor, a quien tanto admiraba, también estaba en Exeter, era feliz y tenía éxito. No sólo mis padres estaban ansiosos porque yo asistiera a ese colegio; yo también quería ir para triunfar como mi hermano.

Pero fui infeliz desde el principio. Después de dos años y medio de lucha, renuncié. Mis padres estaban tan desilusionados —hasta diría horrorizados— que me enviaron a un psiquiatra. A mí me pareció bien, pues estaba deprimido. Me sentía un perdedor y un completo fracaso. Sin embargo, al año lo superé, y supe que el cambio de colegio fue positivo para mí.

Cuento esta historia, como lo he hecho en otras partes, porque marcó el comienzo del encuentro con mi alma. Metafóricamente, también pareció señalar el inicio de mi vida. Todo el mundo posee cierta sensación de sí mismo, de identidad. Este yo a veces se denomina "ego" y otras "yo". Pero en ese momento, poco a poco me fui dando cuenta de que tenía que haber algo más al respecto. Fui *yo* quien quiso ir a Exeter. Quería que mi *yo* triunfara allí. Sin duda no quería desilusionar a mis padres ni abandonar la escuela. Pero lo hice. Y si yo no quería renunciar, ¿entonces *quién* quería hacerlo?

La mayoría de los psiquiatras se limitaría a decir que mi ego estaba en conflicto. Otros dirían más específicamente que mi ego estaba en conflicto con mi verdadero yo, dando a entender que el yo es una entidad más grande y profunda que el ego. Esta última explicación puede ser factible, pero me pregunto: ¿qué es el verdadero yo? ¿Por qué no se define? ¿Podría ser el alma, y si lo es, entonces por qué no recibe ese nombre? ¿Y cuál podría ser la definición de alma?

Los psiquiatras seculares dirían que el verdadero yo —todo el yo— es un conglomerado de múltiples componentes psíquicos: el id, el ego y el superego; lo consciente y lo inconsciente, el carácter determinado genéticamente, y posiblemente más. ¡No es de sorprender que yo haya entrado en conflicto! ¡Con tantas partes diferentes! Estas partes son reales, y sin duda pueden estar en conflicto. Más aún, puede lograrse una psicoterapia efectiva utilizando este modelo conglomerado.

El problema era que en ese entonces no me sentía como un conglomerado caminante. Y por extraño que parezca, cuanto más crecía y más reconocía la realidad de estas partes diferentes en mí, menos me sentía como un conglomerado. Sentía que había algo todavía más profundo, muy importante, que de algún modo me volvía más grande. Había llegado a reconocer que tenía alma.

La palabra "alma" está en el vocabulario de un niño de segundo grado. Oímos hablar de "alimento para el alma" y "música para el alma". Decimos que determinadas personas "tienen alma". Mientras que el uso de la palabra puede ser más popular que exacto, el hecho está en que casi todo el mundo comprende el verdadero concepto. ¿Entonces por qué será que la palabra "alma" no se encuentra entre el léxico profesional de psiquiatras, trabajadores de la salud mental, estudiantes de psiquiatría y de los médicos en general?

Existen dos razones. La primera es que el concepto de Dios es inherente al concepto de alma, y la conversación sobre Dios se sale de los límites en estas profesiones relativamente seculares. Por más religiosos que sean estos profesionales en la vida privada, no harían nada que ofendiera a sus colegas seculares. Ni tampoco les gustaría perder el trabajo. El hecho es que hablar de Dios o del alma en las reuniones profesionales sería políticamente incorrecto.

La otra razón es que a estos profesionales les gusta el rigor intelectual, y el alma es un concepto que no puede definirse por completo. Sólo pueden definirse aquellas cosas que son más pequeñas que nosotros. Por ejemplo, en mi oficina tengo un calefactor eléctrico. Si fuera ingeniero eléctrico, podría desarmarlo y explicar exactamente cómo funciona. Podría definirlo con precisión, por así decirlo. A excepción de un punto. El calefactor está conectado por un enchufe a algo que se denomina electricidad, y existen ciertos aspectos de la electricidad, o de la energía, que ni siquiera el mejor físico nuclear puede explicar ni definir. Esto se debe a que, cuando llegamos a la electricidad, nos hemos metido en algo más grande que nosotros.

Muchas cosas son demasiado grandes para ser sometidas a una sola definición: el amor, la muerte, la oración, la conciencia, la luz, etcétera. No creo que sea casual el hecho de que todas esas cosas tengan alguna relación con Dios, el ser más grande, indefinible y misterioso.* Sin embargo, la imposibilidad de una definición adecuada no es el obstáculo principal. Los psiquiatras no tienen dificultad para incluir las palabras "luz", "amor" y "conciencia" en su vocabulario profesional. El problema principal con la "palabra alma" es su evidente conexión con Dios.

Las encuestas indican que la gran mayoría de los norteamericanos cree en Dios. El concepto de alma se encuentra en nuestro vocabulario cotidiano. Sin embargo, las palabras: "Dios" y "alma" no pueden ser mencionadas en reuniones de profesionales médicos, y los entendidos suelen considerar secular a nuestra sociedad. ¿Por qué?

En nuestra sociedad existen números considerables de librepensadores de Etapa III que ocupan posiciones de poder. Como ya advertí, tienden a dominar los medios. También dominan el campo de la psiquiatría. Pero no serían tan poderosos si no fuera por el hecho de que muchos de quienes supuestamente son religiosos no tienen una fe muy fuer-

---

*Ésta es la razón por la cual los musulmanes prohíben toda imagen de Dios, pues cualquier imagen representaría sólo un pedazo diminuto de la realidad completa, de ahí la profanación.

te. Muchos no aplican la ética religiosa a sus prácticas comerciales. Están tan obsesionados con el dinero y con acumular posesiones como quienes nunca van a la iglesia o a la sinagoga. Pueden atacar el aborto, pero han permitido que el sistema de educación pública se convierta en un vacío de valores, donde las materias son dictadas por una noción desalmada del conocimiento. El proverbial observador de Marte tendría gran dificultad para discernir entre quiénes son religiosos y quiénes no. La mayoría de los pertenecientes a ambos grupos parecen más materialistas que otra cosa. Si no fuera una contradicción, podría hablarse de "la religión secular".

La nuestra es, sin duda, una sociedad secular. Creo que la razón no está tanto en la fortaleza de nuestra minoría secular, sino en la debilidad de su mayoría religiosa. Nuestra religión está tan diluida que la mayoría de los religiosos se preocupan más por sus pequeñas y apasionadas disputas doctrinales que por su eficacia espiritual.

He sugerido que no son los librepensadores quienes me preocupan en relación con la difundida negación del alma, que da poder al movimiento de la eutanasia. Es la mayoría religiosa, que no toma su religión con seriedad. No es de sorprender que los librepensadores nieguen el alma. Sin embargo, existen dos clases de negación: una es el rechazo de algo en forma directa. La otra consiste en ignorarla: hablar de ella pero no lograr otorgarle credibilidad ni importancia. Lo que más me preocupa sobre el secularismo de nuestra sociedad es que, debido a que los religiosos no se toman en serio su religión, tampoco se toman en serio el alma. Simplemente no piensan en ella.

Comencemos por otorgarle la atención que merece.

Capítulo 6

EL CARÁCTER DE CRIATURAS
DE LOS SERES HUMANOS

El hecho de que muchas cosas no puedan definirse a la perfección no significa que no debamos hablar de ellas. O que para hablar bien de ellas no debamos intentar la mejor definición posible.* Por lo tanto, consciente de su insuficiencia, permítanme la audacia de ofrecerles la siguiente definición de alma:

El alma es un espíritu humano creado y alimentado por Dios, único, capaz de desarrollo e inmortal.

Me imagino que tal definición les parecerá tonta a la mayoría de los librepensadores. Mi mayor preocupación es que a algunas personas religiosas les resulte tan obvia que no merezca mayor consideración. La definición tiene cierta simplicidad, pero no es obvia. De hecho, la mayor parte de este capítulo será dedicada a su explicación, analizando cada uno de sus componentes en orden, con especial referencia a su importancia respecto del tema de la eutanasia.

*Por ejemplo, en *The Road Less Traveled* ofrecí una definición de "amor": la voluntad de extenderse a sí mismo con el fin de alimentar el crecimiento espiritual propio o de otra persona. Muchos parecen haber encontrado útil dicha definición, aunque desde el principio reconocí que no era adecuada y terminé hablando de todo lo que la definición no explicaba.

161

Creado por Dios

Por lo general nos referimos a todos los miembros del reino animal, incluyéndonos, como criaturas. Con dicho término queremos decir que somos creaciones. Que fuimos creados.

¿Por quién?

"Por nuestros padres", responderían los librepensadores de inmediato. ¿Cómo? Por medio de la cópula, en una cama, en el asiento trasero de un auto o en algún otro sitio, dentro de la institución del matrimonio o fuera de ella, con la intención o sin ella de crear un hijo. Más específicamente, por el padre en un momento de reflexiva excitación sexual, quien eyacula millones de espermatozoides en la vagina de la madre, uno de los cuales, por razones que no comprendemos en absoluto, logra introducirse en un óvulo que está disponible en ese preciso día del mes, estableciendo así una combinación genética que nunca antes existió en la Tierra y nunca volverá a existir.

Como creaciones puramente genéticas (con la posible rara excepción de los mellizos idénticos), cada uno de nosotros, los seres humanos, es único. También, cada uno es un accidente. Estamos acostumbrados a decir que un embarazo no previsto es "un accidente". Si la biología reproductiva es la única involucrada, el embarazo mejor planeado del mundo es sólo un poquito menos accidental que cualquier otro.

"Pero la biología reproductiva no es lo único", responderían de inmediato los librepensadores. "Además de la naturaleza está la crianza. Los padres también crean hijos a través del modo en que los crían." Hace veinte años que ejerzo la psicoterapia sobre la base de esa teoría, y le doy cierto crédito. Creo que existe la tendencia de "crear", a través de una buena crianza, niños mentalmente más sanos que otros. Y que una mala crianza tiene la tendencia de disminuir la salud mental de la progenie.

Pero sólo una tendencia. No existe una correspondencia exacta. Conozco santos que fueron criados en los hogares más abusivos, y criminales consumados cuyos padres los amaron heroica y genuinamente. Si tanto la naturaleza como la crianza están involucradas en la creación de la personalidad humana, es evidente que existirá cierto conflicto entre las dos: algunos niños con genes buenos nacidos en malos hogares y otros con genes defectuosos nacidos en los mejores hogares. Podría denominarse la teoría de la "Mala Semilla", como la que ilustra el drama de una niña asesina, que produjo estragos fatales en sus amorosos padres.

Sin embargo, una vez más entramos en el reino de los accidentes sin sentido. ¿Qué hicieron los padres buenos para merecer un hijo malo... o los padres malos para merecer uno bueno? Quizá la respuesta a esta pregunta sea más clara algún día, si podemos llegar a desarrollar tests para la bondad y la maldad psicológicas. Pero por el momento, la dinámica familiar permanecerá en la oscuridad, y apenas hemos empezado a leer los genes mucho mejor que las hojas de té. La realidad es que entendemos muy poco sobre la biología o la psicología de la personalidad.

O sobre la sociología. Los sociólogos dirían que la personalidad está formada principalmente por la cultura y hasta señalan la posible existencia de una personalidad nacional. Están bastante cerca de la verdad, pero no logran explicar las frecuentes excepciones. Aunque apenas comprendí los motivos que tuve a los quince años para abandonar Exeter, cuando recuerdo mi decisión me resulta evidente que me guió cierta insatisfacción instintiva y profunda con la cultura de ese colegio y, en general, con toda la cultura blanca, anglosajona y protestante que representaba. ¿Por qué? ¿Qué fue lo que me impulsó, a tan temprana edad, a rechazar casi por completo toda la cultura en la cual había sido criado, a ser un inadaptado cultural y un accidente sociológico?

No niego en absoluto la poderosa influencia de los genes, de la crianza y de la cultura en la creación de la personalidad. Lo que digo es que al cuadro le falta un pedazo. Un gran pedazo. Creo que ese enorme pedazo que falta es Dios. Creo que Dios trabaja con sutileza en nuestros genes, nuestra niñez, nuestra cultura, y por otros medios, para crearnos. De qué manera Él o Ella lo logra, no tengo la menor idea. Se trata de una operación secreta.

Y debido a que es una operación oculta, misteriosa y secreta, imposible de ser probada, los librepensadores la descartan, en el mejor de los casos, como una teoría, y como tal no puede ser tomada con seriedad. Yo creo todo lo contrario: creo que su naturaleza secreta sugiere su extrema importancia. Es el fundamento principal de nuestra existencia, de nuestra creación, el Autor que no sube a las tablas pero que es más responsable que cualquiera para dar vida a la obra.

Esta "teoría de Dios" tiene tres deducciones inmediatas:

La primera es que somos más que nuestros genes, más que nuestra crianza, que nuestra cultura, inclusive más que nuestra personalidad. Más específicamente, además de todas estas cosas, tenemos un alma. No, no además, sino en el núcleo de nuestra existencia.

La segunda es que no somos meros accidentes. No digo que la vida no tenga nada de accidental. De nuevo digo que hay algo más: es decir, que de la manera más importante, cada uno de nosotros ha sido *diseñado*.

La tercera deducción es que hemos sido creados —diseñados— para un fin. Quizá no sepamos cuál es ese fin. Somos actores de una obra de teatro cósmica, y a lo máximo que podemos aspirar en esta vida es a vislumbrar aquello de lo que se trata en la obra y cómo podemos desempeñar mejor nuestros papeles. Y esos detalles *existen*. En realidad, hay bastantes, como pronto veremos.

¿Pero qué tiene que ver todo esto con la eutanasia?

La eutanasia, según la definición, es una forma de suicidio. Espero haber dejado en claro que el sufrimiento de quienes se suicidan puede ser horroroso, que los suicidios con frecuencia merecen nuestra compasión, y que mi objetivo es condenar el pecado, no al pecador. No obstante, considero pecados la mayor parte de los suicidios. Más específicamente el pecado de la arrogancia. Conscientes o no, la mayoría de quienes se suicidan se dicen a sí mismos: "Es mi vida y hago con ella lo que quiero. Ya que soy mi propio creador tengo el derecho a ser mi propio destructor". Eso es arrogancia absoluta.

No somos nuestros propios creadores. No puedo crearme a mí mismo más de lo que puedo crear una rosa o un iris. Puedo cuidar y conservar las flores, pero no puedo crearlas. De la misma manera, puedo cuidarme y conservarme —de hecho, tengo la obligación de hacerlo— pero no soy de mi propia creación ni propiedad. Junto con mis padres y mi cultura, Dios me creó a mí. Dios tiene parte en mi existencia. Si existe alguien que posee la "propiedad" de mi persona, no es mi agente ni mi editor, ni mi familia, ni siquiera yo: es Dios. No sólo no puedo hacer lo que quiera con mi vida. Suicidarme es negar a Dios, negar Sus tiempos y Su derecho a mi vida.

Más que cualquier otra cosa, a mi parecer, el significado de que Dios nos creó a Su imagen y semejanza es que nos dio libre albedrío. Así que, por supuesto, estamos en libertad de suicidarnos. Nos dio la libertad de negarlo, de rechazarlo y de reírnos de Él. También nos dio la libertad de elegir cooperar con Él. Nuestra relación con Dios no es pasiva. Podemos ignorar la relación. Podemos escaparnos de ella. Pero si elegimos prestarle atención e intentamos cooperar con Dios lo mejor que podamos, aunque no podemos ser nuestros únicos creadores podemos convertirnos en cocreadores. Ahí yace la esencia de nuestra gloria potencial.

He sugerido que la elección de la eutanasia por lo general representa la negación del alma, el rechazo de su Creador y de Sus tiempos. Lo contrario también es cierto. La elección de una muerte natural puede representar un acto de cocreación con Dios. Esto no significa que los librepensadores nunca aceptan la muerte natural. Lo que significa es que muchos cooperan deliberadamente con Dios cuando están muriendo y así facilitan el proceso. Uno de los objetivos de quienes optan por la eutanasia es evitar una muerte prolongada y dolorosa. No obstante, sugiero que la elección de cooperar con Dios puede causar una muerte menos prolongada y dolorosa. He asumido una posición relativamente favorable con respecto a tirar del enchufe debido a que los médicos, con el uso de la tecnología, tratan no sólo de derrotar la muerte sino que, en muchos casos, tratan de derrotar a Dios. De la misma manera, un número importante de pacientes prolongan innecesariamente su dolor porque también tratan de vencer la muerte y a Dios.

Recuerden el caso de Malcolm, que moría de cáncer de pulmón en el hospital, mientras se sometía a tratamiento de rayos y se obligaba a comer. Él no quería ser un desertor; era un luchador. Pero cuando le señalé que darse por vencido no tenía por qué ser malo, él decidió, junto con su esposa, volver a su casa, donde murió en paz dos días después. No habíamos hablado sobre teología, así que, por lo que yo sé, su elección fue simplemente entregarse. Pero en mi imaginación él también eligió cooperar, entregarse a Dios.

Alimentado por Dios

Mi identidad fundamental es la de científico antes que la de religioso. Creo en la evidencia —la exijo— cada vez que sea posible. No estoy seguro con qué seriedad tomaría esta teoría de Dios si mi alma hubiese sido creada antes de nacer y de tener memoria, y si Dios hubiera dejado las cosas en ese estado. Pero Dios no me ha dejado tranquilo. Desde mi adolescencia he tenido conciencia, de vez en cuando, de que Dios me habla e interfiere sutilmente en mi vida.

Lo que quiero decir aquí es que Dios no sólo nos crea sino que continúa intentando alimentarnos a lo largo de nuestras vidas. ¿Cuál es la evidencia? Podría llenar un libro entero con ellas. De hecho, llené una porción importante de mi primer libro, *La nueva psicología del amor*, con ejemplos del cuidado de Dios, incluidos bajo el título "Gracia", y he continuado escribiendo sobre otros ejemplos en mis otros libros. Pero éste trata sobre la eutanasia, y menciono la gracia de Dios únicamente con relación al tema. Así que, en este caso, me limitaré a dos ejemplos personales.

Una de las maneras en que Dios nos habla —intenta nutrirnos— es a través de algunos de nuestros sueños, aquellos que Carl Jung denominó "sueños grandes". Una vez más, podría dar muchos ejemplos, pero sólo contaré uno que se ajusta perfectamente a mi objetivo aquí, y que mencioné en *El crecimiento espiritual* y en *El camino personal*:

Después que *The Road Less Traveled* fue aceptado para su publicación, decidí que merecía unas vacaciones. No quería tomarlas con mi familia, pero tampoco quería viajar solo y quedarme sentado en una playa. Entonces se me ocurrió la loca idea de ir a un retiro espiritual. ¡Eso sí sería algo diferente! De modo que me fui dos semanas a un convento.

En ese retiro había numerosas cosas para hacer. Uno de ellas era intentar dejar de fumar, hábito que abandoné durante el tiempo que duró el retiro. Pero el punto más importante de mi programa era decidir qué hacer si por una de esas casualidades mi libro, *La nueva psicología del amor*, me hiciera famoso. Si eso sucediera, ¿debía abandonar mi vida privada y entrar en el circuito de conferencias, o debía retirarme como J.D. Salinger y conseguir de inmediato un número de teléfono que no figurase en guía? No sabía qué camino quería tomar. Y no sabía qué camino quería Dios que tomara. Por encima de todo, tenía la esperanza de que, en la quietud del retiro y en medio de la atmósfera sagrada, podría recibir una revelación de Dios sobre cómo solucionar ese dilema.

Pensé que podría ayudar mejor a Dios si prestara atención a mis sueños, pues creo que éstos cumplen cierta función reveladora. Así que empecé a anotar mis sueños, pero en su mayor parte eran imágenes de puentes o portones, y no me revelaban nada que no supiera: que me encontraba en un punto de transición en mi vida.

Sin embargo, tuve un sueño mucho más complejo. En ese sueño, yo era espectador en un hogar de clase media. En esa familia, dueña de dos autos, había un muchacho de diecisiete años que era la clase de hijo que a cualquier madre y padre le gustaría tener. El hijo era presidente de su clase en la escuela secundaria; iba a pronunciar el discurso de despedida en la fiesta de graduación, era capitán del equipo de fútbol de la escuela, era apuesto, trabajaba mucho en un empleo de medio tiempo que desempeñaba después de las horas de clase y, por si todo eso no fuera suficiente, tenía una novia dulce y recatada. Más aún, el muchacho tenía licencia para conducir, y era muy responsable, muy maduro para su edad. El único problema era que su padre no quería permitirle conducir. A cambio, insistía en llevarlo adonde tuviera que ir: al entrenamiento de fútbol, al trabajo, a sus citas, a los bailes. Y para empeorar las cosas, insistía en que su hijo debía pagarle cinco dólares por semana de su sueldo, ganado con todo esfuerzo, por el privilegio de ser llevado a todas partes, tarea que el muchacho podía realizar muy bien. Me desperté de ese sueño completamente furioso por la clase de monstruo autocrático que era ese padre.

No supe qué deducir de ese sueño. No parecía

tener ningún sentido. Pero tres días después de haberlo anotado, al releer lo que había escrito, me di cuenta de que había puesto "Padre" con mayúscula. Entonces me dije: "No estarás suponiendo que el padre del sueño es Dios, el Padre, ¿no? Y si es así, ¿no supondrás que tú eres el muchacho de diecisiete años? Entonces me di cuenta de que había tenido una revelación. Dios me estaba diciendo: "Eh, Scotty, tú sólo paga lo que debes y déjame a mí conducir".

Es interesante el hecho de que siempre había pensado en Dios como un ser bueno. Sin embargo, en mi sueño lo puse en el papel de villano autocrático y controlador, o por lo menos yo le respondí como a tal, con furia, indignación y odio. El problema, por supuesto, estribaba en que no era la revelación que yo esperaba. No era lo que yo quería oír. Lo que yo deseaba era algún consejo de Dios, como el que podría darme mi agente o mi contador, y que yo podía aceptar o rechazar. No quería una gran revelación, y menos una en la que Dios me dijera: "A partir de aquí yo dirijo".

Veinte años después todavía trato de mantenerme fiel a esa revelación, de entregarme a Dios aprendiendo a rendirme al hecho de que Él conduce mi vida, todavía adolescente.

Elegí volver a narrar este sueño debido a su dramática relación con mi ego o mi personalidad. Como dije, no fue un sueño que yo deseara. No era un argumento que habría escrito por mi cuenta. Evidentemente provino de otro sitio, de alguna realidad diferente de la de mi ego o mi personalidad. De hecho, me retrataba como un adolescente de diecisiete años cuando en realidad era un hombre supuestamente maduro de cuarenta y uno. Era un insulto a mi ego y me exigía que renunciara a él.

Adviertan que en esa época yo intentaba cooperar con

169

Dios. Sin embargo, tardé tres días en recibir el mensaje porque me resistía a aceptarlo. ¿Cuánto tiempo me habría llevado, de no haber estado deseoso de cooperar con el Creador de mi alma? Probablemente una eternidad.

Entre las maneras en que Dios nos habla, la más común es a través de Su "pausada y pequeña voz". Se trata de un fenómeno extraño. No se trata de una voz masculina resonante proveniente del cielo; tal como dice la Biblia, la voz es "pausada" y "pequeña", tanto que apenas puede considerarse una voz. Al parecer se origina en nuestro interior y para muchos no se diferencia de un pensamiento. Pero no es un pensamiento propio.

El parecido entre esta voz y un pensamiento común requiere cierta precaución. No sería sensato considerar todos o casi todos nuestros pensamientos como la palabra de Dios. Eso podría llevarnos rápidamente a la locura.

Existen ciertas pautas para poder hacer tal diferencia. En primer lugar, tomémonos tiempo (a menos que se trate de una emergencia) para realizar un examen realista, a fin de determinar si la voz podría ser la del Espíritu Santo o simplemente nuestro pensamiento. Tendremos tiempo para hacerlo. De hecho, si al principio no prestamos atención a la voz, casi siempre se repite.

En segundo lugar, esta voz del Espíritu Santo —o Consolador, como lo llamó Jesús— siempre resulta constructiva, nunca destructiva. Puede convocarnos para hacer cosas diferentes, que quizá nos parezcan un poco arriesgadas, pero no mucho. Si oímos una voz que nos dice que nos suicidemos, o que mintamos o que robemos o gastemos nuestros ahorros de toda la vida para comprar un yate, acudamos de inmediato a un psiquiatra.

Por otra parte, la voz sólo nos parecerá un poco alocada. Eso la distingue de un pensamiento propio. Tiene cierta cualidad extraña, como si viniera de otra parte, lo cual es cierto. Eso es inevitable. Dios no necesita hablarnos para decirnos algo que ya sabemos o para empujarnos a hacer cosas para las cuales no necesitamos ninguna presión. Su voz siempre se nos presenta con algo nuevo e inesperado, para abrir nuestras mentes y romper con los límites y barreras existentes. Por lo tanto, la primera reacción que solemos tener al oír la voz del Espíritu Santo es sacudir la cabeza.

Como preludio a mi segundo y muy reciente ejemplo de comunicación con Dios es necesario que reconozca que no soy un buen estudiante de la Biblia, y mucho menos un erudito. En lo que respecta al Nuevo Testamento, nunca pude entender el libro de Revelaciones, y me resultó difícil leer las Cartas. En cuanto al Antiguo Testamento, nunca lo leí mucho.*

Sea como fuere, este episodio ocurrió a principios del otoño de 1995. Había completado el primer borrador de una nueva novela, *In Heaven as on Earth*, y había sido aceptada para su publicación. Se acercaba el momento de revisarla, y se me presentaba un problema. En el primer borrador me había utilizado a mí mismo como protagonista, pero estaba seguro de que eso debía ser cambiado en el segundo borrador. Durante la revisión necesitaba salir de mí mismo y mejorar el desarrollo del personaje. Sin embargo, nunca fui muy bueno para salir de mí mismo. Más aún, el argumento exigía que el protagonista fuera alguien muy parecido a mí; más específicamente, un intelectual con entrenamiento psiquiátrico y aprendiz de teólogo por añadidura. Por más insignificante que parezca este problema, resolverlo era importante para el libro, y no tenía la menor idea de cómo hacerlo.

Cierta tarde, cuando trabajaba en otra cosa y mi problema yacía en un rincón de mi mente, oí una vocecita pausada que me decía: "Lee el *Libro de Daniel*". Sacudí la cabeza. Sabía que la referencia era al *Libro de Daniel*, en el

*El ejemplo que sigue fue narrado en *The Road Less Traveled and Beyond*.

Antiguo Testamento. Como la mayoría de los colegiales, sabía que Daniel era un profeta que por alguna razón había sido arrojado en un cubil de leones y consiguió sobrevivir por la gracia de Dios. Pero ahí terminaba mi conocimiento. Nunca había leído el *Libro de Daniel*. Nunca había tenido la intención de leerlo, y no tenía idea de por qué esta voz me insistía en que lo leyera. Sacudí otra vez la cabeza y volví a mi tarea de dictar cartas.

A la tarde siguiente, mientras buscaba unos papeles en la oficina de mi esposa, volví a oír la voz: "Lee el *Libro de Daniel*", repitió. Esta vez no sacudí la cabeza. Por algún motivo sabía, por experiencia, que el Espíritu Santo era muy persistente, así que reconocí que Dios podía estar empujándome a hacer algo, aunque sólo Dios sabía qué o cómo. Sin embargo, yo no tenía apuro.

Al día siguiente al mediodía, mientras hacía mi caminata diaria, volví a oír la voz, en la forma más persistente de una pregunta: "Scotty, ¿*cuándo* vas a leer el *Libro de Daniel*?". Cuando llegué a casa, como no tenía nada más urgente que hacer, tomé una de nuestras Biblias y leí el *Libro de Daniel*. Me ayudó el hecho de que el libro es bastante breve. Aprendí muchas cosas. Sin embargo, lo más útil que aprendí fue que Daniel y yo teníamos bastantes características parecidas. Aunque mucho más valiente y noble, Daniel era un intelectual como yo; como interpretador de sueños era una especie de psiquiatra, y como profeta era teólogo. Pronto se me ocurrió que tenía la solución a mi problema: el protagonista de mi novela iba a ser Daniel, no Scotty, y tanto las similitudes como las diferencias entre nosotros me permitieron salir de mí mismo de manera tal de hacer creíble el personaje.

¿Qué debemos hacer con esta clase de fenómeno? Muchos de los que escriben sobre creatividad, sin mencionar a Dios, ofrecen ejemplos de cómo la solución a un problema difícil puede presentársele a alguien cuando no piensa en él. Pero en esos ejemplos la solución se reconoce de inmediato. No se experimenta como proveniente del exterior.

Sin embargo, en mi caso no recibí una solución sino el camino hacia una solución. Ese regalo no tenía sentido para mí; no me daba cuenta de que tenía algo que ver con mi problema. No era un camino que hubiera seguido comúnmente. No lo acepté. De hecho, mi primera reacción fue rechazarlo por ser tan ajeno a mi ego. Tal como suelen ser los problemas, el mío no era abrumador. ¿Estoy sugiriendo que Dios se preocupa por ayudarme en un problema tan pequeño? Sí, es exactamente lo que deseo sugerir. No sé por qué Dios se preocupa tanto por mí. Lo que sí sé es que he estado recibiendo ayudas parecidas —grandes y pequeñas— de Él desde que empecé a tomar conciencia de ellas, hace más de cuatro décadas.

¿Soy una persona rara? Sin duda, aunque no en este aspecto. Como pronto veremos, cada uno de nosotros es único, por ello un poquito extraño. Pero millones de personas han informado sobre experiencias como la que acabo de describir. Quizá no formo parte de la mayoría, pero sí pertenezco a un gran grupo.

He hablado de estas experiencias de la gracia como evidencia no sólo de la existencia de Dios sino también del hecho de que Ésta nos nutre de manera constante. Pero, ¿y los librepensadores que no creen en Dios o desechan Su importancia en sus vidas? Ellos aprecian la evidencia sobremanera. ¿Acaso Dios deja de nutrirlos a ellos?

No lo creo. Estoy seguro de que los librepensadores tienen almas que operan según la misma dinámica que las almas de la gente religiosa. Entonces, ¿cuál es la diferencia?

Una posibilidad es que Dios nutre a los librepensadores de una manera diferente, más difícil de interpretar como evidencia. No tengo problemas para creerlo. Sé que Dios necesita diferentes clases de personas, y que éstas necesitan diferentes tipos de nutrición. También estoy seguro de que

Dios necesita a algunos librepensadores en el mundo para que el resto de nosotros permanezca cuerdo; y no estaría por debajo de Él —astuto como es Él— nutrir el secularismo de aquéllos.

Por otra parte, los librepensadores se me antojan muy parecidos a los abogados (y a los periodistas investigadores). Siempre vamos a necesitar que existan buenos abogados. Pero en la sociedad tan adversa en que vivimos, creo que estaríamos mejor si hubiera menos abogados para aventar el fuego de la adversidad. Hay librepensadores de una y otra clase. No tengo dudas de que Dios nutre a algunos de ellos en su secularismo, pero también creo que desea con desesperación que otros reconozcan Su Gracia. Pero no lo hacen.

¿Por qué? ¿Por qué se muestran inmunes a la evidencia? Por dos razones, según creo. La primera es que la gente se siente amenazada ante un cambio, y quienes poseen una mente secular no están abiertos a una evidencia que ponga en duda sus creencias. La otra razón es que reconocer a Dios por primera vez conlleva cierto temor. Al colocar a Dios en el asiento del conductor nuestro ego se ve desplazado, y la consecuencia es la pérdida del control. El tema del control es muy grande y será el centro de los próximos capítulos. De cualquier manera, como dijo San Pablo, puede ser "algo terrible caer en las manos del Dios vivo".

He hablado del rechazo que sienten los librepensadores por la evidencia de la teoría de Dios como si fuera una especie de fenómeno neutral o pasivo. Mi experiencia no fue así. En estos días es común decir que los adictos y otras personas que rechazan una evidencia masiva de su problema están en actitud de "negación". La negación es un proceso psicológico activo. En este aspecto, creo que podemos considerar a algunos librepensadores como adictos a su secularismo. Ninguna evidencia va a hacerles cambiar de opinión. No es que no tengan la misma comunicación con Dios que los demás, sino que han "descolgado el auricular" deliberadamente. Es una de las razones para la elección del título de este libro, que trata del fenómeno, predominantemente secular, de la eutanasia: *Negación del Alma.*

La condición única del alma individual

A pesar de haberme retirado de la práctica psiquiátrica hace más de doce años, cada tres meses sigo atendiendo a una sola paciente, Barbara, a cambio de un arancel simbólico. Barbara tiene ahora ochenta años. Hemos trabajado juntos durante veinte años para tratar de ayudarla en una cantidad de problemas, la mayoría de los cuales se refiere a la vejez y la muerte. Nunca conocí a nadie que demostrara de manera tan dramática la diferencia entre ego y alma.

Barbara tiene un ego monumental. Con esto no quiero decir que sea vanidosa o egoísta, pues no es así. Lo que quiero significar es que, con la mejor de las intenciones, le gustaría dirigir el mundo. Le encantaría controlar todo, incluyendo la muerte y la vejez. Mucho más que cualquier otra persona, sufre continuamente una enorme angustia y frustración por las situaciones que no es capaz de controlar. Lo que hago con ella podría denominarse terapia del ego. Ha progresado bastante. Secular al principio, Barbara aprendió a rezar, a rendir parte de su voluntad a Dios, a pedirle a Él que se haga cargo de vez en cuando. Cada vez puede distinguir mejor entre lo importante y lo que carece de importancia. Se preocupa menos por las cosas sin trascendencia. En otras palabras, se ha vuelto menos fóbica y obsesiva. Y más humilde. No obstante, pese a su agudeza, sigue creyendo casi por instinto que ella *debería* poder controlar todo.

Hasta ahora no he dicho nada acerca de Barbara que suene único. Llámese obsesión compulsiva, llámese perfeccionismo, como se desee, su problema de ego no sale de lo corriente. La psicodinámica es bastante común. Sin embargo, he hecho un comentario único sobre ella: es mi única paciente. ¿Por qué? ¿Por qué sigo viéndola si me retiré de la profesión, cuando su progreso es sumamente lento y su monumental ego no presenta ningún interés especial?

La razón es que amo su alma.

Sin duda Barbara es "un alma buena". Es una persona extremadamente cariñosa (no se preocuparía tanto por los demás si le importaran menos). Nada en ella es engañoso. Tiene buen sentido del humor cuando las preocupaciones no la abruman. ¿Y qué? Tengo la oportunidad de conocer a otras almas buenas que brillan de amor, honestidad y buen humor. ¿De qué manera son diferentes? ¿Por qué Barbara es diferente?

No puedo explicarlo.

Aunque las almas pueden definirse con palabras generales, casi banales, como lo acabo de hacer, su carácter único es tal que las coloca más allá de cualquier descripción. Puedo describir los egos bastante bien, pero puedo decir muy poco sobre las almas individuales.

Los librepensadores reconocen el carácter único de las personas pero no ven la necesidad de hacer ninguna distinción mística entre alma y ego. "Dado que todo el mundo posee un complemento genético único así como una serie única de experiencias de vida", dicen, "naturalmente el ego de cada persona es único." Sin embargo, es la relativa similitud de los egos la que me impresiona.

Richard Bolles, autor de *What Color Is Your Parachute?*, cierta vez en un sermón llamó a los seres humanos "criaturas comparativas", para sugerir que forma parte inherente de nuestra naturaleza el compararnos con las demás personas de continuo, casi de manera obsesiva. Esta tendencia a veces resulta constructiva pero muchas otras, destructiva. A pesar de poder compararse con sus amigos (todavía vivos) a nivel intelectual, Barbara se quejaba de no poder hacerlo físicamente. Como de costumbre, interpretaba ese hecho como una gran imperfección de su parte.

176

—Debería poder ser como ellos —se quejaba—. Comparada con mis amigos, soy un desastre.

—Barbara, esa parte de ti que en este momento hace la comparación, ¿es tu ego o tu alma?

—Mi ego, por supuesto —me espetó.

La respuesta fue inmediata, pues Barbara había aprendido a encontrar útil la distinción en nuestra tarea juntos. Aprendió que no había nada único con respecto a su ego, excepto que era de una dimensión excesiva. Reconoció que estábamos haciendo terapia de ego, dejando a un lado su alma, pues no había nado malo en ella. También se dio cuenta de que, al disminuir la parte excesiva y neurótica de su ego, había liberado su alma, y se había convertido en un ser humano más excepcional todavía.

En este aspecto, Barbara no es única. La liberación del alma ocurre cada vez que alguien elige seriamente un camino de crecimiento espiritual por el resto de su vida. Es como si la patología del ego fuera de barro, y cuanto más se lo despeja, más brilla el alma que está debajo, con una forma de glorioso color que no puede encontrarse en ningún lugar de la Tierra.

No es ningún accidente que la persona que más conozco —Lily, mi esposa— me parezca particularmente única. Hace más de tres décadas, cuando ella empezó a hacer psicoterapia en nuestro sexto año de matrimonio, también les habría dicho que era única. En las décadas siguientes, esa cualidad pareció magnificarse a grandes pasos. ¿Pero cómo describir el proceso? Es imposible.

Podría contarles que a Lily le gusta encontrar tréboles de cuatro hojas y que es muy hábil en eso. Puede pasear por una pradera y recogerlos por docenas, como si fueran violetas. Puedo contarles que en el campo de golf le encanta buscar su pelota, así como otras cuatro o cinco pelotas que han perdido otros golfistas. ¿Pero qué significa eso? ¿Qué tiene una vista muy aguda? En realidad no es así. A pesar de sus cataratas precoces, logra hacer la limpieza tan bien como siempre. No, lo lamento. No puedo reproducir el alma de Lily por escrito.

Gran parte del arte de escribir buena ficción se conoce como desarrollo del personaje. Los grandes novelistas poseen un gran genio para dar vida a sus personajes, de modo que el lector no sólo los encuentra creíbles sino que también llega a quererlos. Los personajes especialmente memorables se destacan en la historia de la literatura. Pero ninguno, en mi opinión —ni Dickens, ni Shakespeare, ni Dostoievski— ha podido capturar un alma. Grandes caricaturas, sí... tan grandiosas que ni siquiera parecen caricaturas. Pero si pasamos las páginas no nos encontraremos con ninguna alma verdadera. La unicidad del alma trasciende inclusive la más refinada de las artes.

Cada vez que Dios crea un alma humana, lo hace en forma diferente. Eso no significa que no existan preguntas sin respuesta sobre cómo Él lleva a cabo esa hazaña. De hecho, este capítulo concluirá con una discusión sobre el misterio del alma.

Pero por más misterioso que sea, el proceso de creación del alma es *individual*. La unicidad de las personas es innegable (salvo si se pone en peligro la propia alma) y no puede descartarse con simple psicología o biología.

El alma capaz de desarrollo

No tendría sentido hacer terapia de ego con Barbara, ni psicoterapia con nadie, a menos que la gente pudiera cambiar. Los egos pueden cambiar. Eso no significa que lo hagan. Pero son capaces; nuestros egos son capaces de aprender y de desarrollarse.

He sugerido que cuando los egos cambian para mejor —cuando se refinan, por así decirlo— el alma única invariablemente brilla con mayor intensidad. Dicho con tanta simpleza parecería que el alma yace a la espera de ser expuesta, como si fuera inerte. Pero no es el caso. También las almas son capaces de desarrollo.

Sin embargo, tengamos en cuenta que las almas y los

egos, al ser fenómenos diferentes, operan en niveles diferentes. Por ejemplo, consideremos la perspectiva del tiempo. La perspectiva de un niño de tres años es muy diferente de la de un hombre de treinta años la cual, a su vez, es muy diferente a la de un hombre de sesenta y cinco. Se trata en su mayor parte de un hecho cronológico. Tiene que ver principalmente con el tiempo que haya vivido el ego y cuánto le queda por vivir.

Los teólogos hablan de dos clases radicalmente diferentes de tiempo: cronos y kairos. Con cronos se refieren al tiempo tal como lo conocen nuestros egos, el mundo del reloj, del cambio predecible de las estaciones, de los procesos bien visibles de nacimiento, crecimiento, vejez y muerte *físicos*. Con kairos se refieren al tiempo de Dios. No pueden definir el tiempo de Dios salvo para sugerir que es muy diferente de cronos, que tiene más que ver con lo eterno que con lo temporal y que las reglas no son las mismas. Más todavía, sugerirían, como yo, que el ego habita principalmente en el reino del cronos y que el alma lo hace en el reino del kairos. En el reino del cronos, el hecho de que Barbara no pudiera compararse con sus amigos —y su vergüenza al respecto— le parecía una cuestión de gran importancia. Sin embargo, en el reino del kairos podía reconocer que el hecho no tenía mayor importancia.

Sabemos muy poco sobre cómo aprenden los seres humanos. Naturalmente, dado que el ego está más cerca de la superficie, lo que sabemos hace que el aprendizaje parezca un fenómeno del ego. El alma es más profunda, y no comprendemos nada de su aprendizaje. No obstante, de vez en cuando recibimos indicios de que tal aprendizaje más profundo ocurre. Las etapas de crecimiento espiritual que describí en el capítulo 5 constituyen un ejemplo.

Mucha gente queda atascada toda su vida en una de esas etapas. Pero otros avanzan de una a otra y hasta a otra. Cuando eso ocurre, la secuencia del progreso o desarrollo es predecible. No se salta de la Etapa II a la IV sin atravesar el escepticismo más o menos secular de la Etapa III. Sin embargo, no entendemos en absoluto cómo y por qué un individuo en particular realiza semejante progreso. No parece ser un fenómeno del ego. Los cambios están ocultos. Aunque el ego se verá afectado en definitiva, el movimiento parece originarse en el alma.

El paso de una etapa a la otra merece el término "conversión". (Y sí, ¡existe la conversión hacia el escepticismo desde un sistema de creencias más primitivo!) Pero no sé convertir a nadie. Eso no significa que nunca lo intente. A veces, como pronto veremos, la conversión puede ser un objetivo legítimo de la psicoterapia. No obstante, por lo general el intento es infructuoso. Pero cuando un paciente mío se convierte, me parece más el resultado de una interacción entre el alma y Dios que entre el ego de mi paciente y yo.

Ya que hablamos de interacciones: aunque creo que la diferencia entre el alma y el ego es válida e importante, no significa que no exista interacción entre ambas. Ya he indicado que una conversión en el alma cambia dramáticamente algunas funciones del ego... para mejor. Por ejemplo, cuando un librepensador se convierte a la Etapa IV, quizá se sienta ávido por esa información que antes rechazaba de plano. Su ego aprenderá otras cosas. A la inversa, creo que el aprendizaje del ego alienta el desarrollo del alma. Pero cuál es la exacta interacción entre el alma y el ego sigue siendo un misterio para mí.

En la última época de mi práctica tuve cuatro pacientes muy similares de alrededor de setenta años que vinieron a verme por la misma razón: depresión ante la vejez. Todas eran de mente secular. Cada una de ellas había hecho dinero o se había casado con alguien de dinero. Todos sus hijos habían resultado ser maravillosos. Era como si sus vidas hubieran seguido un libreto. Pero ahora sufrían cataratas, necesitaban audífonos o dentaduras postizas y debían enfrentar una operación de cadera. No era así como ellas habían escrito el libreto, y estaban desilusionadas. Yo no veía manera de ayudarlas si no era *convirtiéndolas* a otra visión de la vejez, como algo más que una época inútil donde simplemente se veían pudrirse. Traté de ayudarlas a contemplar esta visión de la vejez como un período espiritual de sus vidas, como una época de preparación. No era fácil. Al intentarlo, no dejaba de decirle a cada una, de todas las maneras posibles: "No eres la libretista; no es tu espectáculo". Dos de ellas abandonaron la terapia poco después; prefirieron estar deprimidas antes que comprender el hecho de que la vida no era su propio espectáculo.

Aunque estaba bastante más deprimida, me resultó mucho más fácil la terapia con otra anciana que tenía mentalidad cristiana. De unos sesenta y cinco años, había sufrido desprendimiento de retina en ambos ojos. El oftalmólogo no pudo solucionar su problema ni siquiera con el tratamiento más avanzado de láser. Ella se enfureció con el médico. Aunque no tenía evidencias, la mujer estaba convencida de que el médico había cometido una torpeza y era culpable de mala praxis. Ciega en un noventa por ciento, estaba furiosa por su destino. Al comienzo de su segunda sesión conmigo surgió un tema.

—Odio que tengan que tomarme del brazo para salir del banco de la iglesia o para bajar los escalones —se quejaba—, y odio estar encerrada en mi casa. Mucha gente se ofrece para llevarme a todos lados, pero no puedo pedirles a mis amigos que me guíen a cada rato.

—Es evidente —le dije— que tu independencia te ha dado mucho orgullo. Has tenido mucho éxito, y creo que necesitabas ese orgullo para tus muchos logros. Pero, sabes, la vida es un viaje de aquí al cielo, y es bueno viajar con luz. No estoy seguro si vas a llegar al cielo con tanto orgullo encima. Consideras que tu ceguera es una maldición, y no te culpo. Sin embargo, bien podrías considerarla una bendición, creada para aliviarte de la carga ya innecesaria del orgullo. A excepción de la vista, tienes muy buena salud. Tienes por lo menos doce años de vida por delante. Depende de ti si quieres vivirlos con una maldición o con una bendición.

Cuando volvió a la tercera sesión, su depresión, que duraba desde hacía cuatro años, había disminuido.

Ojalá todos los casos fueran tan fáciles. Tampoco estoy seguro de que yo podría superarlo tan bien como esa mujer.* No es fácil *elegir* ver la propia ceguera —ni ninguna enfermedad de la vejez o de muerte— como una bendición. Se necesita mucha voluntad.

Las cinco mujeres que acabo de describir eran de una personalidad fuerte; sin embargo, algunas eligieron dirigir su voluntad hacia la curación y otras eligieron resistirse. ¿Por qué la diferencia? No lo sé. Lo que sí sé es que todos tenemos el poder de la elección. Se dice que Dios nos creó a su propia imagen. Creo que eso significa que, más que cualquier otra cosa, Él nos dio libre albedrío. Somos libres para elegir, para bien o para mal, según nuestra voluntad, y ni siquiera Dios puede curar a alguien en contra de su voluntad.

¿Dónde se encuentra la voluntad? ¿Habita en el alma o en el ego? No lo sé. Pero sospecho que la voluntad es biológica, que está incluida en nuestros genes y que surge de las mismas células de nuestros cuerpos. Pero el modo en que se dirige esa voluntad —no lo que elegimos sino cómo elegimos— se determina por esas misteriosas interacciones entre el ego y el alma.

El aprendizaje y el desarrollo de la niñez no parece ser una cuestión de elección; sólo sucede. Sin embargo, en la adultez los caminos que eligen los seres humanos difieren. Muchos dejan de aprender cosas importantes, de ahí que cesan de desarrollarse. Sin embargo, para otros, el proceso

*Estos casos están descriptos casi con la misma exactitud en *In Search of Stones*, págs. 134-135.

de desarrollo psicoespiritual se acelera. Quizá la elección más crítica en la vida de las personas se produce al elegir si continuar o no su educación. Podemos reformular esta elección de diferentes maneras. Una persona puede decir que su elección se refiere a ser o no cocreadora con Dios. Otras, a amar. Si elegimos el camino del amor genuino tendremos una vida entera de paz. El alma se desarrolla inevitablemente. Sin embargo, a los fines de este libro, voy a concentrarme en la elección del aprendizaje. Más específicamente, en el aprendizaje de la sabiduría. La esencia de esta elección es enfocar la vida como una oportunidad de aprendizaje.

He ahí, según creo, el significado de la vida. ¿Por qué Dios no sólo nos crea sino que continúa nutriéndonos, a menos que seamos capaces de desarrollarnos? ¿A menos que Ella deseara nuestro desarrollo, nuestro aprendizaje?

Como desafío a nuestra imaginación, propongo un medio más ideal para el aprendizaje humano que esta vida terrenal. Es una vida llena de vicisitudes y sufrimiento existencial, pero como dijo Benjamin Franklin: "Las cosas que duelen, instruyen". Muchos se refieren a la Tierra como un valle de lágrimas. Sin embargo Keats fue más allá al llamarla "El valle de creación del alma".

He conocido a algunos que eligieron enfocar la vida como una oportunidad constante de aprendizaje en la adolescencia o a comienzos de su adultez. Lo hacen con mucha fluidez, como si sus almas ya estuvieran preparadas en un cierto nivel. Es más común que la elección sea hecha como resultado de una crisis: alcoholismo, fracaso matrimonial, la muerte de un ser querido, cualquier cosa que los empuje a la psicoterapia. Con frecuencia se trata de una crisis de la mediana edad. Para otros, es la crisis final de su propia muerte. Pero la mayoría nunca elige.

Nunca mi labor como psicoterapeuta fue más fructífera que con varios pacientes moribundos. La gente tiende a aprender mejor cuando tiene un plazo para el fin. (¡Qué palabra maravillosa!) La mayoría parece negar que se está muriendo hasta que llega el aliento final. Pero quienes no se niegan, quienes saben que les queda poco tiempo, tienden a acelerar su desarrollo. A veces eligen temas que estuvieron evitando durante toda su vida. Es un placer y un privilegio trabajar con estas personas en esos momentos. Las confesiones y las conversiones en el lecho de muerte ocurren, así como también el perdón, la reconciliación y otros saltos de aprendizaje que parecían imposibles. Las personas moribundas pueden ponerse en contacto con la realidad y realizar cambios con mucha rapidez.

Debido a que la muerte puede resultar una oportunidad única para el desarrollo del alma, la muerte como proceso de aprendizaje será el tema principal del próximo capítulo. Veremos que no se trata de un proceso sencillo. Mientras que el dolor físico puede y debe ser aliviado, el sufrimiento existencial es enorme. Es muy comprensible que alguien quiera optar por la eutanasia para evitarlo. Pero la eutanasia también evita la oportunidad de aprender y de desarrollar el alma. Al optar por la eutanasia, se niega el significado mismo de la existencia humana. El o la paciente trata de escapar de la razón de su existencia. En un sentido muy real, la eutanasia es un intento de evitar a Dios. Sin embargo, con ella no sólo engañamos a Dios; aún más importante: nos engañamos a nosotros mismos. Es así de sencillo.

La inmortalidad del alma

Hasta ahora he hablado de la vejez y de la muerte como un período potencial de preparación. Me parece un poco extraño que, cuando todavía me dedicaba a dar conferencias, la pregunta que me hacían con más frecuencia no era si yo creía en la vida después de la muerte, sino si creía en la reencarnación. Yo solía responder que en lo referente a la reencarnación era agnóstico: ni creía ni dejaba de creer en ella. Sin embargo, a veces le decía a la audiencia: "El hecho de que hayamos o no tenido una existencia previa a nuestra concepción y nacimiento no me parece importante. Por otra parte, la cuestión de si existe o no vida después de la muerte me parece crucial". Si no existe vida después de la muerte, gran parte de lo que he dicho hasta ahora carece de sentido. Por supuesto que tendría sentido el aprendizaje en la juventud, de modo de poder mejorar nuestras aptitudes de padres y contribuir no sólo a la supervivencia de la especie sino también a su evolución espiritual. ¿Pero cuál sería el objetivo del aprendizaje y del desarrollo una vez que nuestros hijos abandonan el nido? ¿Para poder trasmitirles más sabiduría en nuestra vejez? Nunca me impresionó la capacidad de los ancianos para trasmitir su sabiduría, por lo menos no en nuestra sociedad, no a nuestros propios hijos. Bien podríamos morir después de los cincuenta años. O comer, beber y divertirnos, porque mañana podemos morir. Aunque estoy a favor de la diversión ahora que soy viejo, no estoy seguro de poder hacerlo sin una razón para aprender, sin contemplar estos días de deterioro físico como una oportunidad para el aprendizaje, para el desarrollo y la preparación. Si no existe vida después de la muerte, no hay motivo por el cual prepararse. Si nuestras almas no son inmortales, si sólo morimos, no existe razón para demorar nuestra muerte. Mejor morir antes que después. Entonces la eutanasia sería realmente una solución sensata.

Creo en la vida después de la muerte. No se trata de una expresión de deseos, aunque una de las cosas que aprendí es que una expresión de deseos no tiene por qué ser falsa.* Para los librepensadores la cuestión de la vida después de la muerte no es apremiante, pero existe cierta evidencia que la apoya. Podría hablar de experiencias cercanas a la muerte, de apariciones, de la existencia de fantasmas y de la re-

---

*Uno de los mejores libros que conozco sobre sabiduría es *Wishful Thinking: A Theological ABC*, por Frederick Buechner (Nueva York, Harper & Row, 1973).

surrección. Sin embargo, el fundamento más fuerte de mi creencia es la razón.

Uno de los mayores deleites de Lily y mío es el hermoso jardín de flores de nuestra casa en Connecticut. Los jardines de flores no surgen por accidente. La belleza del nuestro es el resultado de constante esfuerzo, pensamiento y labor física durante veinticinco años. La sola idea de destruir ese jardín resulta incomprensible. Es concebible que cuando vendamos la casa sus nuevos dueños quieran deshacerse del jardín, pero temblamos ante la idea de semejante pérdida.

Una de las pocas cosas que conozco de Dios es su eficiencia. Ella no desperdicia.* Cuando pienso en la energía que Dios vuelca en la alimentación y desarrollo de las almas hasta el momento de su muerte física, me resulta incomprensible que Ella quiera desecharlas. No, Ella tiene algo reservado para nosotros, alguna especie de vida posterior para la cual ha tratado de prepararnos.

Desconozco de qué clase de vida posterior se trata. Sólo puedo especular. De hecho, he escrito una novela corta sobre el tema.** Pero es sólo una novela. Los detalles de la vida después de la muerte, como nunca nadie ha regresado para contárnoslos, permanecen en el reino de la teología especulativa, y cualquier libro que trate de ellos es en esencia una obra de ficción.

No es casual que la muerte sea la mayor oportunidad de aprendizaje y la mayor aventura de la vida. Una aventura es un viaje a lo desconocido. Si sabemos con exactitud adónde vamos, cómo llegaremos, qué veremos en el camino y qué encontraremos al llegar, no es una aventura. Tampoco hay aprendizaje. Sólo aprendemos de las aventuras. Tener miedo de lo desconocido es una reacción humana, y en lo personal siento terror de morir. Ni siquiera tengo un

*Véase *Further Along the Road Less Traveled*, pág. 172, un ejemplo en mi vida.
**In Heaven as on Earth* (Nueva York, Hyperion, 1996).

mapa. "Dios mío, Dios mío, no me desampares", voy a rezar. Al mismo tiempo voy a creer que hay algo delante de nosotros, pero sólo Dios sabe de qué se trata. Sin embargo, hay algo más. Sólo nuestros cuerpos son mortales y temporales.

Almas: humanas y de las otras

Al definir el alma como "un espíritu humano creado y alimentado por Dios, único, capaz de desarrollo e inmortal", aclaré muchas dudas, pero una sola palabra de la definición puede resultar engañosa: "humano", pues implica que sólo los humanos tienen alma, y no es lo que quiero sugerir.

No obstante, conservé la palabra pues sé que los seres humanos tenemos alma. Como no puedo comunicarme con otras criaturas, no sé con seguridad si la tienen.

En realidad, sospecho que sí. Por lo menos algunas. Las mascotas, por supuesto, son las criaturas que mejor conozco. Aunque puedo detectar diferencias sutiles entre dos mascotas de la misma especie, por lo general no me impresionan demasiado. Pero a veces me he cruzado con un gato o un perro cuya "personalidad" se destacaba tanto del resto que me sorprendí pensando: "Ese animal tiene alma".

Utilicé la palabra "personalidad" entre comillas porque, por lo general, usamos la palabra "persona" para los seres humanos. Entonces, la personalidad parecería ser un atributo de los seres humanos. Y me pareció que esas mascotas muy especiales tenían un elemento muy humano. Pero las estaba observando con ojos humanos, y con el narcisismo que nos predispone a los seres humanos a despreciar a las criaturas cuanto más diferentes son. No tengo idea de qué manera se vería todo a través de los ojos de un perro o un gato común.

Tenemos el mismo problema con la conciencia. Los seres humanos tendemos, merced a nuestro narcisismo, a creernos los únicos poseedores de conciencia. Es una suposición muy cuestionable. Aunque de calidad muy diferente, existen muchas evidencias que sugieren que las demás criaturas —hasta las plantas— tienen alguna especie de conciencia. De hecho, no me cuesta nada creer que todo el mundo está lleno de conciencia... y de alma.

Espíritu

Sea como fuere, debo limitarme a temas del alma humana. Y específicamente he decidido que esa alma sea un espíritu.

De inmediato lo anterior crea dificultades, no sólo para los librepensadores más intransigentes, sino también para la mayor parte de la gente en nuestra cultura. He señalado que, pese a las estadísticas de asistencia a la iglesia, que profesan el predominio de las creencias religiosas, la nuestra es esencialmente una cultura materialista. Lo cual no significa simplemente que somos adictos a perseguir los automóviles más modernos y otras posesiones materiales ni que, como dijo Emerson, "las cosas están en la montura, y guían a la humanidad". Significa que estamos acostumbrados a pensar solamente en las "cosas". El materialismo es una actitud básica —una filosofía fundamental, si se quiere— según la cual todo lo que se ve y se toca es lo único que se obtiene. Si no puede medirse, no puede estudiarse, no puede manipularse, para todos los fines y propósitos no existe; bien puede olvidarse. El materialismo niega el espíritu (y por lo tanto el alma) por completo o, por lo menos, resulta de poca importancia en los asuntos de los hombres.

Al hablar del alma de una persona, he estado hablando de su *espíritu* esencial. Es el espíritu de diferentes personas lo que es único. Al intentar retratar el carácter único del alma, debí admitir que se encontraba más allá de toda descripción. Por ser espíritu, no puede ser medido. No podemos tocarlo con las manos ni rodearlo con los dedos. No podemos capturarlo. Podemos ignorar el espíritu (y el alma). Podemos resistirnos a él; hasta, en ocasiones, podemos expulsarlo. Pero no podemos codificarlo.

Eso hace que muchísima gente se sienta muy incómoda. Agobiados por el materialismo de nuestra cultura, algunos han hallado alivio en el hecho de que, en el siglo XX, los físicos subatómicos, los mayores estudiosos de la materia, parezcan haber tropezado con el reino del espíritu. Hace un siglo creían poder codificar el átomo. Hoy, después de haberse sumergido en el nivel subatómico, reconocen que en el nivel más profundo no pueden hacerlo. La materia se convierte en energía, y la energía en materia. Las velocidades, las direcciones y las posiciones se han tornado impredecibles. Los bloques básicos constructores de materia ahora se describen como "campos complejos de probabilidades estadísticas". Los átomos han comenzado a parecerse mucho a los espíritus.

No obstante, es necesario hacer una severa advertencia. Los átomos pueden ser una especie de espíritu —y he sugerido que el mundo entero puede estar vivo de espíritu— pero eso no significa necesariamente que los átomos tengan alma. Ni personalidad. Ni que las leyes de la física alguna vez serán idénticas a las de la teología. De hecho, una vez superado el nivel subatómico, la materia se hace cada vez más predecible y demuestra poco o nada del carácter único que caracteriza a las almas.

La materia es materia, no alma. Nadie es más consciente de este hecho que quienes trabajan con los moribundos. En la vejez podemos contemplar la decadencia del cuerpo. Si la muerte física de una persona es gradual, podemos ver que el proceso de decadencia se acelera en el momento de la muerte. Pero la *persona* no decae. A veces ocurre todo lo contrario. Las personas que aceptan su decadencia y su muerte, con frecuencia nos ofrecen la oportunidad de ob-

servar cómo sus espíritus —sus personalidades, sus almas—
se hacen cada vez más vibrantes y animados a medida que
avanza la decadencia material.

Y de repente —instantáneamente— el espíritu desaparece y sólo queda el cadáver, la materia del cuerpo, para
continuar su proceso de descomposición.

Aunque me considero un cristiano medio, no creo en la
doctrina de la resurrección del cuerpo. Me parece que se
confunden los cuerpos y las almas. No son la misma cosa,
en absoluto. Nuestros cuerpos son materia. Nuestras almas son espíritu, y siguen leyes completamente diferentes.
Estamos tan acostumbrados a nuestros cuerpos que a los
librepensadores les puede resultar difícil imaginarse la existencia sin ellos. Pero estoy seguro de que la imaginación de
Dios supera la nuestra.

El misterio del alma

Ya he afirmado que mi definición del alma supone muchas preguntas. Con esto no es mi intención pedir disculpas. Mi visión limitada es intrínsecamente humana. Y para
nuestra visión limitada, Dios resulta inevitablemente misterioso. Como nuestras almas son creaciones constantes de
Dios, a través de ellas participamos de Dios y, lo queramos
o no, también participamos en Su misterio.

Ya me referí a varias de las dudas. ¿Tienen alma las
plantas y los animales? ¿De qué manera interactúan el alma
y el ego, a pesar de ser tan diferentes? Podría seguir men-
cionando preguntas interminables sobre el alma, para las
cuales no tengo respuesta. No obstante, una de ellas es de
importancia tan obvia que merece por lo menos ser men-
cionada y debatida brevemente: ¿pueden las personas tener almas malignas?

No me cabe duda de que existen personas malvadas.
Pero nunca he podido acercarme a una de ellas lo suficiente
—por lo general no me lo permiten— para discernir si su

malignidad reside en un ego perturbado o en un alma trastornada.*

Un hombre malvado ha sido estudiado en forma póstuma con la profundidad más extraordinaria: Adolf Hitler. Una enorme variedad de datos históricos e incontables análisis, hipótesis y teorías han sido ofrecidos para explicar su personalidad. Sin embargo, cuando todos estos datos se suman, se tiene la sensación de que falta una parte muy grande y crucial. Después de cincuenta años, los estudiosos no han podido definir al hombre. Si su malignidad se originó en su alma, tal fracaso es de esperarse. Las almas, como ya expliqué, no pueden ser definidas ni individualizadas.

Una vez más, por más desagradable que sea la idea, sospecho que es posible que algunos seres humanos nazcan con almas malignas.

¿Cómo es posible? Si Dios crea almas, ¿cómo puede crear una maligna desde el principio? No lo sé. Pero puedo ofrecer una hipótesis en dos partes.

La primera parte requiere nuestra comprensión de que Dios *no* es omnipotente. Aquí creo pisar terreno firme. Soy consciente de que, por lo general, Dios es considerado omnipotente en la Biblia y que, para cualquier persona criada en la tradición monoteísta, es casi instintivo pensar que Dios es omnipotente. Sin embargo, existen muchas razones —entre las que se incluyen las preguntas anteriores y el libre albedrío de los seres humanos— para dudar de Su omnipotencia sin tener que descartar la creencia monoteísta en Él. El objetivo de este libro no es ser un tratado de teología. Es suficiente con decir que un gran número de teólogos modernos judeocristianos cada vez se sienten más cómodos con una noción más sutil de Dios, un Dios no impotente pero cuyo enorme poder se ve limitado por

---

*Para más detalles sobre personas malignas y las ambigüedades aún mayores de los espíritus malignos incorpóreos y de la posesión demoníaca, por favor véase mi libro *People of the Lie* (Nueva York, Simon & Schuster, 1983). (*El mal y la mentira*, Buenos Aires, Emecé, 1988.)

múltiples factores, uno de los cuales es Su propia bondad. Einstein, teólogo a su manera, no hablaba del Dios de Sodoma y Gomorra cuando dijo, hacia el final de sus días: "Sutil es el Señor".

La segunda parte de mi hipótesis es más especulativa. Al tratar estos temas en mi novela sobre el más allá, *In Heaven as on Earth*, sugerí que la creación del alma —de hecho, toda la creación— es un *experimento*. Los científicos han aprendido a esperar que muchos de sus experimentos dejen de apoyar aquello que inicialmente se propusieron probar. A veces decimos que esos experimentos fracasaron, aunque reconocemos que tenemos mucho que aprender de ellos tanto como de los que tuvieron éxito. Nos devuelven al principio.

Mi objetivo no es eliminar el misterio. De hecho, si la creación del alma es un experimento de Dios en cada una de sus etapas, lo misterioso es por qué existen tan pocos experimentos fracasados. San Pablo habló del "misterio de la iniquidad", el misterio de la maldad humana. Sin embargo, si debemos ser objetivos, es preciso admitir que un misterio aún mayor es el de la bondad humana. Desde mi punto de vista el ser humano común es mucho más decente y heroico de lo que podría predecirse por azar.

De todos modos, elegí sugerir esta hipótesis tan especulativa, según la cual nuestras almas son experimentos de Dios, pues sugiere el potencial de cierta especie de gloria. Ya mencioné que está en nuestro poder, en este "valle de fabricación del alma", ser cocreadores junto con Dios. Ahora sugiero que podemos ser coexperimentadores. Muchos experimentos huelen a gloria. Sospecho que este experimento continúa hasta mucho después de la muerte. Pero en ningún momento el experimento de fabricación del alma es tan dramático como cuando nos acercamos rápidamente a la hora de nuestra muerte física.

Capítulo 7

El aprendizaje
de la muerte

En el último capítulo expuse las dos razones por las cuales
critico la eutanasia. Una es claramente teológica y se refiere al suicidio en general. Significa que, como nuestro Creador y Alimentador, Dios tiene tanto derecho a nuestras vidas como nosotros. Como criaturas que gozan de libre
albedrío, tenemos el poder de suicidarnos. Si tenemos el
derecho ético o moral es otra cuestión. A través del suicidio una persona le pone hora a su muerte sin referencia a su
Creador. Es una negación de Dios y de la relación de Dios
con el alma.

La otra razón de mi crítica es psicológica y teológica,
y se refiere específicamente a la eutanasia tal como la definí. Tenemos mucho por aprender del proceso de morir
una muerte natural. Suicidarse a fin de evitar el sufrimiento
existencial de la vejez y de la muerte implica quitarse la
posibilidad de aprendizaje. También, según creo, implica
negar a Dios, quien nos creó para tal aprendizaje. En el
capítulo anterior el tratamiento de este tema fue superficial. El objetivo de este capítulo es hacerlo con más profundidad.

* * *

Las etapas del morir y de la muerte

Elisabeth Kübler-Ross, M.D., fue la primera científica que se atrevió a entrevistar a personas moribundas y preguntarles qué sentían al respecto. A partir de esa experiencia escribió la obra clásica *On Death and Dying* (Nueva York, Macmillan, 1969). En ella afirma que, al recibir el diagnóstico de una enfermedad terminal, los pacientes tienden a atravesar las etapas emocionales en el siguiente orden:

Negación
Ira
Regateo
Depresión
Aceptación

En la primera etapa, la de la negación, dicen: "El laboratorio debe de haber mezclado mis resultados con los de otro paciente. No puedo ser yo; no puede estar sucediéndome a mí". Pero esa actitud no dura mucho tiempo. Entonces se enojan. Se enojan con los médicos, con las enfermeras, con el hospital, con sus parientes, con Dios. Cuando la ira no los lleva a ninguna parte, empiezan a regatear, diciendo: "Quizá, si vuelvo a la iglesia y empiezo a rezar otra vez, mi cáncer desaparecerá". O "Quizá si soy más buena con mis hijos, mis riñones mejorarán". Cuando el regateo no resulta, empiezan a darse cuenta de que realmente van a morirse. En ese punto se deprimen.

Si la persona moribunda puede quedarse ahí y hacer lo que algunos terapeutas llamamos "el trabajo de la depresión", él o ella puede emerger del otro lado de esa depresión e ingresar en la quinta etapa: la aceptación.

Al igual que cualquier libro importante, la sistematización de Kübler-Ross de las etapas ha sido criticada y clarificada. Los críticos han señalado que algunas etapas pueden saltearse; que las etapas pueden ser circulares y repetitivas en

194

lugar de lineales; los pacientes pueden experimentar regresiones; una persona puede encontrarse en más de una etapa al mismo tiempo; el sistema no es una fórmula y no debe ser usado como tal. Todas estas críticas son válidas. No obstante, el sistema es fundamentalmente seguro, y cuando no se aplica como fórmula, resulta muy útil.

Kübler-Ross describió la quinta etapa, la de aceptación —si es alcanzada—, como de gran calma filosófica y luz espiritual. Lo cual es decir poco.

Como psiquiatra, he tenido la buena suerte de ver a varios pacientes en la etapa de aceptación, una experiencia maravillosa. He estado con dos diferentes hombres moribundos, que no eran mis pacientes, en sendas cenas en sus respectivas casas, una experiencia aún más dramática.

Uno de ellos, de casi setenta años, tenía cáncer de vesícula, a raíz del cual acababa de someterse sin éxito a una sesión de quimioterapia. Estaba extremadamente caquéctico o consumido. También era completamente sordo a causa de una enfermedad diferente, pero era hábil para la lectura de labios. Debido a una infección fungal en el esófago como consecuencia de su sistema inmunológico comprometido, no podía comer alimentos sólidos. Mientras el resto comía, él tenía que beber una mezcla nutritiva de aspecto extraño. Esa cena fue su última reunión social, y murió tres semanas después de esa noche.

El otro hombre, de unos cuarenta años, sufría desde hacía una década de ALS (esclerosis lateral amiotrófica, por sus siglas en inglés, o enfermedad de Lou Gehrig). Para la época de nuestra cena estaba paralizado por completo desde debajo del cuello. Tenían que alimentarlo con cuchara, sentado en su silla de ruedas. Por supuesto, era incontinente y requería asistencia permanente de otros miembros de su comunidad religiosa. Le quedaban seis meses de vida.

Debido a que yo conocía de antemano las terribles enfermedades que sufrían esos hombres, temía esas dos cenas. Pero no tenía motivo. Aunque los dos hombres eran de personalidades muy diferentes, mis experiencias con ambos fueron extraordinariamente similares. Cada uno de ellos, a principios de la velada, ofreció una información sucinta y realista sobre su enfermedad y muerte inminente. La intención evidente era no ponerme incómodo. Lo lograron. Nunca conocí a dos personas más alertas, más conscientes de lo que estaba sucediendo, tan completamente *presentes*. Los dos brillaban; estaban llenos de luz, y su luz parecía envolver a todo el grupo. Aunque las fechas no eran especiales, las dos cenas parecieron celebraciones. La atmósfera era de serena alegría. Nunca disfruté tanto un evento social como esas dos cenas.

La etapa final, la de aceptación, es muy real y hermosa de contemplar, pero la mayoría no muere en esa quinta etapa. Casi todos mueren negando, o enojados, o regateando, o deprimidos. La depresión, una vez que caen en ella, es tan dolorosa que no saben cómo superarla, así que retroceden a las etapas anteriores, en especial a la de negación. Mi impresión, aunque no tengo fundamentos científicos que la avalen, es que la mayoría de las personas muere inclusive en forma gradual negando el hecho de que están muriendo.

¿Cómo es posible? ¿Cómo puede un adulto inteligente recibir un diagnóstico terminal, observar cómo se deteriora su cuerpo, ver que ese deterioro es cada vez más rápido, y todavía negar que se está muriendo? Esta negación tiene algo de absurdo, inclusive de perturbado. No obstante, es una conducta normativa. Y si queremos entender por qué es la norma más que la excepción no debemos subestimar el poder de la negación ni el terror a la muerte.

El poder de la negación es un reflejo directo del poder de la voluntad humana. Debido a nuestra libertad, podemos elegir someter nuestra voluntad a un Poder Superior, ya sea Dios, la verdad, el amor, o inclusive la realidad. Pero si nuestra voluntad no es sometida realmente, somos libres de pensar y creer lo que *queramos*. Al diablo con los hechos. Es más fácil negar la realidad que someterse a ella. No es lo correcto sino más fácil.

En general, no queremos morir. Tal como sugerí, la voluntad de vivir está en cada una de las células de nuestros cuerpos. También está en nuestra conciencia. Estar vivos es lo único que conocemos. Naturalmente, la muerte nos aterroriza. Sea cual fuere nuestra creencia en el más allá, tendemos a creer que después de la muerte está el vacío o algo peor.

Sumergiéndome en las profundidades de mi propio terror a la muerte, descubrí una extraña fantasía más terrorífica que la perspectiva de mi inexistencia. Es la idea de existir entre la nada, en el vacío. En esta fantasía yo continúo existiendo después de la muerte, es decir, tengo conciencia, pero no existo en ninguna parte. Soy consciente de no ser nada en mitad de la nada... en medio de un vacío total. La analogía es la de un astronauta que por accidente se desprende de su nave y flota para siempre en el oscuro espacio exterior, completamente solo, pero vivo y consciente de que está condenado a seguir en esa situación por toda la eternidad. En lo racional, es una fantasía que presenta muchas dudas. Pero me produce terror, y muchas personas perfectamente racionales me han confesado que comparten esa fantasía conmigo.

Nuestro terror a la inexistencia es tan monumental que Ernest Becker, en *The Denial of Death* (Nueva York, Free Press, 1973), adjudicó la mayor parte de la malignidad humana al intento de evitar la conciencia absoluta de nuestra mortalidad. Becker no se ocupaba, como nosotros, de quienes sufren una enfermedad terminal; hablaba de las personas físicamente sanas. Si su tesis es correcta —si la negación de la muerte es la causa psicológica original de la malignidad humana—, ¡pensemos entonces en la presión de negar una enfermedad terminal sobre una persona que se encuentra en las etapas finales, que está muriéndose!

Sea cual fuere la magnitud de la presión, o lo comprensible o normal que sea la negación de la muerte, ésta no es sana. En ningún otro sitio este punto se refleja con tanta claridad como en el libro *Midstream: The Story of a Mother's Death and a Daughter's Renewal*, por LeAnne Schreiber (Nueva York, Viking Penguin, 1990). Puede utilizarse como un caso típico de negación. Quizás el caso es tan impactante porque la autora no tuvo la intención de que así fuera. Sólo estaba siendo testigo de los hechos de la muerte de su madre y su propia participación en el proceso.

Su madre, de unos setenta años, contrajo cáncer de páncreas. Sobrevivió un poco más de un año desde el momento del diagnóstico, probablemente como resultado del efecto positivo del tratamiento con radiación, y su fallecimiento se debió más a las metástasis que al tumor original. En las primeras etapas, el tratamiento del dolor físico y emocional que recibió en el establecimiento médico fue muy malo. Pero lo que me resultó más terrible fue la negación persistente de la paciente de que se estaba muriendo hasta el mismo instante en que se moría.

Sólo uno de los detalles poderosamente realistas de este caso es la religión. La madre era una ferviente católica, muy religiosa y participante desde hacía muchas décadas en las actividades de la Iglesia. La hija era, y al parecer siguió siéndolo, manifiestamente secular. En cierta parte del libro madre e hija asistieron a una misa de curación en la iglesia, donde se rezó por la madre. En el mejor de los casos, fue una conducta de regateo. El catolicismo no le proporcionaba ningún consuelo a la paciente. Quedé con la impresión de que era más una católica cultural que verdadera y que, pese a su religiosidad superficial, como suele suceder, era tan secular como su hija. Al parecer tanto la madre como la hija evitaban cualquier tipo de charla sobre religión, quizá porque resultaba irrelevante para las vidas (y muertes) de madre e hija.

La señora Schreiber intentó penetrar en la negación de su madre, pero ésta no quiso saber nada al respecto. Dicha conducta es típica de muchas personas. Cualquier esfuerzo por penetrar su negación resulta infructuoso, y cuanto más se insiste, más probable es que se nieguen. La persistencia puede hasta llegar a la crueldad. Lo mejor es darles a los pacientes muchas oportunidades de hablar de la muerte, propiciar el tema sin insistir en él. Por otra parte, deberíamos ser respetuosos de la necesidad del paciente de negar su muerte.

Sin embargo, suele suceder que son los miembros de la familia y los profesionales médicos quienes, debido a su propia negación, no propician la conversación sobre la muerte. Por ello el libro de la señora Schreiber resulta tan exacto. En él demuestra que su padre negaba la muerte de su esposa tanto como ésta. Cuando las personas cercanas al paciente no están dispuestas a conversar sobre el tema de la muerte, alientan la negación de éste, y en tal caso lo aíslan y el moribundo no puede expresar sus sentimientos más íntimos si así lo desea.

Así, la negación imposibilita que se produzca una comunicación importante. El hermano de la señora Schreiber, médico, supo desde el principio que su madre se moría pero, supuestamente debido a sus obligaciones en otra región del país, mantuvo la distancia. También lo hizo en sus numerosos llamados telefónicos, ocultándose detrás de jerga médica, sin expresar nunca sus sentimientos personales. Por eso la autora, durante ese año, no tuvo a nadie con quien hablar, razón por la cual, sospecho, escribió el libro.

En el final del capítulo 3, sobre el dolor emotivo, comenté brevemente el fenómeno del sufrimiento redentor. Allí mencioné los muchos casos de "buenas muertes" de que tuve noticia y las características que comparten dichas muertes. Las más notables eran la falta de negación por parte del moribundo y la comunicación completa con los amigos y los familiares. Se despedían con amor. Con frecuencia padres e hijos se reconciliaban, y toda la familia se unía como nunca antes. Mis informantes consideraron un privilegio participar en esas muertes. Para su sorpresa, la experiencia no fue terrible sino redentora y sublime.

Sin embargo, para la señora Schreiber, contemplar la muerte de su madre no fue sublime, pues los miembros de la familia no pudieron conversar sobre los temas más importantes. A pesar del subtítulo optimista referido a la "renovación", personalmente considero que *Midstream* es un libro muy triste. No pude discernir en él ningún elemento redentor en la muerte de la madre, ninguna evidencia de que la madre de la señora Schreiber aprendió algo importante durante el último año de su vida. No percibí ningún signo de que su alma se haya desarrollado o crecido. La negación detiene el proceso de aprendizaje. No podemos aprender nada de nuestra muerte si no podemos siquiera enfrentar el hecho de que nos estamos muriendo. La de esta mujer fue una muerte natural, pero no necesariamente una buena muerte.

Las etapas y el aprendizaje de Kübler-Ross

Aunque la doctora Kübler-Ross no fue consciente de ello al escribir *On Death and Dying*, delineó las etapas que todos atravesamos cada vez que damos un paso de crecimiento psicoespiritual de importancia en cualquier punto de nuestras vidas.

Imaginemos, por ejemplo, que tengo un grave defecto en mi personalidad y que mis amigos empiezan a criticarme por las manifestaciones de dicho defecto. ¿Cuál es mi primera reacción? Yo diría: "Debe de haberse levantado con el pie izquierdo", o "Seguramente está muy enojado con su esposa. No tiene nada que ver conmigo". *Negación*.

Si continúan criticándome, pensaré: "¿Por qué se sienten con derecho a meter la nariz en mis asuntos? No saben lo que es estar en mi lugar. ¡Por qué no se ocuparán de sus propios problemas!" Hasta podría decírselo. *Ira*.

Pero si me aman lo suficiente para seguir criticándome, comenzaré a pensar: "Realmente no les he dicho qué buen trabajo están haciendo". Y así voy dándoles palmaditas en las espaldas, sonriéndoles mucho, esperando callarlos. *Regateo*. Pero si de verdad me aman y siguen criticándome, quizá llegue al punto donde piense: "¿Tendrán razón? ¿Puede ser que el gran Scott Peck tenga algún defecto?". Y si la respuesta es "sí", eso conduce a la *depresión*. Pero si puedo seguir con la idea deprimente de que tengo un defecto y empiezo a preguntarme cuál podrá ser, si reflexiono, lo analizo, lo aíslo y lo identifico, puedo proceder a matar el defecto y a purificarme de él. Habiendo completado la *tarea* de la depresión, renaceré como un hombre nuevo, resucitado, una persona mejor. *Aceptación*.

Nada de lo anterior es realmente nuevo. Me gusta citar a Séneca, quien dijo, hace casi dos mil años: "A lo largo de toda nuestra vida debemos continuar aprendiendo a vivir y, lo más sorprendente, queridos amigos, debemos seguir aprendiendo a morir". Por supuesto que podemos optar por no aprender nada del arte de vivir y morir. Pero si elegimos ser buenos aprendices y cocreadores de nuestras almas, sufriremos pequeñas muertes a cada momento. En *The Road Less Traveled* (págs. 67-69) y otras obras, narré cómo, a los treinta y nueve años, atravesé todas las etapas de la muerte en el curso de una sola noche.

Cierta noche decidí pasar un poco de tiempo libre en la tarea de desarrollar una relación más feliz y estrecha con mi hija, que en ese entonces tenía catorce años. Durante semanas ella me había estado pidiendo que jugáramos al ajedrez, así que le propuse una partida y ella aceptó con entusiasmo. La partida se puso pareja e interesante. Pero era un día de semana, y a las nueve de la noche mi hija me pidió que apurara mis movimientos pues necesitaba ir a acostarse; tenía que levantarse a las seis de la mañana. Yo sabía que era muy rígida en sus hábitos para dormir, pero me pareció que mi hija tenía que poder ceder parte de tanta rigidez. Le dije:

—Vamos, por una vez puedes acostarte un poco más tarde. No deberías empezar partidas que no puedes terminar. Lo estamos pasando bien.

Jugamos otros quince minutos, durante los cuales me di cuenta de que mi hija se sentía mortificada. Por fin rogó:

—Por favor, papá, apúrate.

—No, maldita sea —repliqué—. El ajedrez es un juego serio. Si vas a jugarlo bien, debes hacerlo lentamente. Si no quieres jugarlo seriamente, es mejor abstenerse.

Y así, con mi hija sintiéndose infeliz, continuamos otros diez minutos, hasta que de repente ella rompió a llorar, gritó que daba por perdida la estúpida partida y se fue llorando escaleras arriba.

Mi primera reacción fue de negación. No había ocurrido nada grave: mi hija estaba muy sensible. Quizá se debía al período o a algo parecido. Por supuesto que no tenía nada que ver conmigo. Pero el intento de negación no funcionó. El hecho era que la velada había resultado todo lo contrario de lo que yo la había planeado. Así que mi siguiente reacción fue enojarme. Me enojé con mi hija por su rigidez y porque no pudiera ceder un poco de su tiempo para favorecer nuestra relación. Era su culpa. Pero el enojo tampoco funcionó. La verdad era que yo también era rígido en mis hábitos nocturnos. Entonces pensé en correr escaleras arriba, golpear su puerta y pedirle disculpas:

—Lo lamento, mi amor. Por favor, perdóname por ser tan rígido. Que duermas bien.

Sin embargo, en ese momento tuve la sensación de que eso sería como regatear. Sería una disculpa barata. Por fin empecé a darme cuenta de que había cometido un serio error. Había empezado la velada con la intención de pasar un lindo momento con mi hija. Noventa minutos más tarde ella lloraba, tan enojada que apenas podía hablarme. ¿En qué me había equivocado? Entonces me deprimí.

Por fortuna, aunque a regañadientes, pude realizar el trabajo de la depresión. Comencé a enfrentar el hecho de que había echado a perder la noche por permitir que mi deseo de ganar una partida de ajedrez fuera más importante que mi deseo de mejorar la relación con mi hija.

Entonces me deprimí de verdad. ¿Cómo había podido

desequilibrarme tanto? Poco a poco comencé a aceptar que mi deseo de ganar era demasiado grande y que era necesario que cediera parte de este deseo. Sin embargo, hasta eso me parecía imposible. Toda mi vida el deseo de ganar me había servido de mucho, pues había logrado muchas cosas. ¿Cómo era posible jugar al ajedrez sin desear ganar? Nunca me había sentido cómodo haciendo las cosas sin entusiasmo. ¡Era inconcebible jugar al ajedrez con entusiasmo pero no seriamente! Sin embargo, de algún modo tenía que cambiar, pues sabía que mi espíritu competitivo y mi seriedad formaban parte de un patrón de conducta que estaba alejando a mis hijos de mí y así continuarían los episodios de lágrimas y amargura si no podía modificar mi conducta.

Como he podido ceder un poco de ese deseo de ganar, hace tiempo que superé esa pequeña depresión. Utilicé mi deseo de ganar como padre para matar mi deseo de ganar en una partida. De niño, dicho deseo me había venido bien, pero como padre reconocía que era un obstáculo. Tenía que abandonarlo. Y no lo extraño, aunque pensé que lo extrañaría.

He contado con frecuencia la historia de aquella partida de ajedrez porque es el ejemplo más claro que conozco de cómo un individuo puede pasar rápidamente de una a otra etapa del proceso de muerte en una situación cotidiana, en el orden preciso en que Kübler-Ross explicó. Pero como ya mencioné, el orden no es siempre tan estricto. De hecho, con frecuencia sufro una depresión repentina, sin advertencia y sin haber pasado conscientemente por las etapas preliminares de negación, ira o regateo. Permítanme contarles una anécdota de una de esas depresiones mías, que nunca antes conté.

Hace veinte años dirigía, junto con otro terapeuta, un grupo de terapia semanal de diez pacientes. A sólo quince minutos transcurridos de una sesión me asaltó una depresión tan fuerte que no pude pensar ni hablar. Y se instaló.

Por fin uno de los pacientes preguntó:

—¿Te ocurre algo, Scotty? No has dicho una palabra. Parece como si no estuvieras aquí.

—No lo estoy —conseguí balbucear—. He sufrido una depresión repentina. No tengo idea de la razón. Ni siquiera puedo escuchar. Lo siento. Van a tener que seguir trabajando sin mí.

Físicamente permanecí en el cuarto, pero emocionalmente seguí estando ausente hasta que concluyó la sesión de dos horas. El grupo siguió con su trabajo. Me sentí muy agradecido por la presencia del otro terapeuta. Cuando el grupo se desintegró, me preguntó si podía ayudarme en algo.

—No gracias —le respondí—. Espero resolverlo pronto. Si no, te llamaré.

Sólo cuando estaba en mi auto camino a casa, pude volver a pensar con claridad. Como sabía que las depresiones por lo general se desencadenan por una ira impotente, empecé a preguntarme qué había pasado al principio de la sesión que me enojara tanto. Tuve la respuesta de inmediato: había sido por Bianca, una de las pacientes del grupo; estaba furioso con ella.

Bianca era una mujer de treinta y cinco años que no sólo era miembro del grupo sino también mi paciente individual. Hacía un año que se trataba conmigo. Al principio me había parecido una niña de tres años: malhumorada, quejosa y perpetuamente irritante. Culpaba a su marido por todo. Sin embargo, durante los cuatro meses anteriores, había hecho un gran progreso y estaba actuando de acuerdo con su edad... hasta esa noche. Apenas empezó la sesión del grupo, Bianca reanudó su actitud quejosa y vengativa. Era como si esa noche hubiera experimentado una regresión a los tres años, y yo estaba furioso con ella.

Sabía que era común que los pacientes como Bianca hicieran regresiones en forma temporaria en las primeras etapas de la terapia. En consecuencia, en seguida me di cuenta de que la intensidad de mi furia contra ella era inapropiada.

Entonces me quedé en esa furia, sin poder expresarla. Fui sensato al no estallar contra ella. Sin embargo, el resultado fue la depresión repentina y paralizante. Cuando llegué a casa ya había pensado todo lo anterior. Pero mi curiosidad y la persistente depresión me impulsaron a cavar más profundo. Por alguna razón, lo que debió haber sido una leve irritación hacia Bianca se había transformado en una furia inapropiada, casi explosiva. ¿Por qué? Otra vez la respuesta vino de inmediato. Hay épocas en la vida profesional de un terapeuta en que todos sus pacientes parecen mejorar y él empieza a pensar que tiene el toque mágico. Y hay otros períodos muy diferentes en que nadie parece avanzar, y el terapeuta se cuestiona seriamente su capacidad como profesional. Esto último era lo que me había estado ocurriendo. Ninguno de mis pacientes parecía estar progresando... a excepción de Bianca. Durante el último mes mi consuelo era: "Bueno, por lo menos Bianca avanza como un relámpago". Pero ahora no; estaba retrocediendo.

Me pregunté si no sería apropiado que abandonara de a poco la práctica de la psicoterapia si las cosas continuaban así. No lo sabía. Sin embargo, lo que sí sabía era que *no* estaba bien que basara mi autoestima profesional en un solo paciente ni enfurecerme porque ese paciente me había desilusionado, ni siquiera sentirme mal por la conducta de ningún paciente. No era justo para Bianca. Ni tampoco para mí. No iba a permitirme caer en esa trampa otra vez. Me gustara o no, iba a tener que aprender a abandonar por lo menos parte de mi necesidad de autoestima. Esa noche, cuando me fui a dormir, ya no estaba deprimido. Había completado el trabajo de la depresión, o por lo menos el trabajo de esa depresión en particular.

Cuando una persona completa el trabajo de la depresión, la historia invariablemente tiene final feliz. Comencé la siguiente sesión disculpándome al grupo por mi depresión de la semana anterior. Expliqué cuál había sido su dinámica y lo que había aprendido de ella. También me disculpé con Bianca por haberla utilizado para aumentar mi autoestima. Bianca se conmovió mucho por la importancia que tenía para mí su progreso. Admitió su regresión y puso en duda que le volviera a ocurrir. De hecho, el incidente marcó el comienzo de otra etapa de crecimiento espiritual en mi paciente. Con respecto a los demás miembros del grupo, les agradó que su terapeuta fuera lo suficientemente humano para deprimirse, inteligente para superarlo y valiente para confesar todos sus detalles. Me proclamaron su modelo, y en las semanas que siguieron me utilizaron como tal.

Repetidas veces he utilizado una frase que no es casual: "el trabajo de la depresión". En resumen, se trata del trabajo del sufrimiento existencial que se requiere para la cura de la depresión. Como es una tarea psicoespiritual y a nadie le gusta sufrir, la mayoría trata de evitarla. Al hacerlo, no aprenden nada ni puede haber cura. Pero si pueden permanecer con su depresión el tiempo suficiente para tratarla, podrán resolverla y salir por el otro extremo más felices y sabios que antes.

El trabajo de la depresión resulta tan fundamental para el mejoramiento de los individuos —y como pronto veremos, para el mejoramiento de la sociedad— que merece una discusión más profunda. Dicho trabajo puede ser analizado mejor si se lo divide en sus cuatro fases secuenciales.

La primera fase consiste en darse cuenta de que se está deprimido y no escaparse del hecho. No es tan simple como suena. Así como algunas personas pueden negar que se están muriendo, otras también pueden negar que sufren una fuerte depresión. Quizá la mitad de los pacientes con depresión grave que acuden al psiquiatra lo hacen debido a otros motivos: insomnio, pérdida de libido, dolores vagos, inquietud, angustia, problemas maritales, etcétera. Hasta sus amigos advierten que están deprimidos, y la primera tarea del psiquiatra es ayudar al paciente a darse cuenta de que lo está.

Una persona puede no ser consciente de su depresión debido a que ésta es relativamente suave, de comienzo gradual y de causas complejas. Durante el verano de 1979, uno de los primeros admiradores de *The Road Less Traveled*, un clérigo, vino a visitarme por varios días. Al partir me comentó:

—Me gustas, Scotty, y me gustó conocerte, pero eres diferente de lo que esperaba. Después de leer tu libro, pensé que serías un hombre alegre y despreocupado. Pero me pareces triste, casi deprimido.

—No estoy deprimido —respondí—, por lo menos no soy consciente de ello. Todo me va bien.

En realidad, la opinión del hombre me pareció tan extraña, tan fuera de lugar, que no me abandonó. Sólo dos años después, cuando mi libro ya estaba encaminado hacia la fama y yo me había convertido en un orador consumado, me di cuenta de que la evaluación del clérigo había sido correcta. Al pensar en su visita, recordé que en ese entonces estaba librando una batalla para conseguir que mi libro fuera publicado, que estaba aterrorizado por mi primera aparición en público y que mi matrimonio estaba en su punto más bajo.

Mi depresión de esa época se resolvió gracias a las circunstancias favorables de mi carrera de escritor y orador, sin que yo tuviera que realizar el trabajo. No se puede llevar a cabo la tarea de la depresión a menos que se esté consciente de ella. Seis años más tarde ingresé en un período de dos años, en el cual estuve muy consciente de una depresión moderada y constante. No es sorprendente que esa depresión prolongada tuviera su centro en mis cincuenta años. Podría parecerse a una crisis de mediana edad. Parte de esa crisis se debió a una serie de problemas en nuestro matrimonio. Tuvimos que trabajar mucho antes de salir —ella y yo— del otro lado. He narrado varias historias de resolución de depresiones en el curso de unas pocas horas, pero no se resuelven los problemas de un matrimonio de veinticinco años en una sola noche.

Al haber completado la primera fase del trabajo de la depresión, reconociendo que estamos deprimidos, la segunda fase es obvia: preguntarnos por qué. ¿Por qué estoy deprimido? Por obvia que parezca la pregunta, la respuesta no siempre lo es. Por ejemplo, la sensación depresiva suele acompañar algunas enfermedades virales. La gripe y la mononucleosis se destacan en este aspecto, pero el fenómeno también ocurre con otras enfermedades de menor importancia. Como psiquiatra, este hecho me ha confundido. Muchas veces experimenté una leve depresión y pasé varias horas preguntándome por qué, antes de que se manifestara una fiebre y dolor en las articulaciones. Entonces me di cuenta: "En realidad no estoy deprimido; sólo es un pequeño virus".

Pero el anterior es un tema menor. El verdadero problema se produce cuando tenemos una depresión como Dios manda y día tras día nos preguntamos por qué, y no podemos encontrar la respuesta. Si la depresión sigue sin explicación, es hora de acudir a un psicoterapeuta. Éste no podrá hacer el trabajo de la depresión por usted, pero podrá ayudarlo en esta fase. Si está dispuesto a ser honesto, las amables preguntas de un terapeuta le revelarán con bastante rapidez que usted tiene muchas razones para estar deprimido.

Pero si usted es una persona razonablemente perspicaz, no necesitará pagar los servicios de un terapeuta profesional para ayudarlo a hacer lo que usted puede realizar por sí mismo. Recordemos cuando dije que, por lo general, una sensación de furia impotente es la causa de la depresión. Simplemente preguntémonos: "¿Con quién estoy enojado?". Por ejemplo, apenas me pregunté qué ocurría que me molestaba en esa sesión de terapia grupal, de inmediato me di cuenta de que estaba furioso con Bianca. Sin embargo, era una ira impotente pues instintivamente sabía que era más mi culpa que la de ella.

Mi única advertencia en este aspecto es que las depresiones suelen ser sobredeterminadas, es decir, que tienen más de una causa. Con frecuencia no es una sola cosa con la que estamos enojados sino varias. La mayoría de mis pequeñas depresiones son así. Me doy cuenta de que estoy deprimido a las dos de la tarde. Al reflexionar me doy cuenta de que no fue una, ni dos, sino cinco cosas las que salieron mal esa mañana. Cada cosa por separado puede no tener importancia, pero la última es como la gota proverbial que rebalsó la copa, y estos incidentes en combinación han logrado ponerme de muy mal humor.

Una vez que discernimos la cosa o cosas por las que estamos enojados, hemos descubierto la causa del problema, completando así la segunda fase del trabajo de la depresión. La tercera fase consiste en preguntarse: "¿Qué tengo que hacer para deshacerme de esta ira impotente?". A veces esta fase no requiere ningún trabajo. Por ejemplo, si mi depresión no es más que el resultado de la acumulación de pequeñas frustraciones, lo único que tengo que hacer es dormir bien, y estaré bien a la mañana siguiente. En las palabras casi inmortales de Scarlett O'Hara: "Mañana será otro día".

Pero cuando hablamos de depresiones importantes, el sueño —si es que se puede dormir— no es la respuesta. De hecho, el trabajo de la depresión ahora se hace más difícil, más laborioso. Pues la respuesta a la pregunta: "Qué tengo que hacer para deshacerme de esta ira impotente?" es que tengo que deshacerme de algo... algo en mi persona. Tengo que dar parte de mí mismo. Por ejemplo, en respuesta a la fracasada partida de ajedrez con mi hija, tuve que ceder mi excesivo espíritu de competencia. De la misma manera, mi exagerada furia hacia Bianca me enseñó que necesitaba dejar de basar mi autoestima en el progreso o la falta de progreso de mis pacientes.

Esta fase del trabajo de la depresión es tan difícil debido a nuestra resistencia instintiva a entregar parte de nosotros. Apenas identifico una parte de mi persona que debo abandonar, mi primera reacción es: "No puedo. Es imposible". ¿Cómo se puede jugar al ajedrez si no es con espíritu de competencia? ¿Cómo puedo dejar de basar mi autoestima en los resultados aparentes de mi trabajo? En el capítulo 3 hablé de cómo las personas deprimidas se sienten atrapadas, como si estuvieran en una jaula, pero también de cómo esas barras son de su propia producción. La realidad es que podemos abandonar cualquier cosa si de verdad lo queremos. El problema está en que queramos. Muchos terapeutas hemos tenido la experiencia de pacientes que abandonan el trabajo de la depresión en este punto y desechan nuestra ayuda, pues prefieren estar deprimidos a renunciar a alguna parte de sí mismos, sin importar que esa parte sea autodestructiva e innecesaria.

Cuando dije que podíamos abandonar cualquier cosa, no quise decir que podamos o debamos abandonar algo que sea constructivo. Por ejemplo, no deberíamos dejar el alma, aunque algunas personas lo hacen. Hablo de defectos del ego, como la excesiva competitividad o la necesidad de autoestima. La lista de estas "cosas del ego" es casi interminable: arrogancia, fantasías irreales, el hábito del sarcasmo, etcétera. La lista incluye cualquier cosa que no nos sirva más.

Una vez completada esta tercera fase del trabajo de la depresión, con la identificación de aquello que necesitamos abandonar y dándonos cuenta de que *podemos* abandonarlo, la cuarta y última etapa es hacerlo: abandonarlo. Aplastarlo. Matarlo. Extirparlo. Una vez más, es más fácil decirlo que hacerlo. La sensación es la de la muerte. Es un proceso de cirugía del yo (o del ego), y por lo general es motivado sólo por una sensación de derrota. Como dije antes, la solución de ciertos problemas es aceptar que no tienen solución.

Así hemos vuelto a la aceptación, la palabra que utilizó Kübler-Ross para la etapa que sigue a la depresión, ese sitio de paz espiritual que alcanzaremos si podemos completar el trabajo de la depresión. La intención de Kübler-Ross era centrarse en la aceptación de la muerte misma y en la sensación de derrota que debe superarse a fin de comprender que la muerte es uno de esos problemas que no tienen solución, que no podemos vencerla. A medida que consideremos en forma más específica el tema de la eutanasia, vamos a centrarnos en otra clase de derrota del ego que resulta central para el proceso de la muerte: aprender a abandonar el control.

Pero no nos equivoquemos: la derrota del ego es dolorosa. Dije que el trabajo de la depresión es laborioso: es parecido al trabajo de parto, el proceso de dar a luz. El dolor puede empezar en forma gradual, pero en las últimas etapas puede ser atroz. Sin embargo, el resultado es una nueva vida. De igual modo, el trabajo de la depresión es el aprendizaje del alma, y el resultado es una nueva vida para el alma que es casi parecida a la resurrección.

Nunca será excesivo el énfasis que ponga en la importancia de estas etapas de la muerte en el proceso de desaprendizaje y aprendizaje de algo nuevo. No sólo los individuos sino también los grupos, pequeños como las parejas de casados y grandes como las naciones, necesitan atravesarlas. Por ejemplo, consideremos la conducta de los Estados Unidos en Vietnam. Cuando empezó a acumularse la evidencia, en 1963 y 1964, de que las políticas estadounidenses en Vietnam no servían, ¿cuál fue la primera reacción de los Estados Unidos? Negación. Todo estaba bien. Lo único que se necesitaba eran más tropas de fuerzas especiales y un par de millones de dólares más.

Después, en 1966 y 1967, cuando la evidencia siguió acumulándose, ¿cuál fue la reacción del gobierno? Ira. Comenzó My Lai. Y la tortura. Y los bombardeos cuyo objetivo parecía ser convertir a Vietnam del Norte en una playa norteamericana de estacionamiento. Sin embargo, para 1969 y 1970, cuando la evidencia acumulada demostró que las políticas estadounidenses eran un fracaso, la siguiente respuesta fue intentar el regateo para salir de la guerra. Estados Unidos dejó de bombardear con tanta intensidad, creyendo que de algún modo podría recuperar a Vietnam del Norte. Pero esa estrategia también falló.

Aunque algunos de nosotros, como norteamericanos, atravesamos un período de depresión importante a causa de Vietnam, nuestro gobierno llevó a la mayoría de los norteamericanos a creer que habíamos logrado salir de la guerra. La verdad es que no conseguimos salir de Vietnam. Equivocados desde el principio, fuimos derrotados, como bien lo merecíamos. Nos escapamos con más de medio millón de hombres. Debido a que como nación, no logramos en esa época realizar el trabajo de la depresión relacionada con aceptar nuestra culpa colectiva, no aprendimos ninguna lección. Sólo en forma reciente, veinticinco años después del hecho, pareciera que hemos hecho una parte del trabajo de la depresión, al haber aprendido a renunciar a una porción de nuestro arrogante deseo de controlar el mundo y haber logrado un poco de humildad en nuestras relaciones internacionales.

Con respecto a los grupos más pequeños, las parejas de casados, creo que la mayoría de los matrimonios prolongados atraviesan estas etapas de muerte en el mismo orden que indicó Kübler-Ross. Por supuesto es lo que ha ocurrido en mi matrimonio con Lily. Durante los primeros cinco años dedicamos mucha energía a negar la dolorosa realidad de que nuestro amor ya no era romántico. Cuando dicha negación se derrumbó, pasamos la mayor parte de los diez años siguientes enojados el uno con el otro por no ser el compañero y compañera de nuestros sueños. Fue una época de críticas. Nos echábamos en cara mutuamente las fallas que nos veíamos, y después tratábamos de remediar esas deficiencias. Una y otra vez yo trataba de convertir a Lily a mi modo de pensar, y ella trataba de convertirme al suyo. Sin convertir, a continuación atravesamos un período de negociación de límites y reglas, que nos permitirían convivir en paz. Esa actividad fue similar a la del regateo: "Hago esto si tú haces aquello", vivíamos diciendo, pero no nos dio ninguna felicidad. A los veinte años de casados estábamos bastante deprimidos con respecto al matrimonio. No estábamos seguros de que éste pudiera sobrevivir. Sin embargo, por razones efímeras, durante la década siguiente seguimos con nuestro matrimonio deprimente, y entonces comenzaron a suceder cosas extrañas. Poco a poco, sin proponérmelo, algunos de los defectos de Lily empezaron a resultarme graciosos. Lentamente me di cuenta de que cada uno de sus imperfecciones era la contrapartida de una virtud que yo admiraba y de la cual dependía. De igual manera, ella observó que algunas de las cosas que me criticaba eran efectos secundarios bastante naturales de ciertas virtudes mías de las que ella carecía. Poco a poco nos fuimos dando cuenta de que armonizábamos bastante bien. Empezamos a consultarnos el uno al otro. Lo que alguna vez había sido causa de fricción y enojo ahora era motivo de fiesta, de celebración por nuestra suave interdependencia. A los treinta años de casados nuestro matrimonio, que antes era deprimente, había pasado a ser divertido y ahora, siete años después, cuando estamos casi jubilados, es un deleite.

Todo lo que he venido diciendo puede resumirse de la siguiente manera: en aquellos matrimonios que sobreviven con éxito los veinticinco años, al acercarse a los treinta los cónyuges empiezan a aprender a *aceptar* al otro. ¿No es sorprendente, podría agregar con cierta ironía, lo rápido que aprendemos los seres humanos?

En los últimos quince años Lily, yo y otros líderes de la Fundación para el Estímulo Comunitario hemos enseñado a miles de grupos diferentes en todo el mundo, cuyo tamaño variaba desde diez hasta cuatrocientos miembros, a convertirse en comunidades de aprendizaje. Lo hemos llevado a cabo en talleres experimentales de dos a cuatro días. El objetivo central de estos talleres es enseñar al grupo a hacer el trabajo de la depresión. Nos referimos al período en que el grupo está más concentrado en este trabajo como de "vacío". Durante esta fase los miembros del grupo se liberan de cualquier cosa que se ponga en el camino para convertirse en una comunidad auténtica. Con frecuencia alguien opina de este proceso: "Dios mío, esto no es lo que esperaba. Es como morirse".

Los grandes aprendizajes se parecen siempre un poco a la muerte. Para aprender algo nuevo e importante debemos primero desaprender aquello que es viejo y a lo que estamos acostumbrados. Debemos abandonar esa parte de nuestra persona que se ha vuelto anacrónica, y este proceso de vaciamiento al principio puede parecerse a la aniquilación o al descenso a la nada. Puede ser aterrador.

El terror que puede experimentarse nunca fue mejor ilustrado que en el "renacimiento" de Martin. Martin era un hombre de sesenta años, de aspecto deprimido y un poco rígido, cuya adicción al trabajo lo había llevado al éxito y a la fama. Durante la etapa de vaciamiento en un taller al que asistieron él y su esposa, cuando el grupo todavía intentaba comprender el concepto intelectual de vaciamiento, de repente Martin empezó a temblar y a sacudirse. Durante un instante pensé que estaba teniendo un ataque. Pero después, como si estuviera en un trance, empezó a gemir:

—Tengo miedo. No sé lo que me está sucediendo. Toda esta charla sobre vacío, no sé lo que significa. Siento que voy a morirme. Estoy aterrorizado.

Entre varios lo rodeamos y lo sostuvimos para tranquilizarlo, sin saber todavía si lo suyo era una crisis física o emocional.

—Siento que voy a morirme —continuó gimiendo—. Vacío, no sé lo que es el vacío. Toda mi vida he hecho cosas. ¿Quiere decir que no tengo que hacer nada? Tengo miedo.

Su esposa lo tomó de la mano.

—No, no tienes que hacer nada, Martin —le dijo.

—Pero siempre he hecho cosas —continuó Martin—. No sé lo que significa no hacer nada. Vacío. ¿Eso es el vacío? ¿Dejar de hacer cosas? ¿Puedo no hacer nada?

—Está bien no hacer cosas, Martin —respondió su esposa. Él dejó de temblar. Seguimos sosteniéndolo durante unos cinco minutos. Entonces nos hizo saber que su miedo al vacío, su terror a la muerte, había desaparecido. Y una hora después su rostro empezó a irradiar una suave serenidad. Martin supo que se había derrumbado y que había sobrevivido. También supo que a través de su derrumbe había impulsado a todo el grupo hacia la comunidad. Muchas de las cosas de las que deben deshacerse los miembros de un grupo para convertirse en una verdadera comunidad son casi universales: las expectativas de cómo será la experiencia; prejuicios; la necesidad de curar, convertir o "arreglar" al otro; las argumentaciones que impiden escuchar; la inclinación hacia las fórmulas; la pasividad por un lado y la tendencia a dominar por el otro; la necesidad de controlar. Podría continuar. Otras cosas que deben ser vaciadas pueden ser muy personales, como la adicción al trabajo de Martin o la preocupación de una persona por una situación familiar que nada tiene que ver con el grupo.

En las primeras fases del vaciamiento, no sólo cada uno de los miembros se siente deprimido, sino que todo el grupo parece estarlo ante un observador. Los líderes poco pueden hacer salvo alentar al grupo a soportar e ir en más profundidad. Quizá la experiencia sea más dolorosa para los líderes que para los participantes. A medida que el grupo profundiza en el trabajo de la depresión, hasta llegar al vacío, puede resultar atroz para el líder quedarse sentado, impotente, observando a un grupo entero atravesar su agonía.

Sin embargo, estos grupos "mueren" metafóricamente, y después vuelven a surgir como una verdadera comunidad. No es como la etapa final de aceptación de Kübler-Ross, sino todavía más poderosa pues se trata de un fenómeno grupal. Otra vez, es como una resurrección. La pena del grupo se ha convertido en alegría.

Una palabra importante en teología para esta tarea de la depresión, de abandono, es *kenosis*: el proceso de vaciarse a sí mismo del yo. Es una palabra muy poderosa.

En los antiguos días, no tan buenos, muchos monjes y monjas y otros religiosos practicaban la disciplina de la automortificación. La palabra proviene del latín *mors* ("muerte"), como "mortalidad" y "mortífero", y le aplicaban el significado de "disciplina de muerte cotidiana". Con frecuencia se utilizaban cilicios y cosas por el estilo. Pero el objetivo básico —la kenosis— es esencial para mantener nuestra vitalidad como individuos de una sociedad civilizada.

El objetivo de la kenosis, o autovaciamiento, es no tener el alma o la mente vacíos, sino hacer lugar para algo más nuevo y vibrante. La imagen del individuo kenótico en la cristiandad es la de un recipiente vacío. Para vivir en el mundo debemos retener parte de nuestro ego, el suficiente para formar las paredes del recipiente, para que sea un recipiente. Sin embargo, más allá de eso es posible vaciar el ego para que podamos llenarnos de espíritu. El fin no es la obliteración del alma, sino su expansión.

Los individuos que están por morir que completan el trabajo de la depresión alcanzan la aceptación. Los grupos que permanecen en esa etapa hasta llegar a la agonía del vaciamiento, logran una verdadera comunidad. El aprendizaje es enorme, y el resultado final, glorioso. Pero no quiero ocultar el sufrimiento existencial que todo esto involucra. Las renuncias que hay que hacer son gigantescas.

La kenosis de la muerte

Así como la mayoría niega su muerte, también niega la vejez. Conozco a mucha gente de sesenta años, o hasta de setenta, que todavía se considera de mediana edad. Siendo lo que soy, no niego mi vejez ni mi muerte; en cambio, escribo sobre ellas.*

---

*Gran parte del material de esta sección es discutido con mayor profundidad en mi libro más autobiográfico, *In Search of Stones*, donde se dedican capítulos enteros a la muerte, a la vejez y otros temas relacionados.

Las personas son inmensamente diferentes en muchos aspectos. Envejecen, tanto física como emocionalmente, con diferentes ritmos. Mi padre jugaba dieciocho hoyos de golf hasta bien entrados los ochenta. A los sesenta, yo puedo alcanzar los nueve hoyos, con carrito y calmantes incluidos.

No soy de mediana edad; soy viejo. Limpiarme los dientes con hilo dental, hacer ejercicios de espalda abominables pero salvadores para combatir la deformación de la columna, utilizar tres tipos de gotas para el glaucoma, aplicar lociones y bálsamos para la piel, etcétera, me lleva más de una hora por la mañana y, con similares rituales, el mismo tiempo antes de ir a la cama. No duermo tan bien, así que debo hacerlo por más tiempo. Tengo poca fuerza física. Los viajes me resultan agotadores. Concentrarme me cuesta más. Escribo con más lentitud. Aunque todavía no he recibido un diagnóstico terminal específico, no tengo que ser mago para saber que estoy muriendo.

También sucede que, cuando me lo propongo, escucho mejor. No es un mal intercambio.

Como ahora soy viejo, presto más atención a los anuncios televisivos dirigidos a los ancianos. Por lo general me enfurecen tanto como los dedicados a los bebés, con el uso flagrante de connotaciones sexuales. Hace poco, uno de esos avisos de un calmante para la artritis mostraba a una mujer, supuestamente de sesenta años pero que parecía de cuarenta, meneando alegremente una raqueta en una cancha de tenis. Al terminar el aviso, una voz fuerte e invisible proclamaba: "¡Viva sin límites!".

La idea de que podemos vivir sin límites a cualquier edad es absurda. Pero la vejez se trata, más que cualquier otra cosa, de aprender a aceptar nuestras limitaciones cada vez mayores.

La aceptación es un proceso a la vez voluntario e involuntario. Cada nueva limitación representa una pérdida, una pequeña muerte. Estas pérdidas al principio son sufridas involuntariamente. No está en nuestra naturaleza humana aceptar las limitaciones y las pérdidas más que la vejez y la muerte en general. Sufrimos. Sin embargo, hasta dónde estamos dispuestos a realizar el trabajo de la pena —de la depresión— es una cuestión voluntaria. Es una elección, que por lo general no es alentada en nuestra cultura, que evita el dolor y niega la muerte y la vejez, y que alimenta en forma incesante nuestro pecado original y nos incita a "vivir sin límites".

Ninguna experiencia en toda mi carrera de psiquiatra fue más dolorosa que la de verme obligado a internar a varios acaudalados pacientes ancianos en hogares para ancianos contra su voluntad. Habían perdido la capacidad de sumar y restar y de manejar asuntos financieros complejos. No obstante se negaban a aceptar sus limitaciones. Cuando los visité en sus casas, a pedido de sus familias, los encontré rodeados de pilas de balances, cuentas impagas y chequeras en desorden. Habían trabajado todo el día y parte de la noche para comprenderlo todo. Fueron vanos mis esfuerzos por sugerirles que ya no podían hacerlo. Tenían riqueza suficiente para contratar personas competentes que manejaran sus asuntos, para que ellos pudieran sentarse a disfrutar de sus nietos, de los crepúsculos y de caminatas en el jardín. Pero no querían dejar el control. Entonces hubo que arrebatárselo. Fueron a un hogar para ancianos, no porque sufrieran de alguna deficiencia física, sino porque no podían aceptar limitaciones mucho menores. Fue terriblemente triste.

He igualado más o menos los límites con las pérdidas. Las pérdidas de la vejez son tan numerosas que podrían llenar libros, y tan enormes que resultan incomprensibles para los jóvenes. Necesitamos todas nuestras aptitudes para tratar con ellas. Una de tales aptitudes es el humor negro. Una variante particularmente masculina dice así: "A los cuarenta me habría conformado con una mujer hermosa. A los cincuenta y cinco, con una buena comida. Ahora que tengo setenta, me conformo con un buen movimiento intestinal".

Otra vez, sin ánimo de ocultar la realidad, deseo destacar que algunas de estas pérdidas son experimentadas, por lo menos por unos pocos, como una liberación. Tomen como ejemplo la "mujer hermosa". Cuando cumplí cincuenta y cinco años sufrí una pérdida repentina y dramática de mi libido. No fue total, pero mi capacidad de lograr y conservar la erección se vio afectada. Ante semejante pérdida de potencia sexual muchos hombres, aunque avergonzados, habrían ido corriendo, aterrorizados, a ver al médico. Yo no. Como en esa época viajaba mucho, y estaba expuesto bastante a menudo a las atenciones de mujeres hermosas, la disminución de testosterona que circulaba por mis venas fue como si me hubiera quitado un peso de encima. Me costó aceptarlo, pero cuando lo logré lo viví más como un remedio que como una enfermedad.

Me concentré en esta cuestión de potencia sexual porque, ya sea en mujeres como en hombres, es el poder el que está en juego. Con poder no me refiero solamente al poder político, como por lo general se piensa. La pérdida de ese poder puede ser una de las grandes pérdidas de la vejez. La jubilación obligatoria, por ejemplo, puede resultar devastadora, en especial para quienes disfrutaron de cierta posición política gracias a sus empleos. Pero la mayoría no goza de dichos privilegios. Cuando hablo de poder, como la fuerza de voluntad, me refiero a la capacidad de hacer más o menos lo que deseamos: cosas simples como tener relaciones sexuales, jugar un partido de tenis, andar en bicicleta, conducir un auto, ir a comer a un restaurante, hasta salir de la cama para ir al baño. El poder, en este caso, puede ser equivalente a la libertad, con elecciones, opciones y potenciales, por lo menos con un mínimo de control.

Por ejemplo, esta mañana me desperté con el potencial (la potencia) para trabajar en este libro, escribir en mi anotador amarillo y disfrutar el paisaje rural que tengo en la ventana de mi oficina cada vez que deseo distraer mi atención. Al no haber emergencias que me exijan lo contrario, tuve la libertad de ejercitar esta opción, elegir el plan que más me gustaba. Y aquí estoy sentado, en control. Pero, ¿y si mi glaucoma decidiera descontrolarse y me volviera completamente ciego? Escribir en mi anotador amarillo ya no sería una opción potencial. No podría disfrutar del paisaje. Como el glaucoma, todas estas cosas agradables y útiles —y muchas más— escaparían a mi control.

La vida se gasta poco a poco, ante nuestra impotencia, casi desde el principio. Podemos recordar que en el capítulo 3 hablé de cómo, durante la terrible época de los dos años, empezábamos a darnos cuenta de que no éramos reyes y reinas del mundo. Sin embargo, pese a este constante desgaste, tenemos la tendencia a ser muy tenaces en aferrarnos a nuestra omnipotencia. De hecho, en la mediana edad con frecuencia nos sentimos más en control que nunca antes. Pero en la vejez el desgaste se acelera. Puede ser tan rápido que hasta parece violento, más un desgarro que un desgaste.

No obstante, la vejez no tiene por qué ser una completa agonía. Hace unos cinco años, cuando recién empezaba a imaginar mi retiro y la pérdida de poder que eso involucraba, me alentó una historieta del *New Yorker*, que ilustraba a un hombre de aproximadamente mi edad, que le decía a su esposa en la mesa del desayuno: "Estoy perdiendo el control de las cosas, y me siento maravillosamente". De hecho, a medida que mi retiro es mayor, la emoción predominante es el alivio.

Pero vean esto: yo estoy bien. Lily también es anciana, y ella tampoco tiene un diagnóstico terminal. Nos tenemos el uno al otro para compartir nuestras penas y dolores. Nuestro matrimonio está mejor que nunca antes en su historia de treinta y siete años. También tenemos dinero de sobra, personal competente que nos asiste, buenos amigos y viajes a Europa. La nuestra es una vejez insólitamente potente. Hace poco dije, alegrándome de cómo nos divertíamos:

—De verdad éstos son nuestros años de oro.

—Años de oro, no —replicó Lily—. Son nuestros años de platino.

Así que he tenido suerte. Es importante tenerlo en cuenta para que el lector sepa que mi buena suerte puede influir sobre mi opinión en estos temas. No obstante, el desgarro continúa. Cada vez son más los días en que me gustaría escribir o nos gustaría jugar nueve hoyos pero no podemos por tener cita con el médico, y cuando viajamos a Europa cada vez llevamos más píldoras. Y hemos intensificado la frecuencia de estos viajes en la medida de lo posible, pues sabemos que nuestros años de platino no durarán mucho más. Sabemos que el desgarro de nuestras opciones y de nuestra habilidad pronto será cada vez más rápido y violento. ¿Qué forma adquirirá? ¿Seremos como Victoria, que, debido a su ataque, no podía vestirse sola? ¿Seremos incontinentes de esfínteres? No podemos predecir los detalles. Lo que sí podemos predecir es que no está muy lejos el día en que el desgarro será total y completo y en que no nos quedará ninguna opción en esta tierra.

Hasta ahora he estado hablando de las pérdidas y limitaciones físicas del cuerpo. En el transcurso de los años para mí ha sido más dolorosa la pérdida de las ilusiones. Realmente tuve que atravesar las etapas de la muerte y hacer el trabajo de la depresión al renunciar a mis queridos sueños, ideales, héroes y fantasías.

Muchas de tales ilusiones son universales. Todavía recuerdo a un profesor que nos decía a los residentes de psiquiatría, cuando yo tenía treinta años:

—Nadie puede considerarse mentalmente sano ni emocionalmente maduro hasta que renuncie a la fantasía de que puede curar a sus padres.

Podía relacionar esa idea con mi trabajo con pacientes, y recuerdo que en ese momento asentí sabiamente. Pero sólo doce años después renuncié a esa fantasía en relación con mis padres, y aún seguí aferrándome a lo poco que quedaba de ella hasta que mis padres murieron.

Como dije, pude conectarme con esa fantasía en relación con mis pacientes, pero también aprendí la realidad de la conocida broma de la lamparilla eléctrica: ¿Cuántos psiquiatras se necesitan para cambiar una bombilla eléctrica? Respuesta: sólo uno, pero solamente si la bombilla quiere cambiar. Más lentamente aprendí algunas de las ambigüedades al respecto. Sabía que ni siquiera Jesús pudo curar a nadie que no quisiera ser curado, pero creía poder hacerlo con quienes estuvieran "bien motivados". Lo único que tenía que hacer era amarlos lo suficiente. Sin embargo, subestimé la biología y la ambivalencia y sobrestimé sus capacidades y las mías, incluyendo mi capacidad para ser todo para todas las personas. De hecho, nunca curé a ninguno de mis pacientes. Sólo tuve la suerte de tener algunos pacientes con quienes la mezcla fue lo suficientemente correcta para que ellos me utilizaran como catalizador para su cura antes que yo me consumiera en mi idealismo omnipotente.

Podría continuar nombrando todas las ilusiones a las que aprendí a renunciar. Pero voy a mencionar sólo una más, que es ubicua en nuestra sociedad y se aplica especialmente al tema en cuestión: la ilusión de la cura. Esta ilusión fue brutalmente expuesta por Maggie Ross en *Pillars of Flame* (San Francisco, Harper & Row, 1988), un libro sobre kenosis. La curación existe, es verdad, y a veces parece que hay cura, pero se trata de un proceso muy diferente. Un ejemplo casi simplista es mi recuperación de una neumonía casi mortal a la edad de cuarenta y siete años. Después de diecisiete días en el hospital, bajo tres diferentes tipos de antibióticos intravenosos, fui dado de alta para recuperarme en mi casa, y seis semanas después estaba de vuelta en el circuito de conferencias. Pero no era el mismo hombre, ni psicológica ni físicamente. En lo psicológico, me di cuenta de que casi había muerto por creerme un hombre de hierro: un día daba una conferencia en una ciudad, me subía a un avión esa misma tarde para poder dar una conferencia en otra ciudad al otro día. Como parte de mi curación, me vi obligado, por primera vez en mi vida, a aceptar y poner límites firmes a mi agenda antes repleta. También por primera vez en mi vida empecé a sufrir de asma, como resultado evidente del pasaje de la neumonía por mis vías bronquiales. En la actualidad, cuando viajamos a Europa, parte de la montaña de remedios que llevamos son para el asma, para tratar los efectos de la enfermedad de la que supuestamente fui curado hace más de doce años.

Como ya narré, alrededor de la edad típica de cincuenta años atravesé algo parecido a una crisis de mediana edad y "depresión curativa". Entre las cosas que me ayudaron en ese período difícil de mi vida había un librito de tapas blandas con citas humorísticas e ilustraciones, titulado: *Who Needs Midlife at Your Age?** Una de las citas decía: "La mediana edad es cuando uno cree que en un par de semanas volverá a la normalidad". Ah, sí, la ilusión de la cura, la negación de la vejez.

Todas estas falsas ilusiones —quizá todas nuestras ilusiones— se refieren al poder. Al control y a la potencia. Ahora permítanme señalar que también son ilusiones del ego. El alma no se preocupa por el poder en el sentido mundano. Por lo general se cree que la incontinencia es lo peor que puede sucederle a una persona: la pérdida final de control, una pérdida de dignidad completa y humillante. Sin embargo, el ego es el que se ve humillado. El alma no se preocupa por semejantes sutilezas ni por esa dignidad tan superficial. De hecho, al ser inmortal y puro espíritu, el alma no se preocupa en absoluto por el cuerpo, ni siquiera por su muerte.

*Jack Roberts, Dick Gunther y Stan Gortikov: *Who Needs Midlife at Your Age? A Survival Guide for Men* (Nueva York, Avon Books, 1983).

Forma parte de la naturaleza del ego aferrarse al poder, a perseguir sin descanso la ilusión de la seguridad, a negar la pérdida, a rehusarse a aceptar las limitaciones. Entonces, ¿cómo logra un ser humano vaciarse de todas estas cosas? ¿Y por qué? ¿Cómo y por qué a veces renunciamos voluntariamente al poder, elegimos abandonar nuestras queridas ilusiones, superamos la negación y llegamos a la aceptación?

Eso sucede porque a veces el ego es inteligente. Después de un tiempo a veces nos cansamos de darnos la cabeza contra la pared. Podemos ser suficientemente inteligentes para reconocer que nuestras ilusiones nos están matando y que renunciar a ellas es el camino hacia la curación. Podemos darnos cuenta de que nuestro ego se está poniendo en nuestro camino y llegar, por fin, a la comprensión de Buda y de Jesús de que el ego es su propio enemigo.

En este punto, si es que alguna vez lo alcanzamos, nos embarcamos en el viaje de la kenosis: "el proceso de vaciamiento del yo", de purificación, de muerte del ego. Algunos realizan este viaje de kenosis con indiferencia, por partes. Es de esperarse. Es un milagro comprometerse en él, aunque sea parcialmente. Otros logran realizan el viaje de todo corazón y llegan a encontrar en él el sentido de su existencia.

El camino kenótico no es alentado en nuestra cultura de "vivir sin límites". Tomemos como ejemplo las ilusiones perdidas. En nuestra cultura, decimos: "¡Pobre Juan, está desilusionado!", cuando lo que deberíamos decir es: "¡Qué suerte, tuvo una desilusión!". En cambio, sentimos lástima: "Ahora ve las cosas tal cual son, ¡pobre!".

Como si para Juan fuera mejor negar que se está muriendo rápidamente de una enfermedad mortal y no poder despedirse de sus seres queridos, como si fuera mejor para él pensar que todavía puede manejar sus finanzas cuando perdió la capacidad de contar, como si fuera mejor tener un ataque cardíaco tratando de probar una virilidad que ya no existe, como si no debiera darse cuenta de que la investigación que está realizando está siendo utilizada por su empresa para fabricar armas de destrucción masiva... etcétera.

Si la industria editorial sirve como indicador, existen algunos signos débiles de cambio cultural. Desde la publicación del libro de Kübler-Ross *On Death and Dying*, hubo un leve aumento de los libros que tratan el tema de *aprender* a morir. Más aún, su calidad parece haber mejorado. Hay dos que a mi criterio son especialmente buenos, en parte debido a su carácter espiritual aunque no sectario: *Living Our Dying: A Way to the Sacred in Everyday Life* (Nueva York, Hyperion, 1996), por Joseph Sharp, un sobreviviente del sida, es el más amplio de los dos. *Dying Well: The Prospect for Growth at the End of Life* (Nueva York, Putnam, 1997), por Ira Byock, se afianza más en los detalles, incluyendo el mecanismo de los cuidados brindados en el hospicio. Recomiendo los dos libros y volveré a mencionarlos.

Las enfermedades que en general más se temen en nuestra sociedad son el sida y el cáncer, que producen una muerte inexorable y gradual, donde el afectado tiene mucho tiempo para observar su lento deterioro y decadencia. La mayoría de las personas —si es que deben morir— prefieren una muerte repentina, sin siquiera ser conscientes de la muerte. Sin embargo, una vez oí que la doctora Kübler-Ross tenía la esperanza de morir de cáncer, para tener el tiempo y la conciencia para aprender de su muerte. Creo que estaba expresando el deseo de aprender kenosis.

Pero no nos equivoquemos: la kenosis no se produce en forma fácil ni natural. Estoy casi seguro de que yo no podría seguir un camino kenótico, aceptar sin negar la destrucción de las ilusiones y de las capacidades que exige la muerte si no tuviera fe religiosa. No podría lograrlo a menos que creyera en un Dios que me quisiera liberado, sin ninguna de las falsas vestiduras de mi ego... a menos que tuviera una relación personal con Dios, de modo que, entre otras cosas, pudiera quejarme a Él por Su violencia y dominación... a menos que estuviera convencido de que tengo

225

un alma cuyo destino más alto es absoluta y voluntariamente pertenecerle a Él... a menos que supiera con certeza que mi único poder verdadero reside en mi alma, que cada uno de mis logros efectivos y curadores ha sido obra Suya a través de mi verdadero ser, mi alma, que Él creó, y que cada acción estúpida y malvada se originó en mi ego y en su mecanismo autopreservador... y a menos que me diera cuenta de que mi ego es sólo una necesidad temporaria, que eligió cooperar con Dios lo mejor que pudo y que fui perdonado desde el día en que nací.

Capítulo 8

EUTANASIA:
UN CASO TÍPICO

A medida que el debate sobre eutanasia se hace más candente, la literatura sobre el tema aumenta cada vez más. De toda la que tuve oportunidad de examinar, el más sucinto e informativo es un extenso artículo en la edición del 22 de mayo de 1995 de *The New Yorker*, titulado: "*A Death of One's Own*" ("Una muerte propia") (págs. 54-69). Su autor, Andrew Solomon, centra el artículo en el suicidio de su madre, en las etapas terminales de un cáncer de ovario durante 1991. El señor Solomon, su padre y su hermano (al parecer todo el grupo familiar) estaban presentes en el momento en que la mujer tomó la sobredosis mortal de Seconal, lo cual convirtió el acontecimiento en un suicidio asistido pasivamente. Solomon deja en claro que es partidario de este tipo de eutanasia y más o menos sugiere que lo es del suicidio activamente asistido en algunos casos justificables.

El señor Solomon tiene mucho que decir no sólo sobre sus sentimientos personales con respecto al suicidio de su madre, sino también sobre el movimiento de eutanasia y sobre el debate sobre eutanasia en general. El artículo es destacable por todo lo que incluye. Quizás es más destacable por lo que excluye. Voy a hablar de estos puntos en ese orden: primero, los detalles personales particulares del caso; a continuación, parte de lo que el autor incluye, y finalmente, con más profundidad, aquello que falta.

El artículo del señor Solomon no sólo está bien escrito sino que también es valiente, y por momentos intelectualmente profundo. Creo que ha hecho un gran trabajo al escribirlo. Por lo tanto, tengo la esperanza ferviente de que perdone las críticas y porque quizá yo mismo excluí algunas cosas, inconsciente e inadecuadamente.

A juzgar por un retrato de 1984 que se incluye en el artículo, la madre del señor Solomon era una dama muy hermosa y digna. Creía en la eutanasia, y años antes de su diagnóstico de cáncer, expresó ante su familia el deseo de morir por esa vía. El artículo no menciona si alguno de los miembros del núcleo familiar intentó disuadirla cuando todo era una hipótesis, o más tarde, cuando el tema dejó de ser abstracto.*

El señor Solomon describe a su madre como "el centro de la familia", y parece haber sido una familia cariñosa y muy unida. Utiliza la palabra "racional" repetidas veces en el artículo, y parece evidente que su madre era una mujer especialmente racional, muy dada a planificar, al igual que su esposo y, podemos suponer, sus dos hijos. Es típico, aunque existen excepciones, que la eutanasia ocurra en una cultura familiar de eutanasia, una cultura de clase media alta en la que se da mucha importancia a la racionalidad y la buena planificación.

Casi desde el momento del diagnóstico de cáncer de ovarios, la madre del señor Solomon habló abiertamente y

*En una carta personal, Andrew Solomon me contó que los miembros de la familia a veces trataban de disuadir a su madre de su opinión sobre la eutanasia, pero que finalmente aceptaron su decisión.

El señor Solomon es también autor de una novela sobre la muerte de su madre: *A Stone Boat* (Winchester, Massachussetts; Faber and Faber, 1994), que ahora está disponible en tapas blandas (Nueva York, Plume Penguin, 1996). Como se trata de una obra ficticia, el libro no puede ser utilizado para verificar su artículo en el *New Yorker* ni para hacer comentarios sobre ella.

con más frecuencia sobre su deseo de eutanasia siempre y cuando su enfermedad pasara a ser terminal. Dejó en claro dos puntos bien desde el principio: no tenía intención de suicidarse hasta haber agotado todos los medios razonables de cura, y quería que su familia la acompañara cuando lo hiciera. Como lo señala el señor Solomon, su deseo de tener a su familia en el momento de su "salida final" suele ser típico de la eutanasia en contraposición al suicidio en otras circunstancias.

La madre del señor Solomon fue fiel a su palabra. Parece que transcurrieron aproximadamente veintiún meses desde la época del diagnóstico hasta su suicidio. Durante ese período pasó por cuatro tratamientos de quimioterapia, con pérdida de pelo y alergias. El señor Solomon no hizo mención en su artículo sobre dolor físico severo, pero describe la quimioterapia como "atroz, humillante".* También fue sometida a una cirugía exploratoria para evaluar los resultados de su primera quimioterapia. El hijo cuenta que estaba consumida y que perdió su gran belleza. Pero también adquirió "una belleza pálida, iluminada, etérea", y "un resplandor, físico y profundo... más poderoso que su deterioro". Tal descripción sugiere que su madre había alcanzado la etapa de aceptación.

Fue durante este período que la madre consiguió por lo menos tres recetas de Seconal de diferentes médicos, uno de ellos psiquiatra, bajo la débil excusa de necesitarlas para dormir. Debido a su potencial carácter letal en comparación con otras más modernas, no es probable que estas píldoras hayan sido recetadas por médicos contrarios a la eutanasia o renuentes a ser asistentes pasivos de ésta. De hecho, cuando el psiquiatra habló con el señor Solomon fue bas-

*En la misma correspondencia personal, Andrew Solomon afirmó que su madre experimentaba episodios de considerable dolor físico, no muy bien controlado por los médicos que la trataban. Pero no sufría dolor físico en el momento de llevar a cabo la eutanasia. No obstante, él imagina que probablemente el miedo a morir sufriendo dolores físicos graves e incontrolables fue el principal motivo que impulsó a su madre a elegir la eutanasia.

tante explícito con respecto a su participación en este aspecto. Aunque pasaron meses antes que ella utilizara las píldoras, la sensación de control que simbolizaba la dosis mortal parecía dar a su madre un gran consuelo. Todo lo anterior también resulta típico. El caso no sugiere que abunden médicos dispuestos a prescribir Seconal, sino que existen pacientes inteligentes y determinados que suelen buscar a aquellos médicos que están dispuestos a hacerlo bajo tales circunstancias. También es típico que los pacientes para quienes la eutanasia constituye una opción encuentren un enorme alivio psicológico en la sensación de control, en la libertad de elección que les proporciona una dosis mortal de píldoras... aunque mueran de muerte natural, sin siquiera haber ejercido la opción de utilizarlas.

La madre del señor Solomon pensaba esperar hasta después del cumpleaños de su otro hijo para tomar la sobredosis mortal de Seconal. Sin embargo, tres semanas antes de la fecha, su gastroenterólogo le recomendó que se sometiera a una cirugía de urgencia para impedir que sus tumores le obstruyeran rápidamente los intestinos. El objetivo evidente de ese procedimiento era paliativo; en otras palabras, la cirugía, si es que sobrevivía a ella, prolongaría su vida un poco, pero no por mucho tiempo. La señora se daba cuenta de que, si demorara la cirugía, no iba a poder digerir las píldoras. Reunió de inmediato a su familia y les explicó por qué esa misma noche era la elegida.

Marido e hijos la ayudaron con los detalles específicos del plan: le recordaron que tomara un antiemético para impedir que vomitara y que comiera una cena liviana, que ellos mismos le llevaron y sobre la cual hasta hicieron bromas, y finalmente le trajeron el agua con la que tomó los cuarenta Seconal. Todo fue muy rápido. Durante la siguiente media hora la señora y su marido e hijos se turnaron para despedirse con todo el amor del mundo, antes de que aquélla cayera en coma. Cinco horas después, sin vómitos, ataques ni complicaciones, su corazón se detuvo y dejó de respirar. Estaba muerta, y una hora después su médico firmó el certificado de defunción, donde indicó que la causa de la muerte había sido cáncer de ovario. Realmente fue "una muerte propia".

El señor Solomon incluye en su artículo una gran cantidad de información sobre las organizaciones pro eutanasia y sobre el tema de la eutanasia en general. No es necesario que repita aquí todo lo escrito.

Sin embargo, una parte de su artículo merece repetición: los párrafos en los cuales habla sobre racionalidad. Observa correctamente que los proponentes más moderados de la eutanasia "trazan una diferencia casi obsesiva entre suicidio 'racional' y todos los demás". Un suicidio racional es aquel que no es causado por la depresión ni decidido por una persona con algún otro trastorno mental. A diferencia de quienes suponen que todo suicidio es intrínsecamente irracional y el resultado de una mente perturbada, el señor Solomon cree que algunos suicidios pueden ser racionales.

Coincido con él. Ciertamente su madre fue uno de esos casos. No existe evidencia de que la señora estuviera mentalmente enferma en ningún aspecto que mereciera semejante diagnóstico ni que, al final, su mente estuviera bloqueada por la depresión. Ella había aceptado lo inevitable de su muerte, y el momento del suicidio fue absolutamente razonable en esas circunstancias.

No obstante, el señor Solomon agrega algunas notas de sabia precaución. Advierte que existen diferentes clases de depresión, no todas de las cuales son tratables, y sugiere que quizá resulte imposible, en algunos casos, distinguir entre depresión y una respuesta razonable a la adversidad. Victoria, que deliberadamente dejó de comer hasta morirse y a quien describí en el capítulo cuatro, fue un caso así. En ese momento estaba deprimida. También era anciana, estaba lisiada y aislada en un matrimonio insatisfactorio. Los antidepresivos no habían resultado efectivos. Podría haber recurrido a la psicoterapia, de haber estado dispuesta, pero no lo estaba. Y, aunque deprimida, no estaba psicótica; de hecho, estaba muy lúcida.

Solomon señala, asimismo, que los partidarios menos moderados de la eutanasia, como el doctor Kevorkian, "al parecer piensan que 'racional' es sinónimo de 'directo'". Él desafía enérgicamente esta actitud simplista. La toma racional de decisiones es descripta por él como un "proceso lento, complicado y peculiar, cuyas circunvoluciones son... terriblemente individuales".

Pero el punto más importante del artículo de Solomon se refiere a su propia ambivalencia personal: "La realidad es que un suicidio es un suicidio", asegura con discernimiento, "es algo que se lleva a cabo por un sinnúmero de razones, es triste y tóxico para quienes están cerca". Continúa describiendo que, cuando todo terminó, la muerte de su madre fue vivida como una desilusión; que tanto él como su hermano y su padre apenas hablan sobre el tema y que todos parecen tener una especie de negación al respecto. Sin embargo, cerca del final del artículo, deja bien sentada su intención de elegir la eutanasia siempre y cuando él sufra una enfermedad terminal o si en su vejez está solo y enfermo. "Después de haber presenciado la lógica tan simple de la eutanasia", escribe, "y sido testigo del consuelo que ese control proporciona, lo que me sorprende es que haya tanta gente que muere de otra forma."

Me llama la atención que el señor Solomon vea con tanta claridad el lado oscuro de la eutanasia y después termine tan resuelto sobre su propia muerte. Sin embargo, no me sorprende.

La relación con la ambivalencia es uno de los más grandes desafíos psicoespirituales que los seres humanos debemos enfrentar a lo largo de la vida.

La palabra "valencia" por lo general se utiliza para denotar la carga eléctrica de una partícula atómica o subatómica. Por ejemplo, un protón tiene carga positiva, o valencia, y un electrón carga negativa. Todo eso está muy bien para partículas tan diminutas. Como sucede con los imanes, los polos opuestos se atraen, y las diferentes valencias de estas partículas desempeñan un papel fundamental para mantenerlas unidas. No sucede lo mismo con la psiquis. El prefijo "ambi" significa "ambos", como en la palabra "ambidextro", que define a una persona igualmente hábil con la mano derecha que con la izquierda. Pero en psicología la palabra "ambivalente" se refiere a los sentimientos, y significa que un individuo tiene sentimientos positivos y negativos en algún aspecto de su vida. En este aspecto, "ambivalencia" significa sentirse desgarrado.

Es normal que los seres humanos seamos ambivalentes con respecto a determinada situación en forma casi cotidiana. Tales situaciones pueden ser insignificantes. Por ejemplo, durante el séptimo año de casados, Lily y yo discutimos un buen tiempo sobre si comprar o no un lavavajilla. Por un lado lo necesitábamos, y todos nuestros colegas tenían uno. Por otra parte, estábamos pagando mis sesiones de psicoanálisis y habíamos elegido enviar a nuestros dos hijos a una escuela privada. No teníamos ningún ahorro. Sí, era un tema insignificante, pero como teníamos tan poco dinero, tanto Lily como yo nos sentíamos desgarrados al respecto.

En sentido más amplio, solemos ser profundamente ambivalentes con las personas más cercanas a nosotros. Ya relaté cómo, durante dos décadas, Lily y yo sentimos ambivalencia el uno por el otro y con respecto a nuestro matrimonio. Desde la niñez hasta bien entrada la adultez es común que sintamos ambivalencia hacia nuestros padres. Al mismo tiempo sentimos ira hacia ellos por no ser todo lo que quisiéramos que fueran, y a la vez estamos agradecidos por todo lo que nos han dado. No se me ocurre pensar en ninguna situación más ambivalente que aquella que vivió Andrew Solomon a pedido de su madre. ¿Quién podría dejar de sentirse desgarrado cuando se nos pide que ayudemos en el suicidio de un padre o cónyuge moribundo?

Aunque la ambivalencia es normal, el modo en que la tratamos puede ser sano o enfermo. Creo que en general la ambivalencia puede considerarse parte del sufrimiento existencial de la vida. Debido a que se sufre —porque es doloroso sentirse continuamente desgarrado— la tendencia natural es querer escaparse lo más rápido posible. Con frecuencia lo hacemos demasiado rápido por medio de lo que me han enseñado a llamar "escaparse con un lado de la ambivalencia". Significa exagerar un aspecto y reprimir el otro. El resultado no es una resolución sana de la ambivalencia sino una certeza simplista, destructiva, blanca o negra. Por ejemplo, podemos oír a un adulto joven decir: "Odio a mi padre con todas mis fuerzas; no tiene ningún aspecto positivo" o "Amo tanto a mi padre que haría cualquier cosa por él; ha sido todo para mí". Cada vez que oigo tanta determinación sospecho que, en el fondo, existe alguna ambivalencia reprimida e irresuelta. Ésa es mi sospecha acerca de la clara defensa de la eutanasia que hace Andrew Solomon al concluir su artículo.

Podría llenarse un libro entero con ejemplos de cómo las personas escapan patológicamente de su ambivalencia, con un solo lado de ésta. Es suficiente con decir que la respuesta más sana es vivir con ella; vivir con el sufrimiento existencial de la incertidumbre y los sentimientos en conflicto. No digo que la ambivalencia no pueda ni deba ser resuelta nunca. Lo que quiero decir es que la resolución sana de una profunda ambivalencia exige enfrentarla durante un período largo y con mucho trabajo psicoespiritual, incluyendo el trabajo de la depresión.

No obstante, duele vivir en la ambivalencia, y en general presiento que Andrew Solomon la ha manejado bastante bien. Sin embargo, resulta especialmente doloroso tener que tomar una decisión importante a partir de una profunda ambivalencia sin tener que justificar nuestra conducta para siempre. Uno debe continuar, año tras años, cuestionándose si la decisión ambigua que se tomó es correcta. En parte por ello creo que el señor Solomon tiene mucha razón al asegurar que "La eutanasia genera más eutanasia". Asistir en un suicidio, aunque sea en forma pasiva, es una elección de conducta tan dramática que me parece lógicamente humano justificar esa conducta.

Me preocupa que la eutanasia genere más eutanasia. De hecho, una de las principales razones por las cuales escribí este libro es ayudar a impedir la generación, o excesiva generación, de eutanasia. Si bien es cierto que la bondad genera bondad, también lo es que el pecado genera pecado. No digo que la acción del señor Solomon haya sido un pecado. De haber estado en su lugar, en especial dada la personalidad de su madre, también me habría sentido obligado a tomar la misma decisión. No obstante, como cada vez será más claro, la situación fue, en el mejor de los casos, sumamente ambigua. Más aún, mientras yo sufría por su situación y su valentía al escribir ese artículo, llegué a tomarle simpatía a Andrew Solomon. Por ello siento más pena de que él se sienta tan encerrado en una visión tan estrecha de su propia muerte.

El rasgo más destacado del brillante artículo del señor Solomon no es todo lo que incluye sino todo lo que ha dejado de lado. Resulta notable, aunque no sorprendente, la falta de discusión sobre Dios y el aprendizaje de la muerte.

La ausencia de Dios es evidente, por lo menos para un creyente. El señor Solomon menciona superficialmente la existencia, por un lado de cierto apoyo a la eutanasia por parte de una Iglesia protestante liberal, y por el otro la oposición férrea de la Iglesia Católica Apostólica Romana. Comenta que "el valor sagrado de la vida" puede utilizarse ya sea a favor o en contra de la eutanasia en esta "era secular". Pero en ninguna parte del artículo, que consta de quince mil palabras, aparece la palabra "Dios". No se proporciona ninguna información con respecto a las creencias religiosas del autor, de su madre ni del resto de la familia. A raíz de esta omisión podemos suponer que la de ellos era una familia de creencias seculares, en la cual Dios se consideraba irrelevante para el debate sobre la eutanasia.

Con respecto a tal debate, el señor Solomon escribe: "La idea de eutanasia a veces provoca respuestas irracionales por ambas partes, y estas respuestas se centran en un tema emocional: ¿Quién debe controlar una vida? ¿La persona a quien pertenece la vida? ¿Los médicos de las personas? ¿El Estado? ¿Alguna mezcla elaborada de todos los anteriores?". No se contempla la posibilidad de que Dios pueda tener alguna participación en el control de la vida. Dios no está presente en la lista de potenciales depositarios. Posiblemente el señor Solomon consideraría que incluir a Dios sería una de tales "respuestas a veces irracionales".

De un modo algo confuso, quizás el señor Solomon se refirió a su exclusión de Dios en las palabras finales de su artículo: "Por qué morimos, la pregunta de la cual surge la religión, es algo que nunca entenderemos, así que debemos abandonar ese asunto en las manos capaces de los filósofos. Pero *cuándo* morimos es un tema poderoso, y es aquí donde, por fin, estamos empezando a descubrir nuestro fuerte dominio".

Estoy de acuerdo y en desacuerdo con estas palabras y lo que ellas implican. Coincido en que la pregunta de por qué morimos es de donde surge la religión, pero decir que nunca la entenderemos equivale a descartar indirectamente toda religión. A pesar de que nunca entenderemos *por completo* por qué morimos, la búsqueda religiosa —junto con la ciencia de la biología— puede proporcionarnos algunos vestigios de verdad, no sólo con respecto a la muerte sino también a la vida. No entiendo por qué, después de haber catalogado el asunto como religioso, el señor Solomon no lo deriva a los teólogos, sacerdotes, rabinos o demás miembros del clero además de hacerlo a los filósofos, que suelen ser más seculares.

También opino que el señor Solomon ha puesto el dedo en el punto más importante, en la oración final del artículo: el tema del poder hasta el extremo del dominio. Elegir la eutanasia —elegir cuándo morir— es una cuestión de poder y de dominio. Sin embargo, es un tema que me preocupa más a mí que al autor.

La cantidad de seres humanos que ejercen el poder sin restricciones, en cualquier esfera, no llama la atención. Pero no estoy propugnando una total abdicación al poder por parte de quienes mueren, aunque sí compartir el poder, no sólo con los médicos y la familia sino también con Dios. En el capítulo 6 sugerí que, como no somos nuestros propios creadores, no tenemos necesariamente el derecho moral de ser nuestros propios destructores, y propuse que nuestro destino más elevado puede ser ayudar a Dios en la creación de vida... y en la muerte. Al determinar cuándo morimos no significa que estemos entregando todo el control a Dios. Pero sí significa permitir que Dios, por lo menos en alguna medida, participe en el asunto. Es un camino más paradójico, del cual pronto daré ejemplos. Significa que, si podemos permitir que Dios participe de esta decisión, podemos ser cocreadores de nuestra muerte.

El tema del poder nos lleva al otro tema importante que el señor Solomon descuida por completo en su artículo: el aprendizaje de la muerte. No sé si su madre aprendió algo —si su alma experimentó algún desarrollo— durante los veintiún meses de enfermedad. La cuestión es ignorada por completo.

¿Qué pudo haber aprendido ella de un problema tan difícil?

Quizá no interpreté el retrato escrito que el señor Solomon hizo de su madre. El hecho de omitir el tema religioso sugiere que ella tenía mentalidad secular. Era el centro de la familia y estaba acostumbrada a planificar; diseñó su propia lápida; cuando habló por primera vez sobre su intención de elegir la eutanasia, luego del diagnóstico de cáncer, su hijo dedujo que su madre "expresó una sensación de ira ante la indignidad de lo que le esperaba, así como un profundo temor a perder el control sobre su propia vida... Era como si quisiera vengarse del codazo que había recibido de la naturaleza". Sus deseos debían ser respetados al pie de la letra. De hecho, justo antes de ingerir la sobredosis mortal, hizo el siguiente comentario a su familia: "Casi siempre logré lo que quise".

La imagen que recibí de la madre del señor Solomon es la de una mujer de poder no común, acostumbrada a salirse con la suya, controlando su vida y la de los demás. Me pregunté si el autor alguna vez se había sentido manipulado por ella. Lo más cerca que Solomon estuvo de responder a esta pregunta fue al decir: "Se tiende a complacer a las personas muy enfermas. No había respuesta para la ira y la desesperación de mi madre después de la cirugía, excepto aceptar cualquier cosa que ella pidiera".

Conozco muy bien a gente poderosa en los negocios, más todavía en mi familia y mucho más me conozco a mí mismo. Nosotros, las mujeres y hombres poderosos, solemos ser obstinados, lo cual es positivo. Por lo general nos describen como controladores, lo cual no es necesariamente negativo. Pero con frecuencia podrían llamarnos, y con razón, "excesivamente controladores". Puede ser que yo esté proyectando mi propia personalidad en la de la madre del señor Solomon, pero sospecho que ella era excesiva o sutilmente controladora. No cabe duda de que yo lo soy. Y la batalla más grande de mi alma durante la vejez es tratar de solucionarlo. Cuanto más viejo me pongo, más se enardece la batalla. Me parece obvio que si llego a contraer una enfermedad lentamente mortal —con todo el pánico y egoísmo que genera una enfermedad así— la batalla será muy ardua.

Por lo tanto, ¿qué clase de aprendizaje pudo haber realizado la madre del señor Solomon en los meses y días finales de su vida sobre la Tierra? Pudo haber aprendido a ceder un poco de poder, de control. No el control absoluto; eso habría sido estúpido, hasta el alma habría sido derrotada. Sólo un poco. Se dice que "Dios está en los detalles", así que es necesario examinar brevemente los detalles de la muerte para considerar cómo podría haber hecho las cosas de manera diferente. ¿Qué podría haber hecho yo de diferente —una persona controladora en exceso pero que sabe que su alma está en juego— si hubiera estado en su lugar? No lo sé. Ningún ser humano puede ponerse enteramente en el lugar de otra persona. Creo que, cuando me llegue la hora —y si llega de manera parecida— podría hacer exactamente lo que hizo la madre de Andrew Solomon. También creo que podría aceptar la clase de cirugía paliativa que ella rechazó para vivir, aunque mal, un par de semanas más. Sin embargo, me resulta más fácil pensar que tomaría un camino intermedio. Al igual que la madre del señor Solomon, reconocería que se acabó la fiesta y no le vería sentido a semejante cirugía. Pero en lugar de la eutanasia, le pediría a mi familia que llevaran asistencia de hospicio a mi casa. Siempre y cuando las autoridades del hospicio me aseguraran la ausencia de dolor físico durante los últimos días de mi vida en casa, me entregaría a ellas. Me recostaría y diría: "Y bien, Dios, ¿qué tienes para mí a continuación? ¿Será una obstrucción intestinal y una lenta inanición? ¿O algo más inesperado? Han acordado suministrarme fluidos por vía endovenosa mientras esté consciente, pero también acordaron detener los suplementos nutritivos mientras me den por vía endovenosa toda la morfina que necesite. Estoy en sus manos. ¿Cuánto tiempo llevará, Señor? No lo sé. Está en Tus manos. No soy muy bueno para ponerme en Tus manos, ¿no es verdad? Enséñame. Enséñame todo lo que necesito saber al final de mis días. ¿Qué es lo que todavía necesito aprender? Enséñame. Enséñame".

En mi fantasía, me despediría con cariño de toda mi familia, al igual que la madre de Andrew Solomon, y les daría muchas oportunidades para que hicieran lo mismo conmigo, incluyendo todo el espacio necesario para los perdones y reconciliaciones antes no resueltos. Pero no impondría a mi familia la carga de la participación con respecto a la hora precisa de mi muerte. Eso lo dejaría en manos de la fisiología y de Dios, y en todo momento rezaría:

"Señor, todo el verdadero poder Te pertenece. Enséñame a entregarme, a renunciar al control... a dejar todo en Tus manos... a entregarme. Enséñame, Señor. Gracias. Ha sido un viaje maravilloso. ¿Continuará? No lo sé. Pero gracias. Y enséñame. ¿Qué me queda todavía por aprender? Enséñame".

Y en todo momento sentiré terror de que la realidad sea peor que mi fantasía.

La eutanasia como negación

No existen dos personas iguales, pero el suicidio de la madre de Andrew Solomon fue muy similar a la mayoría de los casos de eutanasia sobre los que he leído. De hecho, el parecido es tan sorprendente que me atrevo a trazar el perfil "típico" de una persona que ha optado por la eutanasia en años recientes. Dicho ejemplo es atípico sólo porque el protagonista es un hombre; por razones que no alcanzo a comprender, la mayoría de los casos de eutanasia corresponden a mujeres. Utilizaré el "nombre" abstracto de X, y pondré la narración entre comillas pues se trata de una generalización.

"X sufre de una enfermedad mortal. Ha aceptado someterse a tratamientos desagradables para su enfermedad siempre que hubo posibilidad de cura. Como dicha posibilidad ya no existe —no cabe duda de que su estado es terminal—, X se ha decidido por la eutanasia, una opción según él racional y perfectamente moral, aun antes del diagnóstico de su enfermedad.

X posee una personalidad fuerte. Durante su vida ha superado obstáculos considerables y, pese a éstos, ha tenido un éxito sorprendente. Aunque posee una sensibilidad social que le impide asegurarlo, tampoco podría negar lo que otros afirman: que es un hombre autosuficiente. De manera algo superficial reconoce el posible valor de la religión, pero nunca ha tenido una relación personal con Dios.

Durante el curso de esta enfermedad mortal, X ha atravesado las etapas emocionales típicas de la muerte: negación, ira, regateo, depresión y aceptación. Aunque se siente triste por haber llegado al final de una vida rica, no está deprimido. De hecho, por momentos casi parece estar resplandeciente. Es evidente que ha aceptado que va a morir. Si siente miedo, no lo expresa. Pero sí habla sobre la racionalidad de su decisión al optar por la eutanasia. Ahora bien: no quiere a ningún extraño —ni personal del hospicio ni ninguna otra persona— en su casa. Siente que ya ha sufrido más que suficiente indignidad. La hora le ha llegado, está listo para partir, y tiene el derecho de rehusar más tratamientos de cualquier tipo y de negarse a observar cómo decae todavía más su cuerpo. Quiere tener el control. No le encuentra ningún sentido a seguir empeorando las cosas.

Tiene las píldoras a mano. Para él una muerte prolija requiere que su familia conozca y acepte el hecho de que la eutanasia es una buena muerte y no un suicidio irracional. Pero en lo que a él respecta, no es tema de debate familiar. No parece tener en cuenta que quizá su familia sienta cierta ambivalencia con respecto a su decisión. Supone, correctamente, que respetarán su deseo en esta decisión final, que después de todo sólo a él compete. Se despide cariñosamente de todos, y tal como lo solicitó, ellos observan cómo ingiere una sobredosis fatal, y están preparados para atarle una bolsa de plástico en la cabeza en caso de que las píldoras no surtan efecto."

Al haber elegido apresurarla, es evidente que X no niega su propia muerte; sin embargo, ¿por qué no acepta los servicios del hospicio, con los cuales podría morir en su casa sin dolor físico?

La respuesta más radical, según creo, es que nadie puede asegurarle que su muerte será *emocionalmente* indolora.

Sin la eutanasia sin duda tendría que observar cómo su cuerpo se deteriora. Quizá tendría que sufrir la indignidad de la incontinencia y la confusión mental. Probablemente se volvería cada vez más desvalido, obligado a depender cada vez más de la ayuda de otros. Finalmente tendría que renunciar a todo poder y control. Todo podría resultar bastante complicado. Y no tendría idea de cómo y cuándo sobrevendría el final. Todo lo anterior trae aparejado sufrimiento emocional. Sin embargo, con la eutanasia él puede evitar semejante sufrimiento emocional y existencial.

Llamo existencial a ese sufrimiento pues es inherente al proceso de morir una muerte natural a raíz de una enfermedad prolongada, y una muerte tal forma parte natural de la existencia. Es probable que dicha muerte sea complicada, y se caracterice por una progresiva invalidez y pérdida de control.

Me pregunto si quienes optan por la eutanasia, al insistir en una muerte prolija en el momento que ellos eligen, completamente bajo su control, de algún modo no estarán negando la muerte al negar los procesos naturales inherentes a ésta. Me pregunto si no estarán todavía intentando derrotar a la muerte, enfrentándose a ella según sus condiciones y no según las de la muerte. O según la voluntad de Dios. He criticado a los médicos que utilizan medidas heroicas y niegan el alivio del dolor a pacientes terminales por el deseo de vencer a la muerte. Pero, ¿la respuesta está en irse al otro extremo de la eutanasia, donde una persona a punto de morir puede vencer a la muerte al detener todo el proceso de muerte?

¿Por qué no? ¿Qué tiene de malo semejante respuesta? ¿Por qué una persona no puede evitar algunas semanas de sufrimiento existencial planeando su propia partida de modo tal que ésta sea prolija? De hecho, hacerlo parece completamente racional, si tenemos en cuenta que los cuidados del hospicio todavía no están al alcance de todos. La realidad es que la eutanasia, entre otras cosas, es económica.

Es decir, económica sin tener en cuenta el significado de la vida: que estamos aquí para aprender. Si X (o la madre de Andrew Solomon) hubiera elegido el hospicio en lugar de la eutanasia, podría haber tenido de dos a seis semanas de existencia física indolora. En esas semanas, quizá no habría aprendido nada. Por otra parte, podría haber aprendido a negociar un camino intermedio entre el control total y la pasividad total, a aceptar el cuidado responsable de extraños, a volver a depender de otros, podría haber aprendido acerca del paradójico poder potencial de la impotencia y el vacío, de lo superficial que resulta la dignidad del cuerpo o del ego en comparación con la dignidad del alma, a confiar y quizás hasta a rezar y hablar con Dios.

La oportunidad de adquirir ese aprendizaje podría haber costado algunos miles de dólares. Como no existen garantías de que lo hubiera logrado, habría sido una jugada arriesgada. Desde el punto de vista puramente racional y secular, no habría valido la pena. Sin embargo, desde la perspectiva del alma, la elección de esa muerte bien podría haber sido lo más económico que hiciera en su vida.

PARTE III

En el futuro

Consideraciones societarias

Capítulo 9

SUICIDIO ASISTIDO

El debate sobre la eutanasia es mucho más que un tema legal. Es un debate para la sociedad en su totalidad. No obstante, las normas, los valores y las costumbres de la sociedad —junto con sus cambios— terminan siendo leyes. Más aún, el complejo y concienzudo proceso legal del discernimiento resulta ideal para traer al tapete los debates de la sociedad. Actualmente el centro del escenario es ocupado por el tema del suicidio asistido por médicos.

La semilla de este tema fue plantada hace más de dos mil años por el gran médico griego Hipócrates. A través de los siglos hasta el día de hoy, los médicos, al recibirse, realizan el Juramento Hipocrático, que les impone dos obligaciones fundamentales: prolongar la vida y aliviar el sufrimiento. El tema del que hablamos surge porque estas dos obligaciones a veces entran en conflicto. Por lo general, aunque no siempre, el conflicto puede ser resuelto mediante un enfoque equilibrado (véanse capítulos 1 y 2), con el cual la comunidad médica y la sociedad en general suelen estar de acuerdo. No obstante, dada toda la tecnología de que dispone la medicina moderna, a un buen número de médicos no les resulta claro cuándo la prolongación de la vida debe ser más importante que aliviar el sufrimiento. En los últimos años, un número cada vez mayor de pacientes han insistido en que el alivio de su sufrimiento a costa de una muerte rápida debería ser su elección y su derecho. Muchos médicos están de acuerdo con ellos. El del doctor Kevorkian se ha convertido en un nombre conocidísimo por complacer a los pacientes en medio del destello de la publicidad. Otros los han complacido sin ningún deseo aparente de convertirse en figuras políticas. Sin embargo, sospecho que la vasta mayoría de los médicos —entre los que me incluyo— tenemos serios escrúpulos con respecto a este tema. Vemos que aún queda por distinguir entre suicidio y muerte natural, entre aliviar el sufrimiento de una muerte natural y complacer el deseo de un paciente en cuanto a morir sin dolor en el momento que él mismo lo decida.

En 1994, una jueza federal declaró "parcialmente inconstitucional" una ley del estado de Washington que prohibía el suicidio asistido por médicos. Dicha sentencia fue modificada en una votación de dos a uno por la Cámara Federal de Apelaciones en marzo de 1995, pero el caso fue derivado a un jurado superior de la cámara para otra audiencia. El 6 de marzo de 1996, otro jurado revirtió la decisión de la cámara por ocho a tres y decidió, en resumen, que los pacientes terminales mentalmente competentes tienen el derecho constitucional de determinar la hora y el modo en que quieren morir. En esta etapa seguramente este debate será pasado a la Suprema Corte de los Estados Unidos.

Pero no será el final del asunto. Las ruedas de la justicia se mueven con demasiada lentitud, y las opiniones judiciales tienden a ser específicas para cada caso y precisamente limitadas. También pueden ser revisadas. Aunque la ley desempeñe un papel importante para definir la sociedad, en definitiva ésta es más importante para definir la ley. Como dijo Lee LaTour, de la Sociedad Hemlock: "La eutanasia es el debate sobre aborto del próximo siglo".*

*Citado en el artículo de Solomon: "Una muerte propia", página 67.

Dos libros de reciente publicación representan una posición moderada al favorecer el suicidio asistido por un médico bajo ciertas condiciones estrictas. El doctor Timothy E. Quill, ex director médico de hospicio, escribió un relato sobre el suicidio, asistido por él, de una paciente con leucemia. Dicha narración fue publicada en la prestigiosa *New England Journal of Medicine** Lo sorprendió el furor que, entre otras cosas, provocó su presencia frente a un gran jurado. Éste decidió no entablarle juicio. Al parecer también recibió un apoyo considerable de la comunidad médica. Después de esta experiencia escribió *Death and Dignity: Making Choices and Taking Charge* (Nueva York, Norton, 1993). La influencia de este libro puede verse con claridad en la opinión mayoritaria, ocurrida el 6 de marzo de 1996, que tuvo el jurado de la Cámara Federal de Apelaciones.

El doctor Lonny Shavelson, periodista y médico, también asistió en persona el suicidio de un paciente terminal. A raíz de esta experiencia, de la muerte de seres queridos y de la investigación periodística escribió *A Chosen Death: The Dying Confront Assisted Suicide* (Nueva York, Simon & Schuster, 1995). Me resulta el libro más intenso debido a la ambigüedad de los casos que describe en gran profundidad. No obstante, se hace eco de Quill en su creencia de que los pacientes terminales no sólo tienen el derecho de negarse a ser sometidos a más tratamientos y morir para librarse de grandes dolores sino que, más específicamente, tienen el derecho de determinar el momento y el modo exacto de su muerte.

En esta creencia compartida, ambos libros (y el extenso artículo de Andrew Solomon) son muy similares. Todos ellos dejan fuera de la ecuación a Dios y el aprendizaje de la muerte. Al igual que Solomon, es evidente que tanto Quill como Shavelson son buenas personas, pero no dicen nada sobre sus creencias espirituales ni sobre la ausencia de és-

---

*NEJM 324 (7 de marzo de 1991): 691-94.

tas. Podría suponer que los autores probablemente son humanistas seculares para quienes Dios y el aprendizaje del alma constituyen un importante punto débil.

O quizás estos médicos-autores simplemente creyeron que estos temas de Dios y del alma son demasiado candentes para ser tratados. Para mí, son temas demasiado importantes para *no* ser tratados. Son temas candentes debido a la Primera Enmienda de la Constitución, parte de la cual garantiza la libertad de culto. En los últimos cincuenta años dicha garantía ha sido interpretada por las cortes para incluir la libertad de no tener religión: ser ateo, agnóstico u otro tipo de secularismo, sin sufrir persecución por esa causa. Ninguna persona podría respaldar más que yo la Primera Enmienda, pero tengo mis reservas con respecto a la amplitud con que ha sido interpretada por la justicia. Por ejemplo, ha llevado a la total secularización de la educación pública y a un estado de cosas en el cual no pueden enseñarse valores adecuadamente en las escuelas públicas. Es como si no hubiera término medio. Hemos pasado de las fanáticas enseñanzas religiosas a la enseñanza de un secularismo igualmente fanático. Este libro trata sobre la eutanasia, y no sobre los problemas contemporáneos de la educación pública, pero la eutanasia es un fenómeno principalmente secular. El modo de tratarlo no puede separarse del tema de la educación.

He explicado el secularismo como una etapa de desarrollo psicoespiritual, una etapa más allá de la religiosidad primitiva pero más cercana a la espiritualidad madura. No se puede simplemente arrancar a una persona de una etapa. Cuando y si los librepensadores se convierten a una etapa más avanzada, por lo general lo hacen de manera gradual y por decisión propia. Los intentos vigorosos de otros por convertirlos suelen resultar hostiles y violentos. Pero, ¿significa esto que los librepensadores deben ser privados de cualquier información que pueda ponerlos a prueba? No lo creo.

Por ser médicos humanitarios, tanto Shavelson como Quill son partidarios fervorosos del consentimiento informado; del concepto según el cual los pacientes deben ser informados por completo sobre su condición y sobre todos los tratamientos posibles, de modo tal de poder participar en la toma de decisión con su médico, hasta el punto de rechazar sus recomendaciones. En los casos de eutanasia, parecería que para Quill y Shavelson sólo es una cuestión de proporcionar hechos médicos, tales como efectos secundarios y la posibilidad de cura o remisión. No significa que el médico inevitablemente aceptará el pedido de eutanasia del paciente. Puede decirle, por ejemplo: "Creo que en este momento está demasiado deprimido para tomar una decisión. Volvamos a considerarla cuando se recupere un poco" o "No estoy del todo seguro de que su condición sea terminal. Haremos unos tests dentro de unas semanas para ver dónde estamos parados".

Sin embargo, ni Shavelson ni Quill consideran la posibilidad de que el paciente tenga derecho a ser informado sobre asuntos psicológicos y espirituales que podrían influir en su decisión. Si le informan al paciente sobre las razones para no optar por la eutanasia, se limitan a proporcionarle razones puramente técnicas y médicas. En cierto sentido resulta comprensible, dado que la mayoría de los médicos tienen poco entrenamiento en psicología clínica y ninguno en teología. No obstante, por comprensible que parezca, no creo que proporcionen información completa a sus pacientes.*

¿Quién está preparado para proporcionar dicha información psicoespiritual? La respuesta está en los consejeros pastorales, los cuales abundan. Desafortunadamente, no

---

*Quill sugiere que "debería ofrecerse consejo espiritual, según la formación y las creencias del paciente"; en otras palabras, deberían proporcionarse consejos espirituales sin confrontaciones para los pacientes espirituales, menos propensos a solicitar la eutanasia.

todos están bien capacitados ni, debido a su propia negación y desarrollo personal, son aptos. Si han de ser utilizados para esta tarea, deberán ser seleccionados cuidadosamente. La enseñanza de información psicoespiritual suele resultar un desafío. No debe sofocarse a los pacientes con mucha información. Los candidatos para aconsejar a enfermos terminales deberían tener la capacidad de estar comprometidos y ser imparciales al mismo tiempo, firmes y blandos a la vez.

¿De qué manera yo, personalmente, daría información psicoespiritual relevante a un paciente que solicita la eutanasia? Como cada paciente es único, no puedo ofrecer ninguna fórmula, pero probablemente lo haría haciéndoles las siguientes preguntas, más o menos en este orden:

- Preguntas sobre su enfermedad, historia de ésta, progresión y pronóstico; sobre los sentimientos del paciente con respecto a ella y fantasías que pueda tener al respecto; sobre sus sentimientos y fantasías con respecto a la muerte.
- Sus razones para solicitar la eutanasia.
- Cómo es su familia y su respaldo espiritual; conflictos que podrían ser resueltos; despedidas que quisieran tener.
- Creencias religiosas: ¿Han tenido alguna experiencia mística? ¿Su relación con Dios es personal? ¿Creen en la vida después de la muerte y tienen fantasías al respecto? ¿De qué manera la eutanasia apoya o se contradice con sus creencias?
- Si el paciente no es creyente, lo aceptaría pero le preguntaría qué opina del alma y si sabe por qué algunas personas religiosas apoyan la eutanasia y otras la condenan.
- ¿De qué podrían arrepentirse? ¿Pueden imaginarse qué podrían aprender al morir de muerte natural? ¿Hay alguna otra cosa que les gustaría aprender?
- ¿Han tenido alguna experiencia con los cuidados del hospicio?, y ¿qué saben sobre el funcionamiento de éste?

- ¿Les gustaría hacerme alguna pregunta? ¿Quisieran pensar en algunas de las cosas que hablamos? ¿Cómo se sienten con respecto a nuestra reunión?
- ¿Les gustaría volver a verme?

Estoy seguro de que los mismos Quill y Shavelson harían algunas de estas preguntas, pero dudo de que se sentirían cómodos con los pacientes más religiosos. Posiblemente ellos mismos nunca se han hecho dichas preguntas. Imagino que pensarían que éstas atentarían contra la libertad de culto del paciente. De hecho, es muy posible que la justicia estuviera de acuerdo con ellos. Como el secularismo es una especie de religión, ¿acaso los librepensadores no deberían ser libres para tomar una decisión secular sobre sus propias vidas sin ningún desafío, por más leve que éste sea?

Sin embargo, vuelvo a este tema de consentimiento informado. ¿Podemos decir que un paciente que elige la eutanasia ha sido bien informado si nunca se le ha pedido que considere las razones psicoespirituales para rechazarla? ¿Nos limitamos a suponer que el paciente ya las ha considerado? Es una suposición que me niego a justificar. Más aún, no veo de qué manera una decisión de eutanasia podría ser producto de la reflexión sin tales consideraciones. Sí, podemos ser una sociedad secular, pero me pregunto cómo enfrentará la justicia el hecho de que el "consentimiento informado irreflexivo" y el "consentimiento parcialmente informado" constituyen contradicciones.

Tanto el doctor Shavelson como el doctor Quill son partidarios bien informados del hospicio y del consuelo que proporciona. Al mismo tiempo, justifican su apoyo a la eutanasia diciendo que el sufrimiento es inaceptable en hasta el veinticinco por ciento de los casos de hospicio. En mi opinión, ellos no documentan dicho argumento. A fin de comprender esta falla fundamental en su trabajo, es necesario que examinemos la institución del Hospicio —y sus problemas— con mayor profundidad.

En términos de cultura e historia, el Hospicio es una organización bastante reciente. Como ya se señaló brevemente en el capítulo 2, fue fundado en Londres en 1967 por la doctora Cicely Saunders (*Dame* Saunders ahora que ha sido privilegiada por su contribución) en el Hospicio de Saint Christopher, e importado a los Estados Unidos al año siguiente por Florena Wald, en ese entonces decana de la Escuela de Enfermería de la Universidad de Yale. Su rápido crecimiento en ambas naciones puede atribuirse a la respuesta exitosa al problema, cada vez mayor, de la utilización de tecnología médica para mantener vivos a pacientes moribundos en lugar de propiciar su muerte. Sin embargo, al ser una organización relativamente nueva, ni ella ni su filosofía consoladora para los moribundos ha sido integrada por completo en la sociedad. Los hospicios locales son en su mayor parte independientes del Estado y de las organizaciones nacionales de Hospicio. He recibido información de que la disponibilidad y calidad de los hospicios varían mucho de una comunidad a otra. Mucha gente ni siquiera sabe de su existencia. Depende mucho de los voluntarios. Algunas compañías de seguros, dispuestas a reintegrar los tratamientos médicos tradicionales innecesariamente heroicos, no están dispuestas a reembolsar los cuidados del hospicio. Muchos médicos todavía se resisten a él.

El problema de la resistencia médica es tan extraño —casi grotesco— que merece ser discutido. Se trata de un fenómeno de múltiples causas. El hospicio es algo nuevo, y la gente, hasta los médicos, suele resistirse a lo nuevo. Hasta el día de hoy los estudiantes de medicina reciben poca o ninguna capacitación para asistir a los moribundos o en las técnicas avanzadas de manejo del dolor. Los médicos sienten una gran satisfacción cuando logran vencer la muerte, pero se sienten muy incómodos con la idea de asistir a un moribundo. En especial no se sienten cómodos con proporcionar calmantes que puedan acelerar el proceso de muerte y, como resultado, producir lo que se denomina doble efecto. Aunque no sucede en todos los casos, el hospicio considera el doble efecto como un elemento necesario de los cuidados que proporciona. Muchos médicos dudan de la moralidad de tal concepto. Cuando hablo con médicos sobre este tema, no pueden creer que la Iglesia Católica Apostólica Romana, que es la primera en oponerse a la eutanasia, acepte el doble efecto.

El doctor Robert I. Misbin lo describe así:

> Por ejemplo, a un paciente con cáncer de pulmón y propagación de metástasis se le permitiría rechazar el recurso extraordinario que representa un respirador mecánico. Pero entonces, ¿qué debe hacer el médico para combatir el dolor y la angustia de su paciente frente a un inminente paro respiratorio? Según las enseñanzas de la Iglesia Católica, al médico se le permite suministrarle morfina al paciente, aunque semejante tratamiento apresure su muerte. Esto se basa en el principio de doble efecto, según el cual es permisible tomar una acción que tiene efectos negativos, siempre y cuando la intención sea obtener un efecto bueno. Sin embargo, el mal efecto no puede ser utilizado como medio para alcanzar el bueno. Así, el paciente con cáncer podría recibir dosis cada vez mayores de morfina para controlar el dolor y la angustia, aunque este tratamiento en definitiva acorte la vida del paciente. En primer lugar, una dosis mortal no es permisible, pues en ese caso la intención sería causar muerte más que aliviar el sufrimiento. Por ello, la posición de la Iglesia Católica permite a los médicos utilizar los medios efectivos para aliviar el sufrimiento de pacientes moribundos, pero no aprueba la muerte directa.*

---

*Jonathan D. Moreno, editor: *Arguing Euthanasia: The Controversy over Mercy Killing, Assisted Suicide, and the "Right to Die"* (Nueva York, Simon & Schuster, 1995), pág. 129.

El principio del doble efecto es tan importante que impone considerar muy brevemente un caso específico de asistencia de hospicio. Permítanme elegir el caso más reciente de que fui informado, el de una paciente a quien llamaré Mary, caso muy similar al hipotético del doctor Misbin.

Cuando estaba por cumplir los cincuenta años, dos años atrás, a Mary se le diagnosticó un tumor maligno con metástasis en los huesos. Fue tratada con varias sesiones de quimioterapia por un especialista en oncología en un centro de quimioterapia bastante lejano de su casa. Ni el médico ni el hospital veían con buenos ojos el hospicio. Al principio la quimioterapia retrasó el desarrollo del cáncer, y salvo la incomodidad que representaba, Mary no tenía dolores serios. No obstante, hace cinco meses su médico le informó que sus tumores estaban volviendo a crecer y que probablemente no tuviera más de seis meses de vida. Mary informó de ese pronóstico a sus amigos, uno de los cuales resultó participar activamente en un hospicio. Aunque evidentemente todavía negaba su situación, Mary aceptó anotarse en el hospicio local, y empezaron las visitas de voluntarios del hospicio a su casa.

Dos meses después de esta participación algo pasiva, Mary empezó a experimentar un dolor moderado, bien controlado durante las tres semanas siguientes por dosis modestas de opiatos orales. Su negación continuó. Sin embargo una noche, de repente el dolor pasó de ser moderado a muy severo. Aterrorizada, no llamó al hospicio sino a su oncólogo, con quien tenía la relación más larga. El médico le envió una ambulancia a su casa, la admitió en su hospital y empezó a suministrarle dosis endovenosas de morfina cada vez que Mary se las pedía a la enfermera, pero no estaba conectada a una bomba de morfina ni a una máquina de PCA (analgesia controlada por el paciente). El médico le informó que los rayos X demostraban que la metástasis había llegado a los pulmones además de los huesos. También le indicó más quimioterapia, no porque fuera a producirle una remisión significativa, sino porque así podría sobrevivir con dosis más bajas de morfina.

En ese punto, confrontada con la atroz realidad del dolor físico, Mary ya no pudo seguir negándola. Aunque se le dio la oportunidad, no demostró ninguna inclinación para discutir los aspectos psicoespirituales de su muerte con su amigo del hospicio ni con las visitas, pero se mostró dispuesta a hablar sobre los aspectos técnicos. Nunca mencionó la eutanasia, pero no veía la utilidad de más quimioterapia simplemente para obtener un alivio parcial y temporario. También se sentía mal porque, aunque le informaba a la enfermera de su dolor en forma inmediata, para el momento en que ésta regresaba con la inyección, el dolor ya era intolerable. Su amigo del hospicio y los voluntarios le informaron que el hospital local acababa de abrir esa semana una unidad interna de hospicio, y le aconsejaron que solicitara ser transferida ahí. Mary aceptó el consejo.

Una vez transferida a la nueva unidad, en una de sus acogedoras habitaciones, de inmediato fue conectada a una máquina PCA. Mary se sintió agradecida por el alivio casi total de dolor físico. Durante los cuatro días siguientes pareció disfrutar de las visitas de su familia, de su amigo del hospicio y de los voluntarios, así como del director de la nueva unidad. Sin embargo, al cabo de ese tiempo, poco a poco empezó a quedarse sin aliento debido al tumor que cada vez se extendía más en sus pulmones. Este fenómeno es como ahogarse lentamente, y Mary entró en pánico. El director de la unidad médica la miró directo a los ojos:

—Mary, ésta es una de las peores maneras de morir. Puedo darte más sedantes para aliviarte de este terror, pero es probable que acorten tu vida en un par de días; necesito que sea tu decisión.

—Déme los sedantes —respondió Mary—. Estoy lista para morir.

Se le agregaron más sedantes a la morfina, y veinticuatro horas más tarde Mary falleció en paz mientras dormía, sin ningún dolor ni terror aparentes.

¿De qué manera el caso anterior es diferente de la eutanasia o del suicidio asistido por el médico? El médico del hospicio le administró dosis mortales de narcóticos para apresurar la muerte de la paciente a pedido expreso de ésta, y lo hizo para librarla del terror de quedarse sin aliento, una clase de sufrimiento tanto emocional como físico. Hay dos diferencias. Son diferencias en el tiempo y en la naturaleza del sufrimiento.

Tanto para Quill como para Shavelson estas diferencias son tan sutiles e insignificantes que no merecen mención. Sin embargo, a mí me parece que son la misma esencia del asunto. No estoy solo en esta opinión. El libro de Ira Byock, *Dying Well*, no trata sobre el debate de la eutanasia sino que informa de manera consistente lo bueno de las atenciones del hospicio, con el cual ha estado relacionado durante muchos años. Se refiere brevemente al tema de la eutanasia cuando comenta: "Las personas que desconocen el objetivo de los cuidados paliativos pueden hallar poca diferencia entre la sedación para controlar el dolor físico persistente y la eutanasia. Lo que filosóficamente parece una línea muy fina es, en la práctica, un abismo". Yo podría agregar que la justicia también tiene que reconocer este abismo en cuanto al tiempo y la variedad del sufrimiento.

Una vez más, en los libros moderadamente pro eutanasia de Shavelson y Quill, encontramos que falta la discusión de puntos importantes. Mientras que ambos libros proclaman la responsabilidad hipocrática del médico en cuando a aliviar el sufrimiento, no hacen ninguna distinción entre dolor físico y emocional. Tampoco distinguen entre el sufrimiento emocional inútil e innecesario y aquel que puede ser existencial y producir crecimiento espiritual.

Hay que leer entre líneas para darse cuenta de que, al sostener que el cuidado del hospicio resulta inadecuado para un cuarto de sus pacientes, Shavelson y Quill no están hablando de la sedación inadecuada para el dolor físico. Tampoco hablan del sufrimiento emocional absolutamente inútil que puede acompañar el proceso de muerte, como el terror de Mary cuando comenzaba a asfixiarse. Parecería que coinciden en que el cuidado del hospicio, bien realizado, de hecho es muy adecuado en este aspecto. Entonces, ¿a *qué* se refieren cuando dicen que el hospicio es inadecuado?

Aunque creo que los autores sobrestiman su actual frecuencia, los casos de eutanasia verdadera representan una minoría de pacientes terminales del hospicio que, hacia el final, desean controlar por completo su muerte. Son pacientes que prefieren suicidarse antes que ser matados por su enfermedad. De hecho, una de las pacientes del doctor Shavelson, Mary Hall, demoró su eutanasia planeada durante semanas para poder reconciliarse con uno de sus hijos. Una vez logrado su objetivo, procedió a tomar una dosis mortal de Seconal, a pesar de que se le había asegurado que moriría sin dolor en uno o dos días. Los pacientes descriptos, como Mary Hall, son personas de carácter fuerte, al parecer seculares, que desean orquestar su muerte y que, para lograr ese fin, prefieren el suicidio antes que una muerte natural, sin importar lo confortable que sea esa muerte. Y tanto el doctor Quill como el doctor Shavelson creen que la frustración del deseo del paciente le produce a éste un sufrimiento tan intolerable que es la obligación del médico facilitar su suicidio y aceptar su deseo de control.

No tengo la misma certeza que los autores. A riesgo de parecer inhumano, siento que debo dejar en claro que los pacientes de eutanasia verdadera que ellos mencionan, a mí me parecen seres obsesionados por el control. A los autores no se les ocurrió llamar a un psiquiatra o a un psicoterapeuta para intentar solucionar estos problemas en los pacientes. Sólo les pareció que no acceder al deseo de los pacientes para controlar la situación habría sido aumentar en lugar de aliviar un sufrimiento "perfectamente racional" e "intolerable".

Tal como Andrew Solomon señaló en relación con su

madre, resulta muy difícil decir no a quienes sufren dolores físicos muy severos, pero no significa que no deba hacerse. Como obsesivo del control que soy, hay dos citas que me llamaron la atención: "La vida no es un problema a resolver sino un misterio a ser vivido", y "La vida es lo que nos ocurre mientras estamos ocupados haciendo otros planes". Diariamente tengo que obligarme a recordarlas. Entre otras cosas, me indican que la pérdida del control, la irracionalidad, el misterio y la inseguridad inherentes a la muerte son también inherentes a la vida. El sufrimiento que implica enfrentar estas realidades me parece que ocupa un segmento muy importante de lo que yo llamo sufrimiento existencial. Creo que los pacientes de "verdadera eutanasia" de Shavelson y Quill no sufrían tanto de un problema de la muerte como de un problema de la vida. Creo que podrían haber aprendido mucho si los hubieran ayudado a enfrentar este problema en lugar de ayudarlos a suicidarse para dominarlo. No significa que habrían aprendido... sólo que podrían haber aprendido. Y aunque eso no sucediera, me resulta difícil interpretar la frustración de su deseo de eutanasia como "sufrimiento intolerable".

El hecho de que yo votaría en contra de la ayuda de los médicos en el suicidio de tales pacientes no debe interpretarse como que estoy en contra de la eutanasia en cualquier circunstancia.

En primer lugar, en esta tarea impredecible de vivir y morir, siempre existen excepciones. Las pacientes de eutanasia verdadera de Quill y Shavelson eran personas potentes y competentes que podrían haber pagado un buen hospicio de haberlo deseado. Pero ¿y los que no son tan competentes? Al citar a Quill, Andrew Solomon trata brevemente este problema. Al referirse a la Sociedad Hemlock como una especie de "club social", escribe así sobre la eutanasia: "Es una preocupación de la clase media alta", dice Quill, "porque los norteamericanos que están preocupados por recibir *algún tipo* de cuidado no se distraen con ese tema". Sin embargo, es para las personas sin muchos privilegios que resulta tan urgente el cambio en la legislación; mientras que las personas ricas, con médicos privados y buenas conexiones, casi siempre pueden encontrar la manera de suicidarse tranquilamente en sus hogares, la mayoría depende de la filosofía de los médicos abarrotados de trabajo" (página 60).

Mi preocupación inmediata por quienes mueren en la pobreza no es que estén impedidos de conseguir una dosis mortal de píldoras, sino que no puedan conseguir buenas atenciones del hospicio. Si no existiera el hospicio, sería un entusiasta partidario de la eutanasia para los demás y para mí mismo. Pero dado el consuelo que puede proporcionar el hospicio, la respuesta al problema del suicidio asistido no es más eutanasia sino más hospicio. Me parece que la sociedad y la justicia no están esperando la señal de partida en este asunto. Me parece que estamos retrocediendo. El primer ítem de la agenda debería ser establecer que los pacientes terminales tengan el derecho constitucional a recibir cuidados competentes de un hospicio. Sólo *después* de que se asegure este derecho tiene sentido que la justicia vuelva la atención a la cuestión de si los pacientes terminales deben tener el derecho constitucional adicional de solicitar la eutanasia asistida por un médico.

Sea como fuere, la sociedad no siempre se mueve lógicamente, y no puedo asegurar sin temor a equivocarme que el suicidio asistido por médicos deba ser completamente ilegal. Por lo que he leído, yo personalmente se lo habría negado a todos esos pacientes elegibles para el hospicio sobre los que escribieron Shavelson y Quill. Sin embargo, no conocí a esos pacientes. Tampoco puedo estar seguro de no encontrar pacientes en condiciones similares que lo merecieran más. No estaría dispuesto a negarle la eutanasia a nadie sin haberlo escuchado primero. Pero aquí estoy hablando de que se debe tomar una decisión contemplando cada caso en particular. Es muy diferente que decir simplemente que los enfermos terminales tienen el derecho constitucional a la eutanasia. Sólo digo que deberían tener el derecho a ser escuchados. Pronto volveré a la difícil pregunta de quién debería realizar esa entrevista.

Existe una regla según la cual los servicios del hospicio sólo pueden ser ofrecidos a aquellos pacientes que, según una evaluación médica, no tienen más de seis meses de vida. Como tales evaluaciones no pueden nunca ser exactas, muchos hospicios cuestionan este reglamento y por cierto muchas veces lo violan. No obstante, no cabe duda de que el hospicio existe solamente para atender a los enfermos terminales y a sus familias.

Pero, ¿y los enfermos crónicos cuya condición no ha sido diagnosticada como terminal? No hablo de ellos porque su cuidado médico sea necesariamente inadecuado, sino para dejar en claro que la eutanasia no sólo es una opción para pacientes de hospicio. Hablo de la cuasi eutanasia en contraposición a la verdadera eutanasia: es decir, del suicidio para evitar o escapar del sufrimiento existencial de una incapacidad severa y constante que no es probable que sea aliviada a corto plazo por la muerte.

El doctor Shavelson tocó este tema al informar el caso de Kelly, un cuadripléjico cuyo suicidio fue finalmente asistido por su madre, luego de dos intentos fallidos de Kelly de suicidarse por inanición. Pero este tema pareció perderse en medio de la mayor importancia que recibió la verdadera eutanasia.

En reacción al horror del Programa Eutanasia de la Alemania nazi, creo que desarrollamos una regla absolutista en nuestra conciencia o inconsciencia colectiva: "No matarás a nadie que ya no esté muriéndose". Me alegro de que nos repugne la "eficiencia" de pesadilla del régimen nazi, pero me pregunto con qué claridad estamos pensando cuando nuestra principal preocupación es por el sufrimiento emocional existencial de quienes sólo tienen una semana o un mes de vida y no por quienes soportan el mismo sufrimiento pero tienen años y años por vivir. No me parece justo llamar "derecho" al suicidio asistido por médicos de los enfermos terminales antes de ofrecer el mismo derecho a aquellos que sufren de un dolor más intenso e intolerable. Una vez más, creo que las prioridades de la sociedad están mezcladas.

No estoy diciendo que los enfermos crónicos deban tener el derecho al suicidio asistido por médicos. En el capítulo 7 mencioné una cena que tuve con un monje en las últimas etapas de la enfermedad de Lou Gehrig pero que todavía no era terminal, un hombre que se había vuelto santo quizá como resultado de su sufrimiento crónico. Agradezco que no haya optado por la eutanasia. Según mi experiencia con hogares para ancianos, he notado que algunos pacientes con invalidez crónica ofrecen más cuidados a quienes los atienden que los que ellos mismos reciben. Estos pacientes constituyen una presencia edificante y un centro espiritual para la institución, y en su supuesta impotencia desempeñan un papel más importante en la vida que quienes somos evidentemente útiles.

Tampoco estoy sugiriendo que los lisiados crónicos que desean la eutanasia no estén sufriendo de problemas de control u otras psicopatologías potencialmente curables. El paciente cuadripléjico de Shavelson, Kelly, me pareció una persona muy egocéntrica y dominante. El egocentrismo es muy natural en cualquier persona tan desvalida, pero no es inevitable. Además, no estoy seguro de que Kelly haya recibido ni siquiera una leve psicoterapia de confrontación ni consejos espirituales en todos los años que pidió la eutanasia.

Lo que digo es que estos pacientes me preocupan. Pienso en Kelly, que estaba tan paralizado que no pudo haber ingerido una dosis mortal de píldoras por sí mismo aunque las hubiera tenido. Pienso en Victoria, que ya no podía vestirse sola, unida a un marido alcohólico, distante y poco interesado, que prefirió suicidarse por inanición antes que

263

tener que recibir atención las veinticuatro horas. Pienso en los Van Dusen. Fue su caso el que primero me hizo preocupar por la eutanasia. Pero también me preocupa el doctor Van Dusen, que ya no podía predicar, y en su anciana esposa, incapacitada por la artritis. Y me preocupan todas las personas como ellos: las víctimas del ALS, de parálisis, de Alzheimer, de esclerosis múltiple, etcétera. Y pienso en los inválidos, en los sin techo, en aquellos cuyos cónyuges han muerto y cuyas familias están lejos, en los terriblemente solos.

No digo que todas estas personas deban querer la eutanasia. Lo que sí quiero decir es que, si el suicidio asistido por médicos va a ser un derecho de cualquier paciente cuya muerte es inminente, los enfermos crónicos también merecen ser escuchados cuando lo solicitan. De hecho, en orden de importancia, creo que estos últimos merecen ser primeros, incluso antes que los enfermos terminales de hospicio, que tienen menos tiempo para sufrir las vicisitudes de su condición.

En las últimas páginas he estado parloteando. Pero, ¿y si me pusieran contra un rincón y ya no pudiera seguir haciéndolo? ¿Y si fuera un legista, sentado en sesión, que tiene que decidir *hoy* sobre la legalidad del suicidio asistido por médicos? ¿Cuál sería mi opinión judicial?

Mi dictamen sería mantener ilegal el suicidio asistido por médicos. Lo haría con la conciencia de que la eutanasia clandestina seguiría ocurriendo, tal como en el pasado, y que seguiría siendo origen de angustia y tragedia. Ésa sería mi decisión por tres razones:

- El otro extremo —legalizar el suicidio asistido de modo tal que se considere un derecho— tiene, según creo, consecuencias profundamente negativas para la sociedad. Mi preocupación no es simplemente, como dijo Andrew Solomon, que "la eutanasia genera más eutanasia", ni que se abrirían las compuertas. Mi preocupación principal es el mensaje que le daría a la sociedad. Sería otro mensaje secular, según el cual no necesitamos librar ninguna batalla con Dios, otro mensaje que niega el alma y nos dice que nuestra vida es nuestra para hacer con ella lo que queramos. Sería un mensaje muy desalentador. No nos alentaría a enfrentar el sufrimiento existencial natural de la vida, a aprender a superarlo, a aprender a vencer las penurias, la clase de penurias que hace surgir nuestro coraje. En cambio, sería un mensaje que empujaría más a la sociedad en la peor de las direcciones que ha estado tomando. Tiemblo ante los posibles resultados.

- Una decisión intermedia, que legalice el suicidio asistido en ciertas circunstancias y no en otras, nos llevaría a un pantano legal. Pese al enorme costo y frustración, tales pantanos serían buenos si estuviéramos preparados para atravesarlos. Pero no creo que estemos tan preparados.
- Como sociedad, no estamos preparados para abordar el tema de la eutanasia de manera significativa. Existen demasiados temas más importantes que es necesario decidir primero: el derecho al alivio del dolor físico, el derecho a tener asistencia en el hospicio, el derecho a recibir educación pública no completamente secular, el derecho a hablar libremente sobre el alma y el significado humano, el derecho a la educación sobre la naturaleza del sufrimiento existencial, el derecho a gozar de asistencia médica en general y el derecho a la casi eutanasia para los enfermos crónicos. Sólo cuando estos temas, entre otros, queden resueltos, estaremos en condiciones de pensar en la legalización del suicidio asistido por médicos para los enfermos terminales.

Sin embargo, supongamos que la sociedad elige no seguir mis lineamientos. Supongamos que la Suprema Corte decide declarar inconstitucional cualquier ley general que considere ilegal el suicidio asistido por médicos, obligando a los estados a redactar algún tipo de código que establezca criterios para el suicidio asistido legal. ¿Qué clase de opiniones podría dar como guía a los estados en la creación de tales criterios?

Aquí es lógico que el lector quiera que trace un código modelo, pero por varias razones críticas, no voy a hacerlo.

La más importante es que no desearía disminuir la responsabilidad del lector en este aspecto... ni un ápice. Al empezar este capítulo afirmé que la eutanasia es un debate para toda la sociedad. Mi objetivo al escribir este libro no es librar a los ciudadanos de esta carga, sino aclararla... no es alentar a los ciudadanos a que permanezcan a un costado, sino a que ingresen en el debate como partícipes educados. Dicha participación es la única ruta posible hacia la sensatez social en cuestiones de gran importancia. Sospecho que la conducta de la justicia será acorde, absteniéndose de establecer códigos claros y obligando a los estados y a las comunidades locales a crear sus propios códigos, que la justicia puede revisar para asegurar su constitucionalidad.

Además, como ya dije, ese terreno intermedio se convertirá en un lodazal legal. Cualquier código que propusiera sería inevitablemente imperfecto y sujeto a una crítica inmediata. De hecho, el doctor Quill propuso ciertos criterios que su propio aliado, el doctor Shavelson, ya ha cuestionado.

En realidad, creo que si vamos a ingresar en este terreno intermedio, los criterios del doctor Quill serían un buen sitio por donde empezar. Están muy bien pensados, y Quill es completamente consciente de que son "menos que ideales". También aprecio mucho la intención de que sus criterios —que son muy diferentes de la eutanasia a pedido— no creen un proceso que sea "fácil o impersonal". En forma abreviada, los siete "Criterios clínicos potenciales para el suicidio asistido por médicos" del doctor Quill son los siguientes:

1. El paciente debe, por propia voluntad e iniciativa, solicitar, en forma clara y repetida, morir en lugar de continuar sufriendo.
2. El discernimiento del paciente no debe verse afectado.
3. El paciente debe sufrir una condición incurable y asociada con un sufrimiento grave, constante e intolerable.
4. El médico debe asegurarse que el sufrimiento del paciente y su pedido no se deben a una inadecuada sedación.
5. El suicidio asistido por médicos sólo debe realizarse en el contexto de una relación significativa entre médico y paciente.
6. Se requiere una consulta con otro médico experimentado.
7. Se requiere una documentación clara que respalde cada una de las condiciones arriba mencionadas.*

El doctor Quill desarrolla cada uno de estos criterios pero, en mi opinión, no logra responder a las cuestiones clave. Los criterios 1, 3 y 4, por ejemplo, tienen que ver con el sufrimiento. Como ya señalé, en ninguna parte de estos puntos ni en el resto de su libro el doctor Quill define el sufrimiento ni distingue entre sufrimiento físico y emocional, ni intenta trazar una diferencia entre el sufrimiento emocional no constructivo y el existencial, potencialmente productivo de crecimiento espiritual.

Para demostrar con más profundidad lo complejo del tema, permítanme citar completo el sexto criterio del doctor Quill: *"Se requiere una consulta con otro médico experimentado* para confirmar la voluntariedad y racionalidad del pedido del paciente, la exactitud del diagnóstico y del pronóstico, así como una completa exploración de las alternativas orientadas hacia el bienestar del paciente. El médico al que se consulta debe examinar el material que se le proporciona, además de entrevistar y examinar al paciente" (pág. 163).

*Quill, *Death and Dignity*, págs. 161-64

El anterior está lejos de ser un *mal* criterio pero, ¿es suficiente? Tal criterio supone que el médico que solicita la consulta ya encuentra mérito en el deseo del paciente con respecto a la eutanasia. Entonces, ¿cómo elige a su consultor? Por cierto, no va a acudir a un médico que se oponga a la eutanasia, ni tampoco a uno que, como yo, está indeciso y receloso del tema; naturalmente acudirá al colega cuya forma de pensar coincida más con la suya, uno que sin duda confirmará su opinión de apoyo a la eutanasia. Aunque es mejor que nada, dicha consulta no es un proceso democrático. Más aún, me imagino que llevaría al desarrollo de una subcultura diferente de médicos: un subgrupo conocido por apoyar la eutanasia pero no representativo de la profesión en general. (Quill duda de que tal cosa ocurriría pero no ofrece motivos para esta creencia.) No creo que queramos que la práctica de la eutanasia se convierta en una subespecialidad de la medicina.

Hay varias alternativas, pero cada una suscita sus propias preguntas. Por ejemplo, la mayor parte de los hospitales cuentan en la actualidad con comités éticos, y sería muy natural derivarles a ellos los pedidos de eutanasia. Pero estos comités no se reúnen con frecuencia. Sus miembros a veces no se presentan. La composición de los comités no está regida por ninguna regla: en algunos hospitales todos los miembros son voluntarios; en otros son elegidos; en otros los miembros son designados. Por lo general, todos los miembros son médicos con poca o ninguna experiencia en este tipo de tarea. ¿Dichos comités siempre deberían incluir un psiquiatra? ¿Un consejero pastoral? ¿Una o dos enfermeras? ¿Un miembro del clero? ¿Un civil de la comunidad local? ¿Hasta qué punto deben ser representativos si deben tomar decisiones sobre eutanasia? ¿Cómo funciona la política de tal representación? ¿Cómo afectaría la introducción de dicha política y de otros cambios en la cultura del hospital? Quizás una alternativa sea un comité designado por el condado, con dos médicos, un psicoterapeuta, un miembro del clero y un representante político del consejo de la ciudad. Pero puedo adelantar que este grupo también tendrá la misma clase de problemas.

Al utilizar la palabra "problemas", recuerdo al sabio presidente de una corporación, ya retirado, con quien en cierta oportunidad trabajé en el directorio de una fundación sin fines de lucro. En un determinado tema, el directorio acababa de votar el traslado de una posición absolutista a otra intermedia. El resultado fue una creciente pugnacidad en toda la organización. Al considerar cómo debía enfrentarse tal pugnacidad, este experimentado hombre de negocios sentenció:

—Éste no es un problema sino un dilema.

—¿Qué quiere decir? —inquirieron los demás directores.

—Un problema es algo que tiene una solución adecuada, si bien imperfecta —respondió—. Un dilema no tiene solución adecuada.

Conservar la ilegalidad del suicidio asistido me parece una solución adecuada, aunque imperfecta, del problema de la eutanasia. Pasar al otro extremo de convertir en legítima la eutanasia también sería una solución adecuada, aunque estoy seguro de que sería mucho peor. Todos mis instintos tienden a buscar un terreno intermedio. Sin embargo, en este caso y *en este momento*, mi experiencia me sugiere que si elegimos la opción intermedia el tema de la eutanasia pasaría de ser un problema a un dilema. Por favor, dense por advertidos.

Entre las cosas que respeto de Quill, con las cuales me imagino que Shavelson y Solomon están de acuerdo, está su clara insistencia en que la decisión final sobre asistir a un suicidio debe ser *personal*. Con esto él quiere decir que, quienquiera que asista en el suicidio de un paciente debe estar personalmente comprometido con él. Nunca la decisión final debe ser tomada por alguien que ni siquiera conoce al paciente, que nunca ha hablado con él o ella, que no asumió la agonía emocional de la determinación individualizada. Aunque en ningún lado está escrito, creo que esta insistencia surge del hecho de que estos autores son tan profundamente humanistas que saben lo inhumana que puede resultar la burocracia impersonal. Sin embargo, también creo que subestiman ese potencial.

En este momento, en que el suicidio asistido por un médico por lo general es ilegal, los médicos pueden ser llamados para justificar su asistencia al suicida. Sin embargo, hasta ahora los casos no han sido graves. No envidio lo que tuvo que pasar el doctor Quill ante un Gran Jurado; sin embargo, éste decidió no culparlo. El clima del público actualmente es benévolo.

¿Cómo serían las cosas si la sociedad se fuera al otro extremo y legalizara el suicidio asistido por médicos, en otras palabras, la eutanasia a pedido como derecho? No habría ningún requerimiento de relación personal entre paciente y médico, ningún lugar para la negociación. A los médicos se los obligaría automáticamente a terminar las vidas de los solicitantes con criterios limitados, casi matemáticos de diagnóstico y pronóstico.

Pero sería lo de menos. En los últimos veinte años la sociedad de los Estados Unidos se ha estado moviendo cada vez con mayor rapidez hacia la medicina prepaga, manejada impersonalmente por compañías de seguros o burócratas del gobierno, cuyo único interés es el dinero. Para semejantes personas, la eutanasia será tan rentable que les va a resultar difícil no alentarla. ¡Piensen en las posibilidades! Por ejemplo, podrían ofrecerse reintegros o reducción de impuestos a quienes se ofrezcan a someterse a la eutanasia. O reintegros especialmente altos para los médicos que realicen procedimientos de eutanasia. O franquicias para la eutanasia. *Un nuevo mundo feliz* podría estar muy cerca.

Este escenario potencial ha recibido un nombre: "la pendiente resbaladiza". Con él, los críticos de la eutanasia sugieren que establecer el derecho al suicidio asistido impulsará a la sociedad a una rápida caída hacia una falta de respeto aun mayor por el valor de la vida humana. Los partidarios de la eutanasia dudan de semejante resultado y señalan el caso de los Países Bajos para apoyar su argumento. Afirman que, aunque la eutanasia se legalizó en Holanda, dicha nación no ha sufrido ningún deterioro social. Sin embargo, es una excusa muy débil.

En realidad, la eutanasia no fue legalizada en los Países Bajos. Sigue siendo ilegal, pero desde hace más de una década se ha venido desarrollando un sistema de rápidos cambios para establecer pautas e informar los casos al forense. Este sistema, de ser aplicado, garantiza que el médico involucrado no resulte procesado. Hasta ahora el forense no ha recibido muchas informaciones. La investigación resulta difícil, pero han salido a la superficie algunos abusos, que llevaron a los críticos de la eutanasia a sugerir que la experiencia holandesa, en lugar de refutar el escenario de la "pendiente resbaladiza", en realidad lo apoya. Margaret Pabst Battin, profesora de filosofía de la Universidad de Utah, que ha estudiado este tema en profundidad, sostiene que ninguna de las dos posiciones tiene justificación. Además, señala las profundas diferencias entre los sistemas legales y de medicina de Estados Unidos y Holanda. En especial, el sistema médico holandés está socializado de manera tal que los médicos de ningún modo pueden beneficiarse con la práctica de un suicidio asistido. En este punto, concluye que ni adversarios ni partidarios de la eutanasia deben utilizar la experiencia holandesa para apoyar sus reclamos. La controversia sobre la eutanasia continúa en los Países Bajos a su manera única, y sospecho que la doctora Battin tiene la esperanza, al igual que yo, de que continúe en los Estados Unidos de manera también única.* De todos modos, la hipótesis de la "pendiente resbaladiza" seguirá siendo muy real para mí hasta que se pruebe lo contrario.

*Battin: "A Dozen Caveats Concerning Discussion of Euthanasia in the Netherlands", en Moreno, ed.: *Arguing Euthanasia*, págs. 88-109.

El debate sobre eutanasia fue iniciado en parte por una sociedad un poco mecánica, en la cual la tecnología de la medicina moderna desempeñó un papel fundamental. En el caso de muchos enfermos terminales, mantenidos vivos a través de dolorosas medidas heroicas, ha sido una tecnología inútil a troche y moche. Los moribundos, es evidente, no desean ser puestos a merced de máquinas. Pero ahora que esta situación ha empezado a mejorar significativamente, pasar al otro extremo de convertir en derecho el suicidio asistido, me parece un ejemplo muy destructivo de reacción en cadena. Entre otras cosas que los partidarios de la eutanasia a pedido no logran ver es que el logro de sus fines muy posiblemente crearía una sociedad con menos alma y más mecánica que la que ahora tenemos. Sería una sociedad donde no existiría gloria potencial en la muerte, una sociedad absolutamente racional donde la gente sería sometida a muerte cuando ésta lo solicitara, sin referencia al misterio irracional de sus almas ni a Dios, el origen de toda verdadera gloria.

Capítulo 10

LA ESPERANZA DEL DEBATE SOBRE LA EUTANASIA

He expresado la esperanza de que el debate sobre la eutanasia se vuelva candente y cada vez más apasionado. Por otra parte, tengo miedo de que la justicia continúe su extraña carrera hacia la legalización del suicidio asistido por médicos, que el público lo acepte pasivamente y que el tema deje de estimular la atención profunda de toda la sociedad.

Parece extraño alentar el debate social amplio y la lucha intelectual. Sin embargo, mi preocupación surge porque la actual aceptación de la eutanasia es un síntoma de dos serias enfermedades de la sociedad. Si el síntoma es solucionado mediante una fácil decisión judicial, es probable que dichas enfermedades sigan creciendo sin control. Por otra parte, cuanto más candente sea el tema de la eutanasia, más probable será que la sociedad enfrente los dos problemas de manera constructiva y rápida. Uno de esos problemas es la calidad impredecible e irregular de la atención médica en los Estados Unidos, en especial en lo que respecta al manejo del dolor y a la asistencia de la muerte natural. El otro es el desenfrenado secularismo que nos caracteriza a los norteamericanos. Si se puede estimular a la sociedad a curar estos dos trastornos, el debate sobre la eutanasia es motivo de grandes esperanzas.

"Irregular" es una descripción casi eufemística del sistema médico norteamericano. La atención médica en los Estados Unidos con frecuencia es la mejor del mundo. Sin embargo, con la misma frecuencia es tan pobre que no tiene justificación. Consideremos el sistema de seguro médico. Algunos norteamericanos pueden elegir los médicos y hospitales que deseen; otros pueden contar con la atención, pero sin elegir médicos ni hospitales, y algunos ni siquiera pueden contar con la atención.

Por más enfermo que pueda estar el sistema de seguros médicos en los Estados Unidos, el tema de la eutanasia está arraigado en otros elementos impredecibles. Como la calidad del manejo del dolor y el cuidado del moribundo no suelen enseñarse en ninguna facultad de medicina, la experiencia de los médicos en dichos asuntos es muy irregular. El paciente común no tiene idea de si va a ser beneficiario o beneficiaria de un tratamiento para el dolor bueno o malo. Si el paciente se está muriendo, no puede predecir si sus médicos están de acuerdo con el hospicio y los cuidados que éste ofrece o si se oponen a él. De hecho, ni siquiera puede descontar que su médico va a estar dispuesto a hablar sobre la muerte con él. Dada la impotencia —la falta de control— de semejante situación, no me sorprende que muchos deseen el derecho al suicidio asistido por un médico.

No obstante, tal deseo constituye un síntoma de un sistema médico enfermo. El derecho a suicidarse asistido por un médico es como el antídoto para un veneno. Sería mucho mejor deshacerse del veneno que tener que administrar el antídoto a cada rato, sobre todo cuando este antídoto en especial es en sí peligroso y ataca sólo una parte del veneno.

En una comunicación personal, Andrew Solomon me contó que él cree que su madre se habría permitido a sí misma morir de una muerte natural de haber estado segura de no sufrir dolor físico, de haber podido contar con que sus médicos no dudarían en utilizar el doble efecto de ser necesario. Pero en ese momento, equivocada o no, pensó que no podía contar con ello. Entonces el Seconal —el suicidio— fue el antídoto para su miedo no del todo irreal de caer en manos de uno o más médicos que no aliviaran su dolor en forma adecuada. Es un veneno muy grave cuando el suicidio tiene que ser su antídoto. Deshagámonos de este veneno.

Si el debate sobre la eutanasia puede no sólo ser mantenido vivo sino también candente, creo que los médicos y las enfermeras responderán eliminando el veneno. La opinión pública así como sus propias conciencias los conducirán a crear cursos especializados para el alivio del dolor, para la muerte, los cuidados del hospicio y el doble efecto. No sólo los moribundos saldrán beneficiados, sino también todos los pacientes que sufren dolor y, sorprendentemente, los mismos médicos y enfermeras. Según mi experiencia, la mayoría de los profesionales médicos salen enriquecidos por esta educación.

Mientras el debate sobre la eutanasia no muera antes de tiempo, estoy casi seguro de que la profesión médica será capaz de esta autorreforma, sin interferencia del gobierno. Los médicos aborrecen la sola idea de la regulación externa a su profesión. No significa que el gobierno no pueda alentarlos sutilmente a cambiar. Y existe un aspecto donde la justicia podría, con una sola frase, ofrecer un aliento extraordinario: no mediante la legitimación del suicidio asistido sino del doble efecto.

Por importante que sea en el tema de la eutanasia, el doble efecto nunca, a mi entender, ha sido llevado a la justicia. Probablemente nunca hubo motivo para hacerlo. Nadie entabló nunca un juicio a una persona porque un pariente suyo murió sin dolor, y el gobierno no ha considerado adecuado interferir en una opinión médica puramente profesional. Sin embargo creo que, debido al juramento de prolongar la vida y al temor de ser juzgados por mala praxis, un gran número de médicos le tienen miedo al doble efecto, como si fuera algo que no deben tocar. El asunto no requiere ser puesto a prueba en una corte. De hecho, en mi mejor fantasía, la Suprema Corte emite un decreto por voto unánime según el cual el suicidio asistido no es un derecho constitucional por una serie de razones, entre las que se incluye la perfecta legitimidad del doble efecto, que puede ser utilizado para que una muerte natural no tenga que ser dolorosa.

El reconocimiento del gobierno de que el doble efecto no es de ninguna manera ilegal sería un paso gigante hacia la solución del problema de la eutanasia —el síntoma— al dar a los médicos y a las enfermeras una dosis monumental de aliento para curar esta enfermedad oculta de la medicina. Los profesionales médicos se sentirían liberados de un miedo infundado, liberados para hablar abiertamente del doble efecto, para enseñar el cuidado de los moribundos, para aceptar el hospicio, para practicar la asistencia consoladora de éste... Podría continuar. Si este cambio fuera el único resultado del debate sobre la eutanasia, la medicina norteamericana recordaría el debate con gratitud durante siglos por venir.

Pero ése no será el único cambio mientras el debate acerca de la eutanasia sea cada vez más vibrante. Dando por sentado dicho fenómeno, apenas puedo imaginar el número y la magnitud de las mejoras que dicho cambio podría producir en la sociedad. Una vez más, creo posible que los historiadores del futuro marquen el debate como *el* momento crucial en la historia de los Estados Unidos, junto con la Declaración de la Independencia. Lo verán como una época divisoria, cuando la sociedad, posiblemente moribunda, casi por arte de magia se revitalizó. Puede parecer paradójico que la consideración seria de la muerte pueda resultar revitalizante, pero el mundo es una gran paradoja y, según mi experiencia y la de otros, cada vez que estamos dispuestos a involucrarnos en el misterio de la muerte, la experiencia resulta vivificante. De hecho, es el mensaje central del libro de Joseph Sharp: *Living Our Dying: A Way to the Sacred in Everyday Life.*

Sugerí que posiblemente nuestra sociedad esté moribunda. Podemos ver muchos síntomas de esta enfermedad mortal en potencia, desde el confuso sistema de salud hasta el poco eficaz gobierno federal. Creo que la principal enfermedad de los Estados Unidos es el secularismo, manifestado en la negación del alma. La mayor esperanza que puedo vislumbrar en el horizonte para la curación de esta enfermedad está en el debate sobre la eutanasia. Si muchos están dispuestos a pensar seriamente en los temas de debate, muchos encontrarán sus propias almas, a veces por primera vez.

Quiero que se entienda que no me preocupa el pequeño número de ateos o el número mayor de reflexivos agnósticos. El secularismo que me asusta es el de la gran mayoría de la gente supuestamente religiosa. ¿Cómo es posible que una nación compuesta principalmente por personas supuestamente religiosas, que gustan de los desayunos públicos de oración, pueda ser una sociedad secular? La respuesta, como sugerí en el capítulo sobre secularismo, va más allá de la separación entre Iglesia y Estado impuesta por la Primera Enmienda. El problema está en una religión débil. El punto principal es que la mayoría de las personas en los Estados Unidos no se toman la religión, su Dios o sus almas, con mucha seriedad.

Podrían escribirse libros enteros, y se han escrito, sobre este fenómeno. El mejor que he leído en forma reciente es *The Trivialization of God: The Dangerous Illusion of a Manageable Deity*, por Donald W. McCullough.* Si, como sugiere McCullough, por lo general somos tan arrogantes que creemos poder manejar a Dios, no es de sorprenderse que tengamos una sociedad secular, donde aún no existe

---

*Donald W. McCullough: *The Trivialization of God: The Dangerous Illusion of a Manageable Deity* (Colorado Springs, NavPress, 1995).

una oposición importante a la idea de que tenemos derecho a manejar el tiempo y la manera de nuestra muerte. La realidad es que le tenemos terror a un Dios *real*. Entonces, es natural que tengamos miedo al momento de nuestra muerte, cuando nuestras almas conocerán al verdadero Dios. ¿Podría ser que nuestra respuesta por lo general blanda al tema de la eutanasia sea un síntoma del deseo inconsciente de poder eliminar a Dios de nuestras vidas?

Dado que este tema es tanto espiritual como médico, sería adecuado que el debate sobre la eutanasia fuera más enérgico en nuestras iglesias, sinagogas, mezquitas y templos. Sin embargo, no soy muy optimista acerca de que eso suceda. Mi experiencia con las congregaciones religiosas me dice que harán todo lo posible por evitar un debate abierto. Así como sus miembros tienden a desear una deidad manejable, también pretenden una vida religiosa tranquila, sin conflictos. Sin embargo, todavía tengo esperanzas. Grandes números de miembros del clero durante años han expresado el deseo de revitalizar la Iglesia y sus congregaciones. El debate sobre la eutanasia ofrece el medio ideal para que eso ocurra. No obstante, sospecho que ocurrirá sólo en la medida en que el clero esté dispuesto a correr el riesgo de forzar el tema. Tengo presente en mis oraciones a quienes lo hacen, pues sin duda tendrán que vencer mucha resistencia. Pero si logran triunfar, habrá revitalización, y tendrán comunidades renovadas después de haber luchado con el misterio de la muerte, y de ahí con el verdadero Dios.

Al decir que la secularización de nuestra sociedad es más profunda que la separación de Iglesia y Estado, no quise decir que ésta no haya tenido algunos efectos malignos así como benignos. Especialmente me preocupa la secularización de la educación pública, que ha hecho virtualmente imposible la enseñanza de valores en las escuelas públicas. La Primera Enmienda ha sido interpretada de tal manera que no sólo convierte en ilegal la oración obligatoria en la escuela pública sino que también prohíbe la sola mención de Dios. No sé cómo se puede enseñar valores a los niños sin hacer referencia a las teorías sobre el significado de la existencia humana. No sé cómo se enseña el significado sin hacer referencia a las teorías del alma. Y no sé cómo se enseña acerca del alma sin referencia a las teorías de Dios.

El resultado de descartar la discusión sobre estos temas ha sido mucho más devastador, según creo, que la mera deficiencia de la educación espiritual. Marshall McLuhan se hizo famoso gracias a su tesis según la cual "El medio es el mensaje".* ¿Qué mensaje estamos trasmitiendo a nuestros niños a través del medio de un sistema educativo extremadamente secular? Me parece que, indirectamente, les estamos enseñando que los valores carecen de importancia, que los temas importantes son irrelevantes, que Dios no es un tema adecuado de discusión, y que, en lo que concierne al gobierno de los Estados Unidos, los niños son seres sin alma. Por cierto que el mensaje es que el alma no es importante. En otras palabras, sin esa intención, indirectamente les estamos inculcando a nuestros niños el nihilismo, una diabólica filosofía según la cual nada tiene sentido y, en consecuencia, todo vale.

La respuesta a esta terrible condición es una que toqué en el capítulo anterior en relación con los consejos a los solicitantes de suicidio asistido: la idea del consentimiento informado o elección informada. El librepensador tiene derecho a no creer ni en Dios ni en el alma, pero, ¿tiene derecho a ni siquiera ser expuesto a estos conceptos? En la escuela pública, una persona tiene derecho a una educación sobre la teoría de Darwin, sobre la teoría del átomo, sobre la teoría del Big Bang sobre el origen del universo... todas ellas teorías y no hechos probados. ¿Por qué, entonces, no tiene derecho a una educación sobre la "teoría del alma"?

*Marshall McLuhan, Kathryn Hutchon y Eric McLuhan: *Media Messages and Language: The World as Your Classroom* (Nueva York, Simon & Schuster, 1980).

El único problema, según mi entender, es *de qué manera* está expuesto. Si la teoría del alma le es impuesta por profesores fundamentalistas que se la enseñan como un hecho en lo que debe creer, pues de lo contrario... entonces creo que él debería poder recurrir a la Constitución. Pero si le es presentada como un concepto ampliamente aceptado e intrínsecamente importante que algunos consideran tema de mucha discusión, entonces no veo por qué va a necesitar recurrir a la ley. Él es libre para aceptar o rechazar el concepto; en otras palabras, para hacer una elección informada.

Pero específicamente, ¿cómo podría enseñarse la teoría del alma? Existen decenas de métodos potenciales, y desafío a los educadores de todas las áreas —de las escuelas de graduados y de la secundaria, en medicina y en el comercio— a que elijan a los más creativos. Yo utilizaría a todos. Me gustaría que un curso sobre muerte, que llegue a la mayor cantidad posible de audiencia en el menor tiempo posible, fuera impartido en todas las escuelas secundarias del país.

Hace veinte años, en mi comunidad local de Nueva Inglaterra, después que uno de los miembros de la comunidad murió de leucemia y otro en un accidente automovilístico, los alumnos de la escuela secundaria local elevaron un petitorio para recibir un curso optativo sobre la muerte. Un ministro protestante liberal se ofreció para dirigir el curso y proporcionar una amplia variedad de instructores, todos gratis. Sin embargo, sucedió que en esa comunidad, el directorio de la escuela local tenía que aprobar cualquier curso nuevo, fuera gratuito o no. El directorio se reunió y votaron por 8 a 1 para rechazar el curso, con el motivo de que éste era "morboso".

Hubo bastantes quejas por esta decisión: cartas al editor y hasta un editorial con el mismo tono de protesta. De hecho, el alboroto fue suficiente para obligar al directorio a reunirse por segunda vez para reconsiderar la decisión. Otra vez se volvió a votar por 8 a 1 el rechazo del curso por la misma razón.

De modo que la sociedad puede no estar preparada para instruir a sus jóvenes —o a cualquier otra persona— sobre la muerte. Pero eso pasó hace veinte años, antes de que tirar del enchufe se convirtiera en un tema abierto, antes de que las máquinas de PCA (analgesia controlada por el paciente, por sus siglas en inglés) comenzaran a utilizarse, y sobre todo, antes del debate sobre eutanasia. ¿No sería fascinante y maravilloso que el resultado final de este debate fuera la creación de nuevos programas en el sistema público de enseñanza?

¿Cómo podría enseñar yo mismo tal programa?

"Su propia muerte puede parecerles lejana en este momento", comenzaría a decirles a mis alumnos, "pero este curso está siendo impartido porque una de las características de las personas racionales es que en la adolescencia comienzan a pensar en su mortalidad. ¿Qué significa 'mortalidad'? ¿Qué se implica cuando decimos que los seres humanos somos mortales?"

A partir de allí hablaría sobre la negación de la muerte en general y en especial de las etapas de la muerte según Kübler-Ross, pero también hablaría de las excepciones. Entonces relacionaría las etapas con el proceso de aprendizaje psicológico en general. "¿Alguno de ustedes ya ha atravesado estas etapas al aprender algo difícil sobre ustedes mismos o sobre la vida?", les preguntaría. "Quiero que piensen en esto, así que voy a encargarles que redacten una historia de una página sobre este aprendizaje." Como libro de texto para el curso probablemente utilizaría *Living Our Dying*, un libro breve y bien escrito que ya mencioné, que se centra en la tesis según la cual todos nos estamos muriendo y todos tenemos mucho que aprender sobre vivir esta realidad en lugar de tratar de evitarla.

Después les preguntaría si creen en la vida después de la muerte, y provocaría una discusión sobre las distintas visiones de ésta. En respuesta a las temibles nociones medievales del infierno y el purgatorio, les informaría sobre algunas nociones más modernas del cristianismo (por ejemplo la visión del infierno de C.S. Lewis como un sitio donde la gente —no Dios— decide estar y mi propia visión del purgatorio como una época de aprendizaje y curación paulatina). Asimismo exploraría las creencias de otras religiones, incluyendo el karma y la reencarnación.

A continuación les preguntaría acerca de sus ideas sobre el alma y sobre cómo ésta podría diferir del ego, y cómo podría relacionarse con el aprendizaje y la maduración. Tendríamos en cuenta las ideas tanto seculares como religiosas sobre el significado, como el nihilismo y el existencialismo. Desde allí nos moveríamos hacia las diversas teorías éticas, con especial énfasis en la teoría del observador ideal. Entre los filósofos no sólo es la más reciente de las teorías, sino también la única que conozco que alienta en forma sutil la oración. Nos preguntaríamos sobre las diferencias entre el mal natural y el humano, así como las distinciones entre maldad, muerte, y cómo un supuesto Dios amante puede permitir todas estas cosas tan dolorosas.

Finalmente concluiríamos el debate sobre la eutanasia con todas sus ramificaciones, entre ellas los diferentes tipos de sufrimiento. Mi propósito no sería instar a los estudiantes a tomar una u otra posición; sería solamente el de informarles para que pudieran ingresar en el debate sobre la eutanasia con todo el vigor personal. Sospecho que el debate sería muy intenso, y también que sería un curso bien activo. Creo que las opiniones de mis estudiantes a los dieciséis años no serían las mismas a los veintiséis, a los cuarenta y seis o a los sesenta y seis, pero también creo que algunas semillas valiosas habrían sido plantadas simplemente con la consideración seria de temas tan profundos.

El debate sobre la eutanasia es complejo y multifacético. Merece convocar el pensamiento no sólo de juristas y moralistas, sino también de médicos y enfermeras, teólogos y sociólogos. Entre otras cosas, antes que la justicia empiece a emitir juicios, merecemos una mayor erudición y una fuerte investigación científica, desde la situación en los Países Bajos hasta los perfiles psicológicos de quienes solicitan la eutanasia en los Estados Unidos.

No obstante, me parece que el punto esencial del debate ya es discernible. Me estoy refiriendo al concepto de alma. Este libro se titula *La negación del alma* porque, correcta o incorrectamente, considero que el movimiento por la eutanasia es predominantemente secular, y he vislumbrado algunos peligros en él. Por el contrario, en el debate sobre la eutanasia tengo grandes esperanzas para la potencial corrección de ciertos desequilibrios sociales a través de una renovada atención al alma.

El alma es un tema mayor que la eutanasia. La pregunta más importante no es tanto qué va a hacer la sociedad con el tema de la eutanasia, sino si deseamos una sociedad que aliente el alma y su desarrollo. Casi toda la complejidad del debate sobre eutanasia puede resolverse si se coloca en el contexto de esa sencilla pregunta: ¿queremos una sociedad que aliente el alma y su desarrollo?

ÍNDICE